マーシ・ショア
池田年穂 訳　岡部芳彦 解説

ウクライナの夜

革命と侵攻の現代史

The Ukrainian Night
An Intimate History of Revolution

慶應義塾大学出版会

君たちは　ウクライナの夜　を知っているか？
いいや、君たちは　ウクライナの夜　を知ってはいない！
ここでは　空は　煙で　黒く染まる

ウラジーミル・マヤコフスキー
「ウクライナへの義務」（Долг Украине）　一九二六年

ウクライナの夜　◇　目次

第Ⅰ部　マイダン革命

第Ⅱ部　キーウの東での戦争

凡例

1　＊は原註に対応しており、通し番号は全編通してのものである。
2　†は各章ごとの訳註をさし、通し番号は章ごとに変わる。［　］も訳註である。
3　なお、四つの動画は、情景描写を本文部分に置きたかったため「原註」から「訳者註」に移してある（詳しくは「原註」の冒頭に示してある）。

序文

二〇一三年から二〇一四年にかけてマイダン［用語解説1を参照］で起きたウクライナの革命は、私が東ヨーロッパを訪れるようになってからの四半世紀のあいだに起きたなかで最も並外れた出来事だった。そこでは政治的であることは、実存的であることだった。ずっと前から知り合いだった友人や同僚たちが、数ヶ月前であれば彼ら自身でも想像すらできなかった決断をするのを、私は目の当たりにした。プライバシーを大事にする人びとがいきなり自分の魂をさらけ出した。結局、私はリヴィウ、キーウ（キエフ）、ドニプロペトローウシク（二〇一六年五月にドニプロと改称された）を何度か訪れたが、私がマイダン革命の行方を注視していたのは、主としてその年に住んでいたオーストリアのウィーンからだった。[†1] そこはキーウに近かったので、行ったり来たりするウクライナ人の友人に会うことも簡単だったし、同時に西側のメディアにどっぷりと浸っていた私は、この革命についての理解がいかに乏しいかを痛感していた。ジャ

†1　当時著者は、ウィーンのThe Institute of Human Sciences（IHS）、ドイツ語ではInstitut für die Wissenschaften vom Menschen（IWM）のフェローであった。

ーナリストや政治家は、NATOの政策や石油パイプライン、国際金融については説明したが、人間の魂がどう変わったのかについては触れようとしなかったのである。

二〇世紀初め、ポーランドの哲学者スタニスワフ・ブジョゾフスキはこう記した。「伝記として残されていないもの――それは所詮は無に等しいのだ」。本書執筆を私に促したのはこの言葉だった。本書はそもそもはもっと短いエッセイ、つまりウクライナ文学の翻訳家であるユルコ・プロハーシコを描いたものだった。当初に予定されていた本書のタイトルは『それは自分の選択だった――ウクライナ革命の現象学』だった。この現象学という表現は、エドムント・フッサールの哲学に源を求められる――本書は革命を純粋に主体的体験として描いているのだ。私は本書において、現代ウクライナ政治についての分析をしようとするものではないし、政治的な結果について何らかの主張や予測をしようというわけでもない。個人個人が生身で体験したものとしてのウクライナの革命を探求したのである。

私は本書のなかで、何が私の友人や同僚たちの幾人か――私たち自身と同じような人びと――を彼ら自身でも予想だにしなかった場所へと駆り立てたのか、何が命を危険にさらす心構えをとらせたのかを理解しようと試みている。彼らのすべてが、選択することが不可欠である瞬間を味わったが、それはジャン・ポール・サルトルが表現したこれ以上なく実存主義的な意味での「選択」だった。「人生は、実際に生きるまでは何ものでもない。その意味を理解できるのはあなた自身の人生のみだ。そして人生の価値はあなたが選択したという感覚にほかならない」。私は「それは自分の選択だった」という表現を、それぞれ異なる言語で、それこそ幾度となく耳にした。

サルトルの講演はさらにこう続く。「ドストエフスキーは、「神がいなければ、すべては許される」と記している。そして実存主義はそうした仮定を出発点としている。もし神がいないのであればすべてが許され、したがって人間は寄る辺のない存在となる。なぜなら彼は、自分の内にも外にも頼るべきものを見出せないからだ」。サルトルは、神がいなくなった場所を埋めるのは人間である、と考えたが、マルクスはそこに歴史を据えようとした。マルクス主義の形而上学を具現化したソヴィエト連邦は、神のいなくなった場所を埋めるうえで近現代で人類がなしえた最も恐れを知らない試みであった。そしてソ連という試みの失敗、さらにより広い意味でのマルクス主義……最後の壮大なナラティヴ……の失敗は、間違いなくモダニティそのものの終焉を告げるものだった。

ポストモダンの世界は、神の代わりとなる存在を探そうという試みの断念から始まった。神が死んだばかりではない。それどころか、神のいなくなった場所を埋める人間や観念がすでに存在しないのだ。そうした世界では、「真実」というものの運命はあまりはっきりとはしていなかった。共産主義の崩壊から四半世紀近く経って、ウクライナの革命はモダニティとポストモダンの世界のあいだの境目に新たな光を当てると同時に、次に来るのは何か、という疑問を新たに生み出した。「二〇一四年の革命とともに、ポストモダンはウクライナで終焉を迎えたのだ」と記したのはロシアの歴史家イリヤ・ゲラシモフだった。「この新しい現実をどのように概念化したらよいのか、われわれにはまだわかっていない」。

キーウのマイダンにおけるウクライナの革命は、ウクライナ固有の歴史と密につながっていたとはいえ、自我の本質、時間が砕けたあとの一時性《テンポラリティ》のもたらす時系列の消失、真実の行方といった普遍的な問題を、いっぺんに白日のもとにさらした。たんなる抗議に過ぎなかったものが、目に見えない境界線を飛び越えて革命にまで発展するのはいつなのだろう？　何が両親と子どもたちを結びつけ、何が世代を引き裂くのだろう？　どのような状況のもとで、恐怖は消え失せるのだろう？　革命の時間は、日常生活の凡庸さを表す（英語には翻訳不可能とされる）ロシア語のブィト（byt）の時間とはどう違うのだろう。[†2]　いかにして時間と空間の経験は修正されてゆくのだろう。なぜ夜と昼の区別は消え失せるのだろう。どうしたら自我は、連帯によって自覚され、と同時に連帯によって超克されるのだろう。人びとが自分たちの撃たれる場面を撮影するのは何を意味するのだろう。そして、どういった状況だと、事実とフィクションのあいだの境目がわからなくなってしまうのだろう。

　マイダンの余波とドンバスでの戦いを扱った本書の第Ⅱ部では、とりわけこの最後の疑問を深く追及している。一九八九年に鉄のカーテンが消え去ったとき、政治学者のフランシス・フクヤマは「歴史の終わり」を宣言した。理性と真理を信奉することを称揚した一八世紀の啓蒙思想は、進歩の一つの目的論《テレオロジー》を温めてきた——そしてそれは見たところ自由民主主義にゆきついた。だから、「歴史の終わり」の終わりが、ロマン主義的な意志の力と「ポスト真実《ファクチュアリティ》」との心穏やかでいられぬ融合からもたらされるのは、おそらく似合いであるかもしれない。

「歴史の終わり」が終わったあとの世界では、アメリカの資本主義とポスト・ソヴィエトのオリガルヒ支配は、ならず者のためにPR専門家の市場をつくり出してきた。さらに、テレビのリアリティ番組が、フィクションと現実の区別を取り払ってしまった。そうして出現した世界は、軍閥の長がインスタグラムやツイッターで自らの宣伝にこれ務め、大統領選に出馬するウクライナとアメリカ両国のオリガルヒが、同じ選挙戦略アドバイザーを雇うことがありうる世界となった。[†3]

　カール・マルクスが（マーシャル・バーマンの著書の題名にもなっているが、『共産党宣言』のなかで）「確かなものはみな、空気に溶けてしまう」と記したとき、その言葉はまだ早過ぎた。[†4]一九世紀半ばでは、この見解は時期尚早だったのだ。おそらく、今はそんなことはなくなっている、この「ポスト真実《ファクチュアリティ》」の時代に、確かに見えるものはすでにたいがいは空気のなかに溶けてしまっているのだろう。だが人びとは残っている。本書はノンフィクションであり、そこに参加することを選択した人びとが体験したものとしての革命の歴史である。歴史を執筆する目的は文学を執筆することに似ている。読者をして、異質な存在に出会い、別の時間と場所への想像力を羽ばたかせ、「他者」を理解することを可能にさせるのだから。こうした意味合いから、本書のドンバスでの戦いを扱ったいくつかの章が、かつてネヴィル・チェンバレンが「われわれがまったく知らない人間同士による、はるか離れた国での戦い」と表現した類のまたも繰り返された悲劇に人間の顔を与えるうえで、ささやかな役割を果たしてくれることを願っている。

二〇一七年一月　ニューヘイヴンにて

［訳者付記］

著者マーシ・ショアが本書を語っている講演、インタビュー、トークショーは数多い、なかには本書中にも登場するが、ピーター・ポマランツェフ（プロパガンダ研究の専門家。キーウ生まれのユダヤ人で幼児期にイギリスに亡命。主要著作に *Nothing Is True and Everything Is Possible: The Surreal Heart of the New Russia*, 2014 がある。邦訳は『プーチンのユートピア』、池田年穂訳、二〇一八年）が司会を務めているものもある（二〇一八年）。例として、二〇一八年の講演と二〇二〇年のインタビューを紹介しておきたい。

https://www.youtube.com/watch?v=FVK0nd0ySR0

https://www.youtube.com/watch?v=hmHlYuAbXLQ

---

†2　byt については https://www.acrwebsite.org/volumes/8447/volumes/v28/NA-28も参照。

†3　ポール・マナフォートを指す。詳しくは、『自由なき世界』（後述）下巻八二頁を参照。

†4　Marshall Berman, *All That Is Solid Melts into Air*, 1982

ウクライナ地図（2014 年～現在）

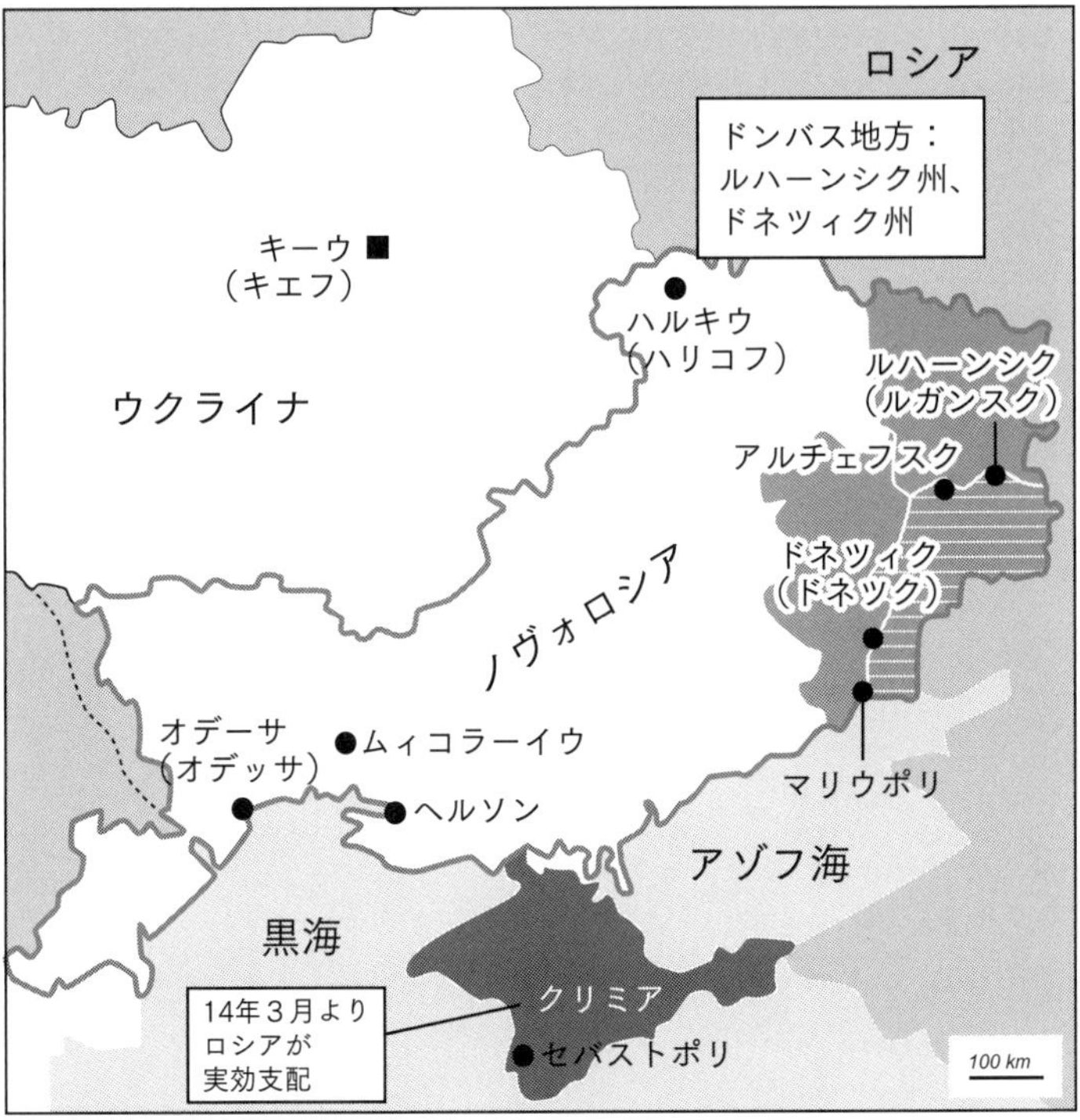

ロシアの主張するノヴォロシア地図（2014 年）

キーウ（キエフ）中心部
ドニプロ川
天使首ミハイル修道院
ウクライニアン・ハウス
ヨーロッパ広場
労働組合会館
グローブス・ショッピングモール（地下）
ステージ
マイダン
十月宮殿
ディナモ・スタジアム
フルシェーフスキー通り
ヴェルホーヴナ・ラーダ（ウクライナ最高議会）
橋
ホテルウクライナ
フレシチャーティク通り
インスティトゥーツィカ通り
バンコヴァ通り
キーウ市庁舎
大統領府
ベサラーブカ市場
250 meters
¼ mile

キーウ（キエフ）中心部地図（2014 年～現在）

トランスリテレーションについての注記

ウクライナはバイリンガルな国家である。公式の国語であるウクライナ語は、ウクライナ西部で優勢な傾向があるし、ロシア語はウクライナ東部で優勢な傾向がある。ポーランド語もまた普及していて、とりわけウクライナ西部でその傾向があるが、そこに限られるわけではない――これは、一世紀前にはイーディッシュ語やドイツ語にもあてはまった。ただし、最近の世代では日常の現実としての（一般的な意味での）バイリンガリズムは目立たなくなっている。会話が二つの言語でなされるのも、ジャーナリストがある言語でインタビューし、その相手は他の言語で返すというのも、当たり前だからだ。ウクライナでは私はロシア語とポーランド語と英語で話し、ときおりドイツ語を交えた。たとえば小説家セルヒー・ジャダンの場合は、彼がウクライナ語で著し、それを私が英語で読んだ著書について、私はポーランド語で話した。ジャダンの方はロシア語で返してきた。この状況はきわめてウクライナ的だった。

ウクライナ自体を豊かにさせるものだが、マルチリンガリズムは、キリル文字からラテン・アルファベットへのトランスリテレーションを不可避的に厄介なものとする。ほとんどのウクライナ人は、名前の複数のヴァージョンを持っている――ウクライナ語で、ロシア語で、そしていくつもの愛称といったところだ。たとえば、ウクライナ語のIhorはロシア語ではIgorとなるし、YevhenはYevgenに、MykhailoはMikhail、OleksiyはAlekseiになるし、OlecsandrはAleksandrになる。さらに、YevheniやYevhenやYevgenは指小辞でZheniaに、MikhailやMykhailoはMishaに、KaterinaはKatia、AleksandrとAleksandraとはSasha、そしてOleksandrはOlesとなるのだ。連邦議会図書館は、ロシア語とウクライナ語とでトランスリテレーションのやり方を変えている（ウクライナ語も、ロシア語同様キリル文字を使うが、文字数が少ない）。ウクライナ語、ロシア語とも、ドイツ語やポーランド語へのトランスリテレートの仕方は英語への場合と異なっている（ドイツ語には、Juri、Jurij Andruchowytsch。ポーランド語には、Iulii, Yuri, Yurii Andruchowyczとなり、英語ではIulii、Yuri、Yurii Andrukhovychとなるのだ）、本書は個々人についての書物であるし、彼らのほとんどは――ラテン・アルファベットが優勢なインターネット世代だから――すでに自分で名前のラテン・アルファベットを使った表記を選択している。それゆえ、私は本書の主人公らの選択に敬意を払い従うこととする（Iurko Prokhas'koでなくJurko Prochaso、ViktoriaよりVictoria Narizhnaという風に）。たいがいは、私は自分で彼らに呼びかけているように本書のなかでも言及している。これにも例外はつくったが、それは名前が重なってしまうときに明確にわかるようにであった（Zheniaはたくさんいるので、ZeniaでなくYevhenii Monastyrskyi、Katiaがたくさんいるから、Katia MischchenkoとかKateryna Iakovlenkoとした。Ihor PetrovskyとIgor Shchupakも、Oleh RepanとOleg Marchukも同様の配慮からである）。

ウクライナの地名に言及する際には、私は連邦議会図書館式に則ってウクライナ語からのトランスリテレーションを図った（LuganskでなくLuhansuku）が、発音区別符号を避けるための修正は施している。また例外も設けたが、それはロシア語のトランスリテレーションが実質的に英語化して英語の読者層になじみができている場合である。

(よって、『ニューヨークタイムズ』紙に従って、Kyiv でなく Kief、Odesa でなく Odessa とした)。

こうしたことを述べてきたのは、言語をめぐる政治に容喙《ようかい》する意図ではまったくない。私の願いは意味もなく非スラブ系言語の話者である本書の読者諸賢を混乱させることを避けることであり、また本書の主人公たちの個人的な……必ずしも政治的でなく、おそらくは審美的なことの多い……選択を尊重することである。むろん本書の採用したやり方は、完璧な解決法のない問題への不完全な解決法に過ぎないが。

[訳者付記]

この説明のなかにも出てくる例を一つ引けば、「キエフ」は、原著の方針と異なり、本訳書ではウクライナ語で「キーウ」とした。地名に関しては、同様の例が他にもいくつかある。また、『ニューヨークタイムズ』紙も、現在ではキーウ(Kyiv)を用いている。

人名については、本訳書では、ウクライナ語とかロシア語といった次元でなく、なじみの深い表記を優先した場合がある。その結果、市井の人間には原音主義が適用され、著名人の場合にはそこから逸脱するという皮肉な結果もいくつか生じたが、諒とされたい。

第Ⅰ部　マイダン革命

1　空を黒く染める煙

二〇一四年二月一八日、火曜日。真夜中近くなって、二一歳のミーシャ・マルトィネンコは煙の臭いをまとったまま、母、祖母、一〇歳の妹と住んでいるキーウのアパートに戻った。彼は白いロザリオを首にかけていた。母と顔を合わせたミーシャは、自分が朝出かけたときに比べると、母さんは何歳も老け込んでしまったようだと感じた。鏡を覗き込むと、あおざめ、茶色にすすけた顔が映っていた。両目も腫れていた。ミーシャは思わず泣き出した。

それから一〇時間ばかり経って、ミーシャは目を醒ました。煤煙と埃にまみれた服を着たまま眠ってしまったのだ。キーウの街も同じ色だった。その日の空は煙で黒く染まっていた。大文字で始まるマイダン（the Maidan）の名で知られる「独立広場」（マイダン・ネザレージュノスチ）［用語解説1を参照］を囲む街路では、何千人という人びとがバリケードを築こうとレンガや敷石を掘りかえし、衣服やタイヤをはじめ、燃えるものすべてに火をつけていた。ベルクト隊と呼ばれる特殊訓練を受けたウクライナ政府の機動隊から身を守るためだ。突撃隊であるベルクト隊の隊員（ベルクトッシ）たちはガスマスクを装着しているため、外部からは彼らの目を窺うことができない。銀色の盾が彼らの顔や胴体を覆っていた。火炎瓶《モロトフ・カクテル》では容易に貫くことのできない、動く遮蔽壕の役割を果たしていたのだ。燃えるバリケードのはるか上、高層ビルのホテル・ウクライナからは、狙撃手が狙撃を続け、人間が倒れ、黒煙の立ちのぼるなかで死体と化していった。

狙撃手に首を撃たれた一人はオレーシャ・ジュコーフシカという救急隊員《パラメディック》で、赤十字の印がついた白い制服を着ていた。ミーシャと同じ年齢だった彼女は、首から血を流しながら携帯電話でツイートした。「私、死んでゆくところよ」[*1]。

2　ゴーゴリの国

二〇一四年二月一九日水曜日の晩、ウクライナの著名な知識人で政治学者のムィコーラ・リャブチュックは、ウィーンにいて、満員の聴衆を前に講演を行っていた。ムィコーラは穏やかで内省的な調子で語り続けた。彼は事態を楽観視はしていなかったが、希望は抱いていた。自由に向けたウクライナでの闘争が継続することを少しも疑っていなかった。進行中の戦いは勝利には終わらないかもしれない。だがムィコーラは、今回は無理だとしても、いつの日か必ずや勝利がもたらされると確信していた。彼はすべての質問に、身構えることなく答えた。ただ、こうした事実は何も語らなかった——彼の妻と二六歳の息子がキーウにおり、その日の朝四時に帰宅した息子のユーリーが、今はまたマイダンでの抗議活動に参加していて、あるいは今夜ムィコーラが人間科学研究所（ＩＨＳ）の図書館の一室で講演しているまさにその最中にマイダンで殺されるかもしれない、といったことは。

（後になってキーウで会ったユーリーは、両親は家にとどまるようにとはけっして言わなかった、と私に語ってくれた。「だって、もう引き返せないでしょう……」と彼は言った。「殺されるかもしれないと思った？」ユーリーは「うん、そう思いましたよ」と答えた）。

講演が終了したあと、聴衆のなかにいた一人の若いポーランド人女性がムィコーラにこう質問した。「いったい私たちには何ができるんでしょう？」

ムィコーラは、ニコライ・ゴーゴリの『検察官』の一場面を引き合いに出すことでその問いに答えた。この劇が進んでゆくと、ピョートル・イヴァノヴィチ・ボブチンスキイという名の土地の地主が、首都サンクトペテルブルクから来た検察官にこれ以上なく恭しく「つましいお願い」なるものをする。彼は検察官閣下に、サンクトペテルブルクにお帰りになったときに、この町にピョートル・イヴァノヴィチ・ボブチンスキイという名の者がいる、と皇帝陛下に奏上願えませんでしょうか。そう懇願するのだ。ただ、陛下にピョートル・イヴァノヴィチ・ボブチンスキイという名の男がいる、とだけお気にとめていただければ、と。

その場面に倣うかのように、ムィコーラはこう答えた。「ただ、ウクライナという国があることを、忘れないでいてください」。

3　その壮大な意図

ナチズムとボリシェヴィズムの違いを語るうえで、フランスの哲学者アルベール・カミュはこう述べている。「前者ナチズムは、死刑執行人の熱狂を死刑執行人によって表す。後者ボリシェヴィズムは、概念においてより劇的だが、死刑執行人たちの熱狂を犠牲者たちによって表す。前者は決して人間すべてを解放しようとは思わず、残りの人間たちを従属させて数人の者を解放しようと夢想する。後者は、その深遠な原理において、すべての人間を一時的に屈従させることですべての人間を解放することを目指す。その意図の壮大さは、とにもかくにも認めてやらねばならない」。

二一世紀のウクライナは、こうした壮大な意図、大胆不敵な実験の継承者であった。ウクライナの小説家タラス・プロハーシコはこう記している。「ヨーロッパとロシアは双方とも、われわれの実験室で研究を遂行している。だが彼らは、そこで合成された物がどういう結果をもたらしうるのか、少しも理解していないのだ」。

ヨーロッパとロシアによるこうした実験は、ボリシェヴィキ革命のはるか前から開始された。何世紀ものあいだ、現在のウクライナの領土は、ヴィリニュスかワルシャワの支配を受けていた。近世になると、これらの領土はポーランド＝リトアニア共和国と帝政ロシアとのあいだで分割された。一八世紀、ポーランド＝リトアニア共和国は隣接する帝国によって分割され、リヴィウおよび今のウクライナ西部の大半は、ハプスブルクの女帝マリア・テレジアの所有に帰した。かつてポーランド領ルブフだった現在のリヴィウは、ハプスブルク帝国の「文明化の使命」の一環としてオーストリア領レンベルクとなった。[*2]

第一次世界大戦はヨーロッパの旧い帝国に終止符を打った。一九一七年の初め、凍てついたペトログラードで起きたパンの不足がデモとストにつながり、皇帝ニコライ二世の軍隊がそれを鎮圧した。やがてロシア帝国は崩壊し、皇帝は退位した。不安定な「二重権力」が取って代わった。それは、リベラルな臨時政府とペトログラードにあった社会主義のソヴィエトが分割する、脆弱な権力だった。ドイツとオーストリアを相手の戦争が続くなか、幻滅した農民たちは抗議活動を始めた。臨時政府は地方で民兵《ミリシア》を召集したが、農民たちは土地を占有し、そこから収穫する穀物を民兵に渡すことを拒否した。結果として、都市部では食料不足が起きた。いったん迷いから醒めた農民たちは過激化していった。

一九一七年四月、レーニンがペトログラードに到着した。彼の表現によれば、彼はそこで「街頭に権力が転がっているのを見て、それをただ拾い上げただけ」だった。無政府状態のなか、ボリシェヴィキは急進的な方法を選んだ。一九一七年一〇月に「冬宮」を襲った際、彼らは形而上学的な存在である「プロレタリア」のためにそうしたのだ――そんなものは、まだ存在していなかったのだが。

それからほどなく、キーウにいたウクライナ指導者たちは、ウクライナ人民共和国の樹立を宣言した。だがガリツィアでのウクライナ指導者たちは、それに加わるのに躊躇を見せた。彼らの大半は、いまだにハプスブルク帝国の領土内で自治権を持つ王領のウクライナを欲していたが、それは今や不可能になった。ハプスブルク帝国そのものが消滅してしまったからである。一九一八年一一月一日、ウクライナの国民評議会はリヴィウを首都とした西ウクライナ人民共和国の樹立を宣言した。その一週間後には、ポーランドが独立を宣言した。ほぼ一一月じゅう、ポーランド軍とウクライナ軍はリヴィウをめぐって戦いを続け、ポーランドが勝利したが、それと同時にポーランド側がユダヤ人に対するポグロムを行った。かつてのハプスブルク帝国領のレンベルクは、短期間だけウクライナ領のリヴィウとなったが、これでまたポーランド領のルブフに戻った。

一九一八年三月、世界同時革命がそろそろ起きると確信していたレーニンは、ドイツとの単独講和の交渉に入った。だがかつてロシア帝国の領土だった土地では、戦いは一九一八年に終わりはしなかった。それはボリシェヴィキと雑多な敵とのあいだの恐るべき内戦に発展したばかりでなく、ボリシェヴィキと

（ドイツ帝国、ハプスブルク帝国、帝政ロシアの異質な領土が継ぎ合わされた）新生の独立ポーランドとのあいだの恐るべき戦いにも発展したのである。人びとはいたるところで起きた暴力とポグロムを避けて逃げまどい、ワルシャワとペトログラードに挟まれた土地は避難民で溢れた。さながらパリのように左岸と右岸に別れたキーウは、かつては大都会《メガロポリス》だったが、避難民が押し寄せるにつれ、ミハイル・ブルガーコフが『白衛軍』のなかで描いたように「まるで壺の中のこね粉が発酵するように、キーウはふくらみ、広がり、這いずっていた」。すべてが終わった時点で、キーウは五つの異なる軍隊に支配されたことになる。そして四つのヨーロッパの帝国、つまりドイツ帝国、オスマン帝国、ハプスブルク帝国と帝政ロシアが崩壊していた。現代のウクライナ西部にあたるガリツィアと西ヴォリニアは、新しく独立国となったポーランドに属することになった。キーウ、ハルキウ、ドニプロ（二〇一六年まではドニプロペトローウシク）、オデーサ、ドネツィク、ルハーンシクといった、どれも現在は中央ウクライナや東部ウクライナに属する都市は、赤軍の支配下に置かれた。

一九二二年、レーニンはソ連の樹立を宣言したが、ウクライナ・ソヴィエト社会主義共和国は初めから連邦を構成する共和国の一つとなった。レーニンは二年後の一九二四年に死去した。一九二〇年代じゅうには権力を完全に掌握したスターリンは、農業の集団化を命じた。ウクライナの農民たちは、可能か不可能かを顧みずあらゆる手段を駆使して、資産と土地の没収に抗った。だが集団化は残忍かつ暴力的に行われ、それが農業生産に与えた影響は壊滅的と言えるものだった。一九三二年、スターリンがウクライナの穀物の徴発の割合を四四パーセントも引き上げたとき、農民たちは自らを養うことすらできなくなった。ソヴィエトの法律は、モスクワがその分け前を受け取るまでは、集団農場の農民には穀物が分配されないと定めていた。党官僚たちは、常備軍や秘密警察の部隊の援助を受け、穀物を渡すことを拒否した農民たちに攻撃をしかけた。凶作、そして苛酷な徴発比率の結果、大量の死者が出た。スターリンが強制的に彼らの穀物を徴用し、海外にそれを売って得た交換可能な通貨《ハードカレンシー》を工業化の資金に充てているあいだに、ウクライナの農民たちは異常なほどやせ衰え、やがて浮腫に苦しんだ。なかには人肉食に走る者さえいた。ソヴィエト・ウクライナでは、一九三二年から三四年のあいだに、飢餓によって三五〇万人以上の人びとが亡くなった。

それからスターリンの恐怖政治が始まった。スターリンは、社会主義の勝利が確実になればなるほど、逆説的に階級間の闘争は激化すると宣言した。これまでになく絶望的になった敵は身を隠し、今や彼らは、どこにでも、それこそこちらのベッドの中にすらもぐりこんでいるかもしれない。つねに警戒を怠ってはならず、誰も信用してはならなかった。いたるところに「人民の敵」が潜んでいた。「人民の敵」は反革命の陰謀家だった。破壊とサボタージュを企んでいた。彼らは、資本主義者にして帝国主義者だったり、民族主義的な陰謀家だったり、トロツキー派のスパイだったりした。スターリンはそれまではつねに飢餓をウクライナ人自身のせいにしていた。それが今や、でっちあげの陰謀というまるで白日夢めいた告発に変わっていった。大テロルが始まった。大量逮捕や拷問によって引き出された自白、そして何十万人という処刑。一九三七年と三八年、ＮＫＶＤ、つまりソヴィエト秘密警察は、ソヴィエト・ウクライナにおいて一二万三四二一人の処刑を記録した。

一九三九年九月一日、ナチス・ドイツがポーランドを攻撃した。ドイツ兵たちが短い期間だがルブフ（リヴィウ）に侵攻した。ただし、一九三九年八月のモロトフ＝リッベントロップ協定でのヒトラーとスターリンの合意に基づき、速やかにこの市はスターリンの赤軍に占領され、ソヴィエト・ウクライナに編入された。赤軍は、ユダヤ人とウクライナ人たちをポーランドの圧政から救うためにやってきた、と称した。以前はハプスブルク帝国がポーランド人をけしかけウクライナに張り合わせていたが、今度はソヴィエトがウクライナ人を使嗾《しそう》してポーランド人を抑え込ませた。ドイツ占領下のポーランドからの避難民が、バロック風の都市でかつてはハプスブルク帝国のものだったリヴィウになだれ込んだが、それに伴いスターリンのテロルが始まった。

「彼らは私たちを解放したが、その状況に手を拱《こまね》いていただけだった」とウクライナの作曲家スタニスラブ・リュドケーヴィチは嘆いた。*3

これはウクライナ人たちが欲したウクライナではなかったのだ。

一九四一年六月二二日、ヒトラーがソ連を攻撃したとき、たくさんのウクライナ人が、ソヴィエトのテロルに終止符が打たれるとしてドイツ軍の出現を歓迎した。ガリツィア東部では、ドイツ兵たちがウクライナ人の支援者とともにやってきたが、支援者にはステパン・バンデラに率いられたウクライナ民族主義者組織（ＯＵＮ）のメンバーが多数いた。一九四一年六月末から七月初めにドイツ国防軍が東方に進軍した際、ソヴィエトのＮＫＶＤの将校たちは大量逮捕を行ったし、リヴィウでは何千人という囚人たちが虐殺された。ドイツとウクライナの民族主義者たちによるプロパガンダは、どちらもその虐殺の責任を「ユダヤ＝ボリシェヴィキ」に負わせ、復讐を呼びかけた。ユダヤ人たちは殺害された囚人の死体を集めさせられた。一九四一年六月三〇日、ステパン・バンデラの同志でやはりＯＵＮの指導者だったヤロスラウ・ステツコは、ウクライナ国家の独立を宣言した。その翌日、ウクライナのユダヤ人に対するポグロムが頂点に達した。ポグロムを実行したのはウクライナ人で、ドイツ兵がそれを撮影した。

ウクライナの民族主義者たちはドイツの占領下で自治権を期待したが、失望せざるをえなかった。ウクライナの独立宣言がなされてからすぐに、ドイツ側はステツコとバンデラを逮捕し、ユダヤ人をゲットーに追いやった。ＯＵＮと協働したウクライナ蜂起軍は、以前のポーランド東部にあたるドイツ占領地区でポーランド人に対する残虐な民族浄化を行った。一九四三年七月までに、リヴィウは「ユーデンライン」、つまりユダヤ人が存在しない地区となった。翌年の夏の一九四四年七月二三日、亡命ポーランド政府に忠誠を誓う「反ドイツ」パルチザンのポーランド国内軍が、リヴィウを部分的に制圧し、ウクライナの民族主義者たちと戦った。四日後には、赤軍が市の中心部を制圧した。

戦争が終わりに近づくにつれ、ソヴィエトもガリツィア東部に住む地元のウクライナ人たちも、ポーランド人を追放する政策が望ましいことに同意するようになった。「住民交換」がソヴィエト・ウクライナとポーランドのあいだで実行され、「民族的な不混在」がその時点での精神となった。モスクワはガリツィアやヴォリニアのソヴィエト・ウクライナへの融合を促進するために、東方からロシア人やウクライナ人を送り込んだし、地元住民はソヴィエトに吸収されることになった。こうした社会工学的な計画は、ウクライナ蜂起軍がソヴィエト勢力に対して戦うパルチザン戦を背景に行われたが、ソヴィエトのパルチザン殲滅戦で生じたウクライナ人死者はおよそ一一万二〇〇〇人に上った。つまるところ、勝利したのはソヴィエトなのだった。

この戦いのあと、ウクライナ・ソヴィエト社会主義共和国は、東ガリツィアとヴォリニアというウクライナ西部を形成する領土に加え、チェコスロヴァバキアから取り上げたトランスカルパチア・ルテニア、ルーマニアから取りあげたブコヴィア北部をも含む国家となった。それは一九九一年のソ連が解体する年まで存続し、その後のウクライナは、ロシア、ラトヴィア、リトアニア、エストニアといったかつてのソヴィエトの共和国と同様、独立国家となった。それは革命を伴わない革命的瞬間だった。ソ連は転覆させられたのではなくみずから崩壊したのだ。この崩壊の結果、ウクライナは独立を受け取った。こうして、世界史のなかでも類を見ぬほど手に汗握るものだった社会工学的な実験は終焉を迎えた。

4　ガリツィアのファンタジー

「まるで、これまで何一つとして確立され、決められてこなかったかのように、私と一人ひとりの新しい人間とのあいだに、世界は新しく始まる」[*4]。そうブルーノ・シュルツは記した。

ポーランド系ユダヤ人の画家で小説家でもあったシュルツは、一八九二年にドロホビチというガリツィア東部の町で生まれた。彼は町の市場地区にある魅力的な「シナモンの店」や、顔を赤らめた売り子たち、黒い山高帽をかぶった男たち、色付きのギャバジンの服を着て顎鬚を生やしたユダヤ人たち、(床屋の妻たちがやっているのかもしれないが)レースのドレスに身を包んだ売春婦たち、そして「大きなクローゼット、深々としたソファ、薄い色のついた鏡、そして趣味の悪い人工の棕櫚の樹といったものでいっぱい」の彼の家族のアパートの描写で有名だ。[*5]彼の物語のなかで、季節は移ろい、気温は上下し、灯りは震える。その光はしじゅう青白くぼんやりとし、比喩的なイメージはしばしば官能的でけばけばしく、カラスや蝶々、ゴキブリ、さらにはミルク缶やランプ、櫛、棘の多いアカシアの樹やフランツ・ヨーゼフ皇帝の切手といったものが綴られる。そのディテールがあまりにもこれでもかと言わんばかりなので、ときにはほとんど反発さえ覚える。そう、ときにシュルツの文章は、魅惑的なものとグロテスクなもののあいだのどちらに振れるかという危ういところに留まるのだ。

『八月』という物語で、シュルツは晩夏に母とともに市場地区を歩いたときのことを描いている。「しまいに私たちは、ストリスカ街の角にあった薬局の影に足を踏み入れた。薬局の大きなウインドゥを覗くと、ラズベリーの果汁で満たされた大きなバスタブが目に入ったが、それはすべての苦痛を癒してくれる香油《バルサム》の涼しさを象徴しているようだった」*6。この物語は、シュルツの幼年時代、つまりドロホビチがまだハプスブルク帝国の支配下にあった時代を舞台にしている。そこでは（言語なら）ポーランド語、ウクライナ語、イーディッシュ語、ドイツ語を話す人びと、（宗教なら）ローマ・カトリック教徒、ギリシャ・カトリック教徒、アルメニア・カトリック教徒、正教徒、そしてユダヤ人が同じ地域に押し込められていたのだ。

ハプスブルクの女帝マリア・テレジアは、一八世紀末に彼女がポーランド＝リトアニア共和国から無礼にも奪った土地に「ガリツィア」という名を与えた。シュルツの母国であるガリツィアは、ハプスブルク帝国が終焉を迎えるまで女帝の一族の所有に帰していた。一九一八年末から一九一九年初めの短期間、ドロホビチは西ウクライナ人民共和国の一部になっていた。そしてシュルツがストリスカ街の薬局を思い出していた頃、ドロホビチは独立したポーランドに属していた。一九三九年九月、赤軍がポーランド東部に侵攻し、ドロホビチはソヴィエト・ウクライナに併合された。一九四一年六月、ドイツがソ連に侵攻し、ドイツ国防軍がドロホビチを占領した。シュルツはユダヤ人であったが、親衛隊将校のフェリックス・ランダウが、自分の息子の寝室の壁におとぎ話の絵を描くならという条件で当面のあいだシュルツを庇護してくれた。シュルツは、ゲシュタポの一員に射殺される一九四二年一一月までその絵の制作を続けた。

二〇〇一年二月、ウクライナ人の翻訳家でエッセイストのユルコ・プロハーシコは、ドイツ人の映画製作者ベンジャミン・ガイスラーが集めた少人数のチームのなかにいた。彼らは、ランダウのためにシュルツが描いた壁の絵を発見したのだ。その時点で、ドロホビチは独立したウクライナに属するようになっていた。ガイスラーがユルコに声をかけて彼の援助を求めたとき、ユルコは懐疑的だったが、ガイスラーは「壁画を見つけてみせるよ」とあくまで言い張った。かつてランダウがそこのバルコニーから通行人の一人を射殺した屋敷には、息子を弔うために喪服をまとった年配の女性が住んでいた。息子が亡くなったのは五〇歳の誕生日を迎える二日前だったそうだ。その婦人はブルーノ・シュルツが誰であるかを知らなかったが、訪問者たちを中に入れてくれた。ユルコが足を踏み入れた部屋は狭く、壁に描かれた絵の数々は、最初はぼんやりとしか見えなかったが、少しばかり手を加えるとみるみるうちに鮮明になった。そこに描かれていたのは、踊り子と小人、王女様と王様、四輪馬車と御者だった。馬の首や化け物《モンスター》も見えた。

ユルコ・プロハーシコにとってブルーノ・シュルツは大切な人間だった。シュルツと彼の生み出したものはガリツィアという「失われた楽園」に属していたが、それはドロホビチから一三〇キロほど離れたイヴァーノ＝フランキーウシクという町で子ども時代を過ごしたユルコが憧れた世界だった。一九七〇年にユルコが生まれたときには、イヴァーノ＝フランキーウシクは四半世紀にわたってソ連の一部だった。だが彼の両親が暮らすアパートにあったのは「さまざまな物、日常生活の肌合いを構成する品々……それらは失われた楽園の名残であり、私が自分一人で神秘的な言葉「ガリツィア」で要約していた数々」だった。ユルコの母にとって家族の歴史は大切なもので、祖父母や曽祖父母の話を息子たちに聞かせたが、古い世界が牧歌的だったなどとはけっして言わなかった。ユルコは自分一人でそうしたヴィジョンを育んだのだ。彼にとって、古い世界に属するものは何でも――建物、さまざまな物、芸術、言語――それらに取って替わった新時代のものよりも優れていた。ユルコは学校で、ソ連が人生や社会のあらゆる領域で進歩をもたらしたと教えられたが、子ども時代でさえ、それが進歩ではなく堕落であり、何よりも審美的、道徳的な面での頽廃であると見抜くことができた。

この神話的なガリツィアにユルコを誘《いざな》ったのは、さまざまな物ばかりではなかった。古いウクライナ語を話す年寄りたちは、若者とは異なる表情を目に浮かべたし、彼らの盛んな身振りやわざとらしい表現のことごとくが、それらが失われた世界の名残であることを示していた。小説家のユーリー・アンドルホーヴィチはユルコより一〇歳年長だが、やはりイヴァーノ゠フランキーウシクで成長した。彼もまた幼年時代に、ガリツィアの方言で話す人びとが学校時代に習ったラテン語のことわざを記憶していたのに、またまるでハプスブルクのフランツ・フェルディナンド大公に謁見するときのように着飾っていたのに、気がついていた。アンドルホーヴィチはこう記している。「おそらく、彼らは秘密結社を形成していたのだろう。ブルーノ・シュルツの名を冠したオーストリア帝冠領時代を偲ぶ秘密結社を」。アンドルホーヴィチから見れば、彼らは別の惑星から来た生物のように思えた。彼らの存在に気をとめてはいたが魅惑はされなかった。だがユルコは魅惑されたのだ。それは本能に訴える磁力であり、その磁力は「われわれを取り巻いて、古風で、博物館もののガリツィアらしさを押し流してしまったソヴィエト的なもの」に対する心からの嫌悪に呼応するものだった。彼はこうした年長者が呼び覚ます世界への感情をこう表現している。「『理想化』という言葉ではあまりにも弱すぎる。どちらかと言えば『神秘化』、もしくは超越に向かう何らかの憧れ……ドイツ語でなら『フェアルストルスト』（喪失への欲望）と呼んでおこう。つまるところ欲望であり、エロスであるのだが、いたるところに存在するため取り除くことはできない。ただし、そのエロスは、もうすでに失われたものへ向けられているのだ」。

ユルコ自身はそうした戦前の審美性を模倣してはいない。二〇一四年四月にリヴィウで会ったときの彼は、髭をきちんと剃り、ジーンズを履いていて、明るい茶色の髪がきわめて鮮やかな青い瞳に垂れていた。彼自身の仕事は二〇世紀全般の文学を網羅している。ドイツ語からロベルト・ムージル、ヨーゼフ・ロート、フランツ・カフカを、ポーランド語からヨーゼフ・ウィットリン、ヤロスラフ・イヴァスキエヴィチ、レゼク・コラコフスキを、イーディッシュ語からデボラ・フォーゲルを訳している。ポーランド系ユダヤ人の詩人フォーゲルはブルーノ・シュルツの親しい友人だった。そしてシュルツ同様、フォーゲルも一九四二年にドイツ人に殺された。ユルコ自身のエッセイもこれらの作家たちの声音に強く影響されており、彼の書いたものには情熱の籠った優しさといったものが見受けられる。

ユルコが自分もその一部であると感じた歴史的環境は、ブルーノ・シュルツの世界に深く根差していたが、その歴史的環境が存在していたことを疑うものはまずいまい。ユルコの家系は、ギリシャ・カトリック（ユニエイト）教会を信じる聖職者貴族だった。ポーランド化もロシア化もしていないギリシャ・カトリックを信仰するガリツィア系ウクライナ人、一八四八年のヨーロッパ革命のリベラルな民族主義を受け入れたウクライナびいき……その末裔だったのだ。戦間期ヨーロッパで最後の、そしてごく少数のリベラルであった、こうした狭い環境にある者たちは、ステパン・バンデラやウクライナ蜂起軍の急進的な民族主義、ポーランド人やユダヤ人やそのほかの民族に対する彼らの敵意、彼らがテロリズムを用いたり民族浄化をすることをけっして受け入れなかった。なぜならそうした伝統が自分たちのものであったことなどなかったからだ。

ユルコは説明する。「こうしたものすべてが、ファンタジー的な排他性のなかで私が成長するのにつながった」。すでに最良のものは失われた、と彼は感じていた。ユルコは、審美性のないソヴィエト世界に属する大概の人間たちは自分のことを理解できない、と思い知らされながら思春期までを費やした。成人してからオーストリアに赴き、そこで精神分析の訓練を受けた。そして、失われた楽園に属しているという自らの感情は省察を必要とする「自己愛的なファンタジー」であることを理解するようになった。

ユルコはウクライナ語とロシア語を話しながら成長した。さらにポーランド語とドイツ語を学んだが、それらは祖父母の代にガリツィアで使われていた言葉だったからだ。母方の祖父母はウィーンで学び、祖母はウィーンの第一九区で医院を開業していた。そこで稼いだ資金をもとに、彼らはガリツィア東部に戻ってユルコが育った屋敷を建てることができた。当時、つまり一九三〇年代には、その建物のすべてがモダンだった。バウハウス様式の建築、家具、セントラルヒーティング、電気、ランプ……。ウクライナの聖職者貴族の出だったユルコの祖父母は、ヨーロッパのモダニティを体現していた。

だが一九三九年にカタストロフィーが訪れた。ナチズムとスターリニズムが、世界のすべてを破壊した。そしてその狭い環境——貴族的でギリシャ・カトリックを信仰する、リベラルなウクライナ愛国主義——のなかで消え失せなかったものはごくわずかだった。ユルコの祖父母はモダニティの趣味を持った最後の世代であり、(懐古的な) ユルコ自身とは対照的だった。

「モダニティの趣味の喪失や、「喪失への欲望」(フェアルストルスト) のせいで、僕は古い物《アンティーク》だけを愛するようになったのだと思う」。

一九四〇年、ガリツィア東部を赤軍が制圧していたときに生まれたユルコの母は、つねにウクライナ愛国者だった。スターリン主義の後期に成長した彼女は、ソヴィエトの支配が自分の家族に及ぼした惨状を目の当たりにせざるをえなかった。財産は没収され、親戚の何名かは銃殺され、牢獄につながれて正気を失った者たちもいた。それでも、彼女は美しい歌を歌うことを好み、ソ連は世界中の平和を願っている、と信じたがった。ユルコから見ると、母親はとても善良であると同時に、きわめてナイーヴでもあった。彼は母親のことを「蘭のようだった、カタストロフィーのなかに咲く蘭のようだった」と描写している。

ユルコの父親は違った。彼はギリシャ・カトリックの聖職者貴族の家系ではなく、ウクライナびいきの階級上昇中の家族に生まれたが、一家の財産はボリシェヴィキに没収された。ユルコの曽祖父は技術者で、娘、そして孫（これがユルコの父親）とともに一九四八年にグラーグに送られた。ユルコの父は当時八歳で、スターリンのキャンプで成長したが、そこでは思春期になるとすでに犯罪者だった。グラーグでは、ティーンエイジャーたちはカード遊びをし、勝った者が、負けた者が殺す見知らぬ者を選び出した。負けた者はある部屋に通されたが、そこでは映画が上映されていて、たとえばだが四番目の列のいちばん端の席に座っている者を刺し殺さなければならなかった。

　よって、ユルコの母とは対照的に、ユルコの父はソヴィエト社会についてどのような幻想も抱いていなかったが、共産党に加入することを選んだ。実利的な服従のジェスチャーだったのだ。彼とユルコの母は、一九三〇年代に彼女の両親が建てたバウハウス様式の石造りの屋敷で暮らした。父は彼らを経済的に支えた。グラーグ育ちの父は、ソヴィエト体制に逆らった者たちがどのような目に遭うかを充分に理解していて、自分自身にも家族にもそのようなことが起きて欲しくないと願っていた。そしてユルコは、たとえ彼の眼には裏切り者に映っていたとしても、父親を愛していた。ただ、ユルコが理想化したのは、母親に属する世界、世紀末のウィーンのモダニズムをガリツィア東部に注ぎ入れた世界だった。

「当時は、父にそれほどの生命力があるとは知らず、母の側にそういった不健全さがあることも知らなかった。だが僕は日和見主義的な生活力より、貴族的な不健全さを好んでいたな」。

　ユルコ自身は、ソヴィエトの約束など少しも信じていなかった。過ぎ去ったガリツィア世界に対する本能的な同一化に夢中だったし、ソヴィエト社会はあまりにも反発を感じさせるものだった。一七歳になると、ユルコはリヴィウでドイツ文献学を学ぶために家を出た。一九八七年の時点では、実際のドイツ人に出会う可能性はありそうになかった。ドイツ文学は純粋に理想化された営みであったし、ドイツ語が上位文化《ハイ・カルチャー》の言語であった、もう存在しない世界と結びつこうとする試みだった。かつてオーストリア領ガリツィアの首都だったリヴィウは、ユルコには「宇宙の中心」であり、リヴィウに移ることは彼にとってイェルサレムに行くようなものだった。その時点ですでに、ミハイル・ゴルバチョフがソ連で権力を掌握し、グラスノスチとペレストロイカの時代が幕を開けていた。

ユルコはこう語る。「何もかもがぴたっと同じ時期にやってきた。ちょうどそのとき、性的成熟、父親から解放されたいという欲求、初恋、未来への夢、それにゴルバチョフが到来したんだからね」。

それは変化と解放の可能性を意味していた。何千回ものデモが行われた——一九八六年のチョルノービリ（チェルノブイリ）原発の事故を受けた原子力反対のデモ、ウクライナ語、ギリシャ・カトリック教会、ウクライナの独立を支持するパレードや集会。ユルコはそれらのすべてに参加した。それらのデモは、彼にとって公民教育を受ける絶好の機会だったのだ。

その一九八〇年代の終わり、ユルコは、ウクライナで起きていることは、ポーランド、チェコスロヴァキア、ハンガリーなど東ヨーロッパのどこでも起きていることと同様だ、と考えるようになった。彼はソヴィエト的なものが継続するとは予測しなかったし、ウクライナが特別であるとも、ソ連はその共産主義の衛星国とは違う、などとも思わなかった。彼は私と話す頃にはこう思うようになっていた——仮に誰もが「去りしガリツィア社会」を心に抱いていたなら、ウクライナは一九八九年にポーランドが経験したような革命を起こしていただろう、と。だが「去りしガリツィア社会」から伝わったものはあまりにも少なかった。

そのかわり、一九九一年一二月に、三〇年以上にわたって共産党員だったレオニード・クラフチェクが独立ウクライナの初代大統領になった。ユルコは一九九一年に遡って自分に問いかけてみた。「ウクライナ人はクラフチェクに投票することなどどうしてできたのだろう？　ソヴィエト・ウクライナの政治局のメンバーで、共産党のイデオロギー担当大臣で、それまでの路線を継承すると思われた人間になど。そんな彼が独立ウクライナの大統領になった……僕には冒瀆的だった」。その大統領選が、ユルコが違いを悟った瞬間でもあった——ああ、ここはヴァーツラフ・ハベルが大統領に選ばれたチェコでも、レフ・ヴァウェンサ（ワレサ）が大統領に選ばれたポーランドでもないな、ウクライナはそうした国とは別の場所なのだから「自分たちはここで、ポスト・ソヴィエトの煉獄のなかで、実に実に実に長い期間にわたって苦しむに違いない」、と。

ユルコはウクライナがヨーロッパに属するようになることを望んでいた。だが蓋を開けてみれば、ソヴィエト体制の継続を願う声は多かった。そうした状況で、ユルコの立場はたやすいものではなかった。彼は共産主義の継続を望まず、モスクワを「敵意を持ち、残忍で無慈悲」として拒絶し、他方でステパン・バンデラとウクライナ蜂起軍を崇拝するカルト的な動きにも反発していた。自分の生まれるはるか昔に消え去った世界への郷愁に浸るのも、認識される間《ま》もないまま過ぎ去ったリベラルな民族主義にしがみつくのも、穏やかで反帝国的な民族主義——コスモポリタン的なウクライナ国家のなかでウクライナという国民が調和しながら形成されてゆくというヴィジョン——を主張し続けるのも、どれもけっしてたやすくはなかった。そして自分自身が「ヨーロッパの忘れ去られた辺境」に属し、ヨーロッパの中心で安穏としている者たちとは距離があると気づかされるのも、気持ちの良いものではなかった。ユルコは二〇一一年に、「誰にも必要とされていないと悟るのは、けっして気分が高揚するものではなかった」と記している。

5　存在しなかった革命

ユルコにとって人生で初めての革命的な瞬間、つまりソヴィエト体制の崩壊は、新しい時代の到来でありユルコが大人になることでもあった。一九九一年に二一歳であったのはまったくの偶然の幸運の賜物と思われたが、それに続く事態はさほど歓迎すべきものではなかった。一九九〇年代に、レオニード・クチマが大統領に就任し、政治学者のキース・ダーデン呼ぶところの「恐喝国家」を率いることになった。二〇〇四年、クチマに選ばれた後継者、ヴィクトル・ヤヌコーヴィチが大統領選で対立候補のヴィクトル・ユシチェンコをくだして勝利を宣言した。ヤヌコーヴィチは強盗罪で懲役刑に処されたことのある犯罪者で、ソヴィエト崩壊後の腐敗、オリガルヒ支配、ギャング的行為を体現する存在だった。一方、ウクライナ国立中央銀行理事長だったユシチェンコは、民主主義や法の支配、ヨーロッパへの接近に賛同していると目されていた。ヤヌコーヴィチの勝利とされたものは、実際にはユシチェンコへの毒殺未遂と不正選挙によってもたらされた。

二〇〇四年一一月、何千人ものウクライナ人が、独立広場（マイダン・ネザレーヌジュノシチ）に不正選挙を糾弾するために向かった。キーウの最も大きなショッピング街フレシチャーティク通りの途切れたところにあるマイダン広場（かつてはフレシチャーティク広場と呼ばれていた時代もあった）は、景観面での美化を遂げて間もなかった。二〇世紀が終わって、共産主義や社会主義リアリズム、それにソヴィエト流のどんよりした灰色が脱ぎ捨てられた。ガラスのドームが地下から広場にそびえ、地下にあるショッピングセンターの天井が突き出ていた。ブルジョア的なブティックや、より明るい色彩が求められる時代が到来していた。建築家たちは新しいミレニアムの始まる年に、タンポポ色をしたキーウ市の中世の城門のレプリカを完成させた。門の上には、剣と盾を持ち、後光を背負い、金メッキの翼を広げた天使首ミハイル（大天使ミカエル）が落ち着き払った姿勢で立っていた。同じ二〇〇一年、ウクライナ独立一〇周年を記念した勝利のモニュメントが除幕されたが、それは高さがおよそ六〇メートルもある円柱で、表面はイタリア産の白大理石で覆われていた。円柱の上には、天使首ミハイルを彫ったと同じ彫刻家の手になる、テマリカンボクの枝を半円状に担ったスラブの女神ベレヒーニャが飾られていた。ブロンズで鋳造されたミハイルとベレヒーニャは、どちらも頑健そうな威厳のあるカップルだった。

リヴィウとは異なり、キーウに古風な趣はなかったし、マイダンはより小さい都市における中央広場のように魅力的ではなかった。ソヴィエト時代の堂々とした建物が、多層な都市空間を取り巻いている。中世の城門のレプリカの後ろのガラス製のドームは不器用な感じだけでなく、包容力のある折衷主義的なたたずまいをも感じさせた。この包容力は単純に広さの点にも表れていた。マイダンは広大な広場《アゴラ》で、設営されたテントもそこでは窮屈な感じはしなかった。二〇〇四年晩秋の三週間、ウクライナの人びとはマイダンにとどまり、厳しい寒さに凍えたのだ。

「オレンジ革命」は無血革命であり、勝利をもたらした。[†1] 二〇〇四年一二月下旬に新たに選挙が行われ、二〇〇五年一月にユシチェンコがウクライナ大統領に就任した。「ガスの王女ユリア」と呼ばれた魅力的なオリガルヒで、三つ編みにしたブロンドの髪を農婦風に頭の周りに巻きつけたユリア・ティモシェンコ

†1　ティモシー・スナイダーの *The Red Prince: The Secret Lives of a Habsburg Archduke*, 2008.（邦訳は『赤い大公――ハプスブルク家と東欧の20世紀』、池田年穂訳、二〇一四年）の「オレンジの章」は、このオレンジ革命をやや楽観的に扱っている。

は、長いことクチマに反対する声をあげ続けていたが、ユシチェンコ大統領のもとで首相に就任した。[*6] 喜びに溢れ、満足して、みなは家に帰った。

リヴィウでもオレンジ革命に最も熱心に参加していた一人に、物理学者のイヴァン・ヴァカルチュクがいた。彼の長男スラヴァはロックスターで、きわめて人気の高いバンド「オケアン・エリズィ」のリード・ボーカリストである。スラヴァの説明では、彼の父は共産主義者でも反体制活動家でもなく「聡明で穏健な、僕から見ると非常に道徳的な人物」で、ソヴィエト時代にはひそかに教会に通っていた。一九八〇年代の終わりになると、イヴァン・ヴァカルチュクは当時ティーンエイジャーだった息子に政治について語るようになった。イヴァンはもう待てなかった。かつては発売が禁止されていた文学、つまりウラジーミル・ナボコフやアレクサンドル・ソルジェニーツィンの著書や、ミハイル・ブルガーコフの『悪魔とマルガリータ』などが雪崩のように相次いで刊行された時代だった。スラヴァから見ると、彼の父である物理学者が政治家になったのは「青天の霹靂」だった。一九八九年、イヴァン・ヴァカルチュクはソ連最高会議の代議員に選出されたのだ。

その二年後にアメリカ合衆国を訪問した際、イヴァン・ヴァカルチュクは「ソヴィエトの政治家」として紹介された。

そうじゃない――彼はホストたちの言葉を訂正した。もうそのような国家は存在しないのですよ。

一九九一年一二月、ソ連は公式にこの世に存在しなくなった。イヴァン・ヴァカルチュクはモスクワから帰り、リヴィウ大学で学長になった。二〇〇四年にまだその職にあった彼は、偉大な勝利と思われたオレンジ革命に多大なエネルギーを傾けた。

だがオレンジ革命の勝利はまがい物だったことがやがてあきらかになった。ヴィクトル・ユシチェンコとユリア・ティモシェンコは敵《かたき》同士になった。ヨーロッパは事態を歓迎していなかったし、ウクライナは積極的に改革を進めようとしなかった。オリガルヒ支配と汚職は続いた。モスクワから距離を保つべく、ユシチェンコは政治的な記憶に活路を見出した。彼は、ホロドモール、つまり一九三〇年代の飢饉の犠牲者を追悼するとともに、ロシア帝国主義に抵抗したシンボルとしてウクライナ民族主義者組織(OUN)を顕彰した。二〇一〇年一月に、彼は「ウクライナ英雄」という国家最高の栄誉を、ファシストのステパン・バンデラに没後授勲した(一九五九年に没していた)。

スラヴァ自身は、別にユシチェンコに畏敬の念を覚えることはなかった。スラヴァは抒情的なソングライターではあったが、自分を「かなり冷笑的な性格」と捉えていた。彼の心は抒情的であっても、頭脳は冷笑的と言った方がよいのかもしれなかった。

「母はとても芸術的なのに、父はきわめて分析的な人間だから、僕は半分ずつそれを受け継いだのだろうな」とスラヴァは語った。「たくさんの人から、とても奇妙で珍しい組み合わせだ、と言われるよ」。

それは本当だった。スラヴァはとても繊細で、美しい音楽や人間の苦痛、友との別れなどに強く心を動かされる人間だった。泣くことを恥ずかしいとは思わない人物だったが、それと同時に人間の条件について、人びとが弱さや利己心、無責任といったものにいかに流されやすいかについても厳しく見ていた。オレンジ革命のあいだ、スラヴァは何よりも選挙の不正を糾弾しようとして街頭に出た。当初はユシチェンコに希望を託したが、すぐに、真の改革のためにはウクライナ国民はもう少し待たなければならない、という認識に達した。

「だがこれはユシチェンコの個人的な責任じゃないよ」とスラヴァはユシチェンコについて語った。「市民社会はそれまでと異なる指導者たちを受け入れる準備ができていなかったんだ。彼らはいまだにメシアを欲しがっていた。だから彼らはユシチェンコに良き皇帝《ツァーリ》になって欲しかったし、彼自身も良き皇帝《ツァーリ》になろうとした」。

ユルコ・プロハーシコはこうした良き皇帝《ツァーリ》への切望に対しては自己批判とでも言うべき念を抱いていた。彼は、オレンジ革命はナイーヴ過ぎた革命で、心理的には未成熟だった、そう理解できるようになったからだ。

ユルコは語った。「そのときはこう信じていた。一人の人間にすべてを委ねれば、善良な彼がすべてを果たしてくれる、まさに理想的だとね。われわれは革命を三週間で終え、すべてを彼に託して去った。その意味でユシチェンコの裏切りはまことにもって価値ある経験だった……当時は、われわれは悪い父親を持ったから、悪い父親を良い父親にすげ替えなければならない、と思っていた。だが今では、父親というものなど少しも信じていないんだ」。

すべての面で敗北だったわけではない。ユシチェンコに対する幻滅は「家父長的支配《パターナリズム》の弊害の治療」であったし、大量の市民がこれほど迅速に街頭に繰り出したことは自信に繋がった。ユルコは懐疑的になってしまった友人たちにはこう言うようになった。「きっと驚くよ。ふさわしい時機が訪れさえすれば、すべての人びとが結集するんだ」。何しろ彼の人生には一九八〇年代終わり、二〇〇四年とそういう事態が二度起きたのだ。二度あることは三度ある、と言うではないか。

6 「いいね」を付けるだけじゃ駄目なんだ

ヴィクトル・ユシチェンコとユリア・ティモシェンコの二人があまりにも大きな失望をもたらしたため、二〇一〇年の選挙ではヤヌコーヴィチがティモシェンコを破って返り咲き、挙げ句彼女を逮捕し収監した。[*7] ヤヌコーヴィチの支持基盤はウクライナ東部と南部で、彼自身はウクライナ東部の鉱山地帯ドンバスの出身だった。ドンバスの多くの人びとにとって、ヤヌコーヴィチは世界的に有名になった地元の坊主《ぼうず》だった。もちろん、「誰も彼を本当に愛してはいない」。もちろん、ヤヌコーヴィチは不誠実でまともではなく、教育も受けていないし、労働者階級のチンピラから泥棒政治《クレプトクラシー》で成り上がった人間であり、芸術の趣味もぞっとするほどひどい男だった。それでも、ユルコの推察するところ、ドンバスの住民は彼を「スヴォイー」(身内)、つまり仲間の一人と捉えているのだった。そしておそらくはそれが彼らの自慢の種だった。彼の統治下でドンバスの労働者たちの状況がどん底のままだったということを考えるといささか奇妙なことではいえ、それでもある種の安定はもたらしていると感じる者たちもいたのだ。ヤヌコーヴィチと、政治的同志である彼のマフィアめいた「ファミリー」[用語解説9を参照]は、一般庶民が飢え、凍え、規制のゆき届かぬ鉱山の爆発事故で死亡しているときにも、金ぴかの別荘を建てていた。ギャングたちは小企業を脅し、目こぼししてやるのと引き換えに金銭を絞り取った。多くの小さな村や町では、地元の「スモトリャシイ」――言葉そのものの意味は「見ている者」だがそれぞれ割り当てられた地域を支配し、金銭をゆすり取るマフィアの一員――によって秩序が保たれることが了解されていた。大統領としてのヤヌコーヴィチは、堂々としたナラティヴを提示したわけではなかったし、現状を超越するといった約束もせず、今の苦しみにはもっと大きな意味があるなどと語ることもなかった。彼がギャングなのは明々白々だった。

(「彼はギャングであるというだけじゃない」。私の友人で政治評論家のイヴァン・クラーステブは私に言ったことがある。「あいつはケチなギャングなんだ」。その意見を聞いたポーランドの外相ラドスワフ・シコールスキーがこう応じた。「絞り取った金は、ケチな額じゃなかったけどね」)。

ウクライナには昔から法治主義が存在したことなどなかったが、ヤヌコーヴィチのもとでの泥棒政治《クレプトクラシー》はとりわけ恥知らずだった。司法制度は個人が金で自由にできたし、警察は自由裁量という原則に従って動いた。スラヴァ・ヴァカルチュクは、ウクライナ人は自分たちで選んだものを手に入れたのだ、と考えた。スラヴァは私にこう言った。「僕は、ヤヌコーヴィチは公正な選挙で勝った、と思っている。そして僕たちはそのために高い代償を払った。だがウクライナの社会にとってそれは妥当な代償だろう。ウクライナ人がヤヌコーヴィチを選出し、ウクライナ人はその過《あやま》ちを切り抜けなければならないんだからね」。

だが「オレンジ革命」に参加した何十万人という人びとは、今回は街頭に出ることを選ばなかった。おそらく彼らには、革命の時代は過ぎた、自分たちはこのポスト・ソヴィエトの煉獄に諦めがついたのだ、そんな風に思えたのだろう。だがそれも、二〇一三年一一月にヤヌコーヴィチがヨーロッパ連合（EU）との関係を強化する連合協定（アソシエーション・アグリーメント）に署名するのを拒んだときまでのことだった。ロシア大統領ウラジーミル・プーチンはヤヌコーヴィチに圧力をかけ、ユーラシア経済同盟に加入して西側に対抗する「ルースキー・ミール」（ロシア世界）［用語解説7を参照］に加わるよう促していたが、そうであったとしても、ヤヌコーヴィチが連合協定への署名を拒んだのはきわめて唐突だった。二〇一〇年の彼の勝利がロシアとの和解をはっきりと意味したにせよ、このウクライナ大統領のレトリックは一貫して、何らかの形でのヨーロッパ統合――とりわけ貿易の障壁を減らし、ウクライナ人のシェンゲン協定圏諸国へのビザなしでの旅行といった協定の締結――を促進する方向だったからだ。長く待たれたリトアニアの首都ヴィリニュスでの調印式（EUと旧ソ連の六ヶ国が参加）はすでに準備万端だったが、ヤヌコーヴィチはいきなり翻意した。むろん連合協定は理想的なものとはほど遠かった。それはEUへの最終的な加入も認めなかったし、犠牲の大きな改革をウクライナに要求し、ロシアからの経済的な報復を引き起こしかねないものだった。それでも、その連合協定には大きな象徴的な意味合いがあった――いったいウクライナはヨーロッパに属する可能性があるのか、それともないのだろうか？

ユルコは、むろん心の中では、その協定は素晴らしいとは言えず、ほとんど象徴的なだけのものに過ぎない、と考えていた。だがそれは、ウクライナが徐々にではあれ別の道を歩み始め、ヤヌコーヴィチが胸が悪くなるような独裁者のままであっても、たとえば司法制度の改革には乗り出さざるをえないことを意味していたからこそ重要なものだった。それは、オリガルヒ支配の体制でさえ、これ見よがしの泥棒政治的な慣行から少しずつ脱却するのをしぶしぶながらも認める可能性も示唆していた。いわば、ヨーロッパの扉が閉じぬようにウクライナが「扉に足を突っ込んだ」ことになっただろう。

二〇一三年一一月二一日、ヤヌコーヴィチがEUとの連合協定に署名するのを拒んだとき、ユルコの友人たちは、世界の終わりが来たという感情と、自分たちはこれを受け入れられない、もう我慢の限界だ、という感情のあいだで揺れ動いた。その夜の八時頃、「ウクラインスカ・プラウダ」というニュースサイトに外国人排斥と汚職のニュースを書いていた三二歳のアフガニスタン系ウクライナ人、ムスタファ・ナイエムというジャーナリストが、自分のフェイスブックにこう載せた。「さあ、真剣になろう。今夜、マイダンに真夜中までに向かえるのは誰だ？　「いいね」を付けるだけじゃ駄目なんだ（'likes' don't matter）」*8。

ユルコの一一歳の息子は、EU旗を取り出して、それにこう書いた。「Ukraina — Unia.（ウクライナ－連合）」と。ユルコは彼をリヴィウの中央広場、つまり小規模なマイダンに連れて行った。そこでは一九世紀のウクライナの詩人タラス・シェフチェンコの銅像の周りに人が集まっていたが、当初は若い連中が多かった。「ユーロマイダン」〔用語解説1を参照〕はもともと学生たちのものだったのだ。短期的に見れば、おそらく彼らが失うものを一番多く持っていた――シェンゲン協定圏諸国へのビザ取得、奨学金、インターンシップ、海外で学ぶ機会などだった。はたしてヨーロッパは彼らに開かれるのか、そうはゆかないのか？

彼ら若者たちはiPhone世代で、革命に参加する機会をまだ持ったことがなかった。二〇代にソヴィエトの崩壊を目のあたりにし、三〇代にはユシチェンコを大統領にしたユルコの世代とは違っていたのだ。若者たちは、政治家や政党にはうんざりしていた（ヴァルター・ベンヤミンやテオドール・アドルノを手がける若いウクライナ人翻訳家、カーチャ・ミーシェンコはこう言った。「誰もユリア・ティモシェンコを待ち望んでいないのは、興味深いことね」）。「彼らは政党には無関心だったが、政治には関心があった」とタラス・ドブコは説明した。ドブコは四〇代初めの哲学者で、リヴィウのウクライナ・カトリック大学の副学長だった。彼自身の学生もたくさんいた。そのうちの一人は、ユルコの甥であるマルキヤーン・プロハーシコだった。

叔父と同じく、マルキヤーンは櫛を入れてない柔らかい髪を持ち、それが目に落ちかかっていた。どこかデリケートなところを感じさせる青年で、ほっそりとした体躯を持ち、親切で、実際の年齢よりだいぶ若く見えた。一一月二一日、彼はムスタファ・ナイエムのフェイスブックのアピールを読み、深夜に自転車に乗ってリヴィウの町外れから市の中心にあるシェフチェンコの銅像までたどりついた。彼を含めて学生たちは立ったまま輪になって手をつなぎ、「ウクライナはヨーロッパだ！」と叫んだ。何人かの学生たちは、大学の若い非常勤講師ボフダン・ソルチャニュックとともにやってきた。彼はその夜、学生たちにこう伝えた。「きみたちは「革命」と叫んでいるが、革命は一日で成るものではないぞ」。で、翌日も彼らはやってきた。

マルキヤーンは翌日以降の三夜を、このリヴィウの小さなマイダンで過ごした。そして四日目に、汽車で数時間かかるキーウに行くことを決めた。学生たちのグループはキーウ行きを計画していたが、彼は一人で行動したかった。キーウに到着したとき、彼の見たマイダンは寂しげだった。ある意味でひどい状況のように思えた。人びとがあまり集まっていなかった。マルキヤーンはウクライナの状況を誰一人気にかけていないのではないかと絶望的な気分になった。それから数時間が過ぎて晩になると、次々に人びとがつめかけ、それを見たマルキヤーンは幸福感を覚えた。そこに人びとがいて、自分もその一人だという幸福感だ。

一方、ユルコは、甥のような幸福感は感じなかった。彼は私に語ってくれた。「別に興奮は感じなかったよ」。

僕がマイダンでの革命に足を運んだとき、キーウに行こうがリヴィウにいようが、多幸感《ユーフォリア》や強い願望など感じなかった。僕は何も叫ばなかった……ただ沈黙していただけだ。いつもそうした行動を、辛く、不快で、疲弊するものではあるが必要な務めだと思っていた。務めに過ぎない。凍えたままでいることも立っていることも好きではなかった。人びとが群れるのもそれほど好きではないんだ……ただ、自分でもそう行動する必要があるとはわかっていたんだが、ときどき考えたものだ。いったい自分のような年寄りがここで何をしているんだってね。なぜ若者の革命を彼らから取り上げようとするんだ？　彼らが自分たちの革命を持つことは重要じゃないかってね。

ユルコの仕事の仲間で三九歳のセルヒー・ジャダンは、彼とはかなり違ったタイプの小説家だ。「一四歳になって自分なりの人生観を持ったとき、僕はまずアルコールを大量に飲んだ」。彼の小説『デペッシュ・モード』はそう始まる。[†1]「げっぷが出るくらいにね。身体がほてり、僕の上では青い空が回っていた。僕は縞柄のマットレスに横たわったまま死にそうな気分だったが、酔うこともできなかった。まだ一四歳で、どうやったら酔っぱらえるのかも知らなかったからだ」。ジャダンの小説は、途方に暮れた若者たち、ウォッカやセックス、ロックンロールでいっぱいだが、いずれもセクシーではない（これは小説家自身とは対照的だ。セルヒー・ジャダンのワルシャワでの詩の朗読会に出席したポーランドのジャーナリストは、三月にこれほど多くの若い女性がミニスカートをはいているのを見たのは初めてだ、と感想をもらした）。[*9]彼の小説にはどこかビート・ジェネレーションの詩人たちを思わせるところがあり、ソヴィエト崩壊後のウクライナ東部の町出身の登場人物たちは、ジャック・ケルアックやニール・キャサディを思い起こさせる。二人の文学的感性はまるで隔たっているにもかかわらず、一一月に学生たちがデモを始めたとき、セルヒーはユルコと同じ感情を抱いた。

セルヒーはポーランドにいる友人にこう言った。「彼らが事態を掌握し、自分たちで組織を作ったのは良いことだ。彼らにとって、われわれはくず鉄みたいなもので、古くさくて使いものにならなくなっている。[*10]これは若い彼らにとっての機会であり、革命なんだ」。

政治学者でジャーナリストであるマイコーラ・リャブチュックの息子ユーリーは、二〇代半ばのパンク・ロックのドラマーだが、気味の悪いくらい父親に生き写しだ。最初の週に、ユーリーは何が起きているかだけを知ろうとキーウのマイダンに向かった。何人かの活動家が彼に接触してきた。ユーロマイダンにアンプを貸してもらえないだろうか？ ユーリーは父親に相談した。彼はまだ若くて金をあまり持っておらず、アンプは高価なものだった。マイコーラはユーリーに父親らしくサポートを与えた。ついでに保険もかけてやった。もしアンプが壊された場合には、マイコーラが取り換えることになった。

スラヴァ・ヴァカルチュクにも何名かの活動家が接触してきたが、アンプが欲しいからではなかった。彼らはスラヴァに演説して欲しかったのだ。スラヴァはロックスターだから、人びとはきっと耳を傾けるに違いない。スラヴァは演説することに同意したが、EUについては話したくなかった。彼にとって、ウクライナがヨーロッパの一部であることは、ヤヌコーヴィチがEUとの連合協定に署名する、署名しないにはあまり関係がなかった。彼は若者たちに向かい、ヨーロッパの一部であるということは価値観の問題だと述べた——選択の自由、尊厳に価値を置くかということだと。

「あきらめるな。すべては始まったばかりだ」。一一月二八日にスラヴァは演説をこう締めくくった。スラヴァはかなり時間がたってから私にこう語った。「残念なことに、それから起きたことは良いことばかりではなかったよ」。

7　父親たちと息子たち

二〇一三年一一月二八日、スラヴァ・ヴァカルチュクがスピーチした後、ミーシャ・マルトィネンコは

---

†1　Serhiy Zhadan, *Depeche Mode*, trans. Myroslav Shkandrij (London: Glagoslav Publications, 2013), 4. 未邦訳。

翌朝までマイダンにとどまった。彼の記憶には、その夜のマイダンは音楽やダンスなど若さと陽気さに溢れた場所として残っている。

「とても平和な雰囲気だったわ」。映像学科の学生ユスティーナ・クラヴチュクは、一一月中のその頃の日々を振り返って説明する。「昼も夜もね」。

マルキヤーン・プロハーシコも、スラヴァの演説のあと、マイダンで一夜を明かした。翌日の夜には、あまりにも疲れていたので友人のアパートに泊めてもらった。マルキヤーンが夜中の二時頃にマイダンを後にしたとき、まだ何百人もの人びとが広場に残っていた。その二時間後、機動隊であるベルクト隊が催涙ガスや警棒を持って到着した。隊員（ベルクトッシ）は、学生を殴り始めた。相手が女性であっても同じだった。その場に彼らとともにいた人びとも殴りつけたが、そのなかにはアルメニア人の画家ボリス・イェギアザリャンや年配のソヴィエト軍退役将校もいた。

マルキヤーンの父、小説家のタラス・プロハーシコは、息子がキーウにいることを知って、彼を誇りに思っていた。タラスは一九九〇年代の初めを思い出していた。自分が最初の日々からデモに参加し、両親は彼がそうするのを止めなかった。両親は、タラスがソ連の終わりに一役買うのを自身で必要としていることを理解していたのだ。そして今、タラスはマルキヤーンにもそうした体験が必要なのだと理解していた。

「すべての世代が、自分たちの革命を切り抜けなければならないのさ」。タラスは私にそう言った。邪魔立てするのは正しい選択とは思えなかった。

一一月三〇日の午前六時、タラス・プロハーシコはイヴァーノ＝フランキーウシクの自宅にいたが、電話が鳴った。ほとんど知らない若い女性からだった。彼女がタラスに電話したのは、彼女が電話番号を登録しているなかで、タラスがただ一人学生たちより年かさの人物だったからだ。彼女はひどく取り乱していて、ポグロムやその犠牲者について早口で話し、何が起きたか人びとに伝えて欲しい、と頼んできた。タラスは父親として心配し始めた。なぜマルキヤーンではなく、この若い女性が電話してきたのか？　息子に何が起きているのだろう？　電話してもマルキヤーンは出なかった。タラスはキーウの病院や警察署、友人の医師たちに電話し始めた。何時間も調査し続け、待つうちに、彼は最悪の予想をし始めた。

マルキヤーンが目を醒ましたのは正午近くだった。彼は自分の携帯電話の電源を入れて、数人の友人たちが四〇回も電話してきていたことに気づいた。彼はただちに電話を返し始めた――父親や母親、そして恋人に。恋人はフェイスブックに、マルキヤーンが無事であると投稿した。同じ日、タラスはキーウのマルキヤーンに合流しようとイヴァーノ＝フランキーウシクを去った。一晩じゅう車を運転して、翌朝キーウに着いたときには、何十万人という人びとが街に繰り出していた。タラスはそこで悟った。これから起こることが何だろうと、そして抗議活動が成功しようがしまいが、ウクライナではたった今何かが変わったのだ。

一一月三〇日、小説家のユーリー・アンドルホーヴィチは、ウィーンに向かう飛行機に乗るためにリヴィウの空港にいたとき、キーウの学生たちが殴打されていることを知った。彼は飛行機には乗らず、空港をあとにするとキーウに向かった。ヤヌコーヴィチは暗黙の社会契約を破ってしまったのだ。独立から二〇年のあいだ、政府がこのような暴力を自国の市民たちに振るったことは一度もなかった。

マルキヤーンは私に寄越した手紙のなかで、「このような蛮行がベラルーシやカザフスタンやロシアではなく、ウクライナで起きたことを人びとは信じられないでいる」と記していた。病院に搬送された学生たちがいた。一キロと離れていない天使首ミハイル広場に面した天使首ミハイル黄金ドーム修道院［キーウのシンボルの一つ。二〇一八年の新たな「ウクライナ正教会」発足以降は「首座主教座大聖堂」がこの修道院に置かれている。修道院については、在日ウクライナ正教会のポール・コロルク神父の教示に感謝する」に逃れた学生たちもいた。一一月三〇日の土曜日、黄金のドームを持つ淡いブルーのカテドラルの前に人びとがどんどんつめかけてきた。マルキヤーンもそのなかにいた。その夜は一晩じゅう人びとがやってきては、温かい食べ物を運んできた。彼らは、修道院に隠れている学生たちを守ろうと広場に立ち続けたのだ。

ユルコの友人の文芸評論家で、ウクライナ文学をポーランド語に翻訳しているオラ・フナチュークは、翌日の明け方、友人に電話した。オラの友人はすでに何時間も天使首ミハイル広場に立っていたが、寒さで凍えたせいで手の指を動かせなくなっていた。援《たす》けに駆けつけたオラがサンドイッチを切りわけるあいだ、編集者をしているもう一人の友人がコーヒーと紅茶をふるまった。彼女らの隣に立っていた女性は、六リットルもの温かいスープを配っていた。一時間かそこら経ってから、スープを持ってきた女性が、オラにもう帰らなきゃと告げた。小さな子どもをアパートに一人残したままだった。

自然発生的に組織が立ち上がってゆく――「自発的秩序形成」[用語解説8を参照]――のは、敵の側にも強い印象を与えた。マルキヤーンはキーウの中央駅で、ヤヌコーヴィチの支持者である身なりの良い男二人がこう話しているのを聞いた。「皆が毛布や衣類を大量に天使首ミハイル広場に持ち寄っている……大きな釜を使ってポテトや粥を煮ているんだ。ラードも大量にある。紅茶、コーヒー……そうさ砂糖も、ピクルスも、ハチミツでいっぱいの壺まであるんだ！　コンデンスミルクもあれば、ソーセージも山ほどあるのさ！」

ユルコにとって学生たちへの暴力は、自らの曖昧な態度に終止符を打つきっかけになった。その週末まで、彼はある種の距離を保っていた。彼の世代にはすでに二つの機会があったのだから、彼の出番はもうなかった。だが一一月三〇日にすべてが変わってしまった。事実がいきなりあきらかになった——誰にとっても出番なのだ。

一二月一日、ミーシャ・マルトィネンコは、これほど多くの人びとが一ヶ所に集結しているのを目にするのは初めてだと感じた。

この日こそ「ユーロマイダン」が接頭辞ぬきの「マイダン」に替わった日だった。ウクライナのEU加盟について態度を決めかねていたスラヴァ・ヴァカルチュクも、毎日やってくるようになった。彼は、この事態はもはやEUとの連合協定云々に留まらない、と理解するようになっていた。「マイダン」は今や蛮行や腐敗、ギャングの支配に対する熱烈な抗議となっていた。それは「プロイズヴォール」［用語解説5を参照］——恣意性と暴政との混合したロシア語の言葉であり、誰か他の人間の意志に従うよう強いられる状態——に対する抵抗だった。

（ドニプロペトローウシクから来た活動家、ヴィクトーリヤ・ナリジュナはこう説明してくれた。「それは無防備さの感覚なの。何を前にしてかと言うと……」。

「国家を前にしてのだ」。彼女の夫であるイーホル・ペトローヴシキがあとを引き取った）。

「実際のところ、われわれが住んでいる国家では、市民生活のレベルは山賊行為のレベルで停滞している」。タラス・プロハーシコはマイダンの数年前にこう記していた。そして、今や抵抗運動のスローガンは「山賊どもを追い払え！」になった。

ユルコは、ヤヌコーヴィチのことを病的なほど共感能力に欠けたサイコパスと理解していた。ヤヌコーヴィチにとって、マイダンはたんなる権力ゲームに過ぎなかった——レーニンの定めたボリシェヴィキのスローガンで言えば Kto kogo（誰が誰に勝つ）」だった。さて、誰がその意志を誰に対して強制するのか？

一一月三〇日、ヤヌコーヴィチは、親たちが自分の子どもを街頭から自宅に引きずり戻すのではないかと当て込んでいた。だがそれは計算違いに終わった。

親の世代にはゴルバチョフ時代を思い返していた者がたくさんいた。チョルノービリ原発事故の二年後の一九八八年、当時一四歳だったタラス・ラトゥシュヌーは、環境問題での抗議という、彼にとっては初めての街頭での抗議運動に参加した。当時は生徒たちが軍事演習を受けさせられていたが、タラスと三名の友人たちはそれに使用するガスマスクを学校から盗み出した。彼らは集会でそのガスマスクを装着し「チョルノービリの遺構をクレムリンの壁に埋めよう！」と書かれた横断幕《バナー》を掲げて歩いた。タラスの両親もその場にいたが、父親は真っ青になった。

それから四半世紀が過ぎていた。今回、タラス・ラトゥシュヌーやタラス・プロハーシコのような親たちは、彼らの息子や娘を街頭から立ち退かせようとはせず、かわりにその場で子どもたちに加わった。ソヴィエトのアフガン戦争に従軍した退役軍人たち——「アフガンツイ」と呼ばれる戦闘経験を持つ中年男性たち——も、学生たちを守ろうとマイダン広場にやってきた。

「われわれは税金を納めている。われわれを守るための警察に税金を払っている——そうした感情があったな」と哲学者タラス・ドブコは説明する。「それなのに今われわれが目にしている警察の主な仕事と言えば、われわれの子どもたちを殴りつけることなのだ」。

「われわれは子どもたちを守る」というのが彼らのスローガンだった。子どものいない人びとも同じだった。「こんなことは許されないわ」。マルキヤーンはキーウで二人の年配の婦人たちが、一人はウクライナ語で、もう一人はロシア語で会話していたのを思い出した。「私たちは、警察が私たちの子どもを殴るのを許しておくわけにはいかないわ」。

警察に殴られたなかには、タラス・ラトゥシュヌーの一六歳になる息子ロマンもいた。ロマン・ラトゥシュヌーは肩を殴られたが、怖じ気づいたりせず、マイダンにとどまった。「あなたのお母さんはとても動揺したでしょうね」と私は彼に尋ねた。「でも広場に戻ることを許してくれたの？」

彼の答えはこうだった。「僕のママなら、フルシェーフスキー通りで火炎瓶《モロトフ・カクテル》を作っていたよ」。

8　自発的秩序形成

困難でつらい数ヶ月が始まったのはそのときからだった。「軍隊は彼らの王を守り、務めに赴くように／われわれは革命に向かう」。若き詩人、ワスィーリュ・ロズィンシキーはこう綴った。ユルコもまた、さながら出頭でもするように革命に向かった。彼も他のことをしていたかったかもしれないが、他のことなどできるわけはなかった。

中年の不動産業者イルィーナ・イアレムコはリヴィウで私に説明してくれた。「殴られた学生たちは「私たちの子ども」になっていたのよ」。一一月三〇日以降、タラス・シェフチェンコの像の後ろにあるウィンナ・カフェに設置された間に合わせの本部で、イルィーナは毎日、リヴィウからキーウのマイダンに人びとを運ぶためのバスを手配していた。彼女や仲間のヴォランティアたちは、自分たちのサービスを宣伝することはしなかった。だが何千人もの人びとが、リヴィウのみならずその周囲のガリツィアの村々から、キーウに向かう手段を探して続々とやって来た。

バスに乗り込んだ彼らにとって、マイダンに行くことは、デモに参加するばかりでなく、それまでと変わる世界に足を踏み入れることを意味した――若い編集者で翻訳家でもあるネリア・バホウスカの説明によれば「情熱的で、社会的にもイデオロギー的にも雑多な要素からなる」世界だった。マルキヤーンは、人びとのあいだに普段はあった境界がなくなり、見知らぬ人びとと話すのがとても簡単になった、と説明した。あるライターの描写によれば、マイダンは「社会的接触の実験所」であり「ドニプロペトローウシクのＩＴ技術者と（山岳民族の）フツル人の羊飼い、オデーサの数学者とキーウのビジネスマン、リヴィウの翻訳家とクリミア・タタールの農民が連帯できる場」だった。ヴィクトーリヤ・ナリジュナとイーホル・ペトローヴシキが気づいたのは、マイダンにおいては、博士号を持ったたくさんの都会の男女が生まれて初めて農民たちと会話をしたし、逆もまた真だったということだ。

マイダンは市民社会が遭遇した偉業としてまれな例であったし、抗議活動であるばかりか都市国家《ポリス》にも匹敵するものだった。一二月四日、ヴィクトーリヤとイーホルがドニプロペトローウシクからキーウのマイダンに到着する頃、調理場では食事が用意され、インフラも動き始めていた。音楽家たちが演奏し、画家たちは絵を描き、医師たちは負傷者の手当てをした。二〇〇四年のユーロヴィジョン・コンテストで優勝したポップスターのルスラナは魅力的な明るい笑顔の持ち主だが、革命の始まったときからその場にいて、群衆に向かって身体を温めるために飛んだり跳ねたりするようリードしていた。図書館や、講義と映画の上映が行われるオープン・ユニバーシティ、ウクライナ国旗の色である黄色と青に塗られた共用のアップライトピアノもあった。人びとはテントを設営し、焚き火を燃やし、鉄の大釜でスープをつくった。寄付金はふんだんに集まった。食料品や衣類、薬は無料で提供された。ヴォランティアたちが氷や雪を除《の》けた。左派の若いカーチャ・ミーシェンコにとっては、「一人ひとりが能力に応じて働き、必要に応じて受け取る」という共産主義者の夢が実現したように感じられた。「サモーボローナ」、つまり「自衛」部隊は志願者で組織された部隊で、警察の保護の代用として機能した（学生のマリーヤ・ボルィソヴァは私にこう話してくれた。「街頭にほんとうの庇護者たちがいると思えるのは、とても嬉しかったわ」）。あるLGBTの支援団体は、その団体の秘密のホットラインをマイダンのためのホットラインに作り変えた。

「革命のあいだほど、人びとがきちんと組織化されたことはなかった」と、ポーランドの左翼系の有識者のスラボミール・シェラコフスキーは記した。「ユーロマイダンの調理場を見た者なら、この意味がわかると思う」。

ヴィクトーリヤとイーホルは、まったく違った世界に足を踏み入れたように感じた。その世界は手入れが行き届いていて、汚されていなかったし、またその世界では有機的な責任体系が発展を遂げていた。「バリケードの後ろに行って見れば、まったく別の領域に足を踏み入れたことがわかったわ」とヴィクトーリヤは言った。「ちょっと前までいたところはゴミや埃があったのに、マイダンに来るとウクライナ人たちが家にでもいるように寛げるし、地面には紙切れ一枚落ちていないのだから」。ミーシャ・マルトィネンコもこう言った。「マイダンは実に清潔だったから、アスファルトの上に落ちた物でさえ食べることができたよ」。

かつてこのような事態が生じたことはなかったのだ。

9　鐘楼

一二月一〇日の夜、ヤヌコーヴィチはふたたびマイダンから抗議者たちを一掃しようと試みた。何千人ものベルクトッシ（機動隊員）が装甲車とともに接近し、バリケードを壊し始めた。午前一時、天使首ミハイル修道院のカテドラルでは、二五歳のイヴァン・シドル神父が警報を鳴らす決心をした。尖塔の鐘は四時間にわたって鳴り続け、その音《ね》はキーウの中心部の隅々にまで響き渡った。一二四〇年代にモンゴル人がキーウを侵略して以来、修道院が鐘楼をこの目的で使うのは初めてだった。

キーウの友人のアパートでテレビを観ていたマルキヤーンは、これは革命の終わりだ、と判断した。外に飛び出した彼は、市のいたるところから人びとがマイダンに向かっているのを目撃し、それに合流した。その場の空気は急速に変わりつつあった——一瞬の間《ま》に静謐から憂慮へと、平穏から暴力へと。

「僕はあまり肉体的に頑健な方じゃない」とマルキヤーンは私に言った。

彼はマイダンの中心部にいたが、頑健でない女性や年配者などは、周縁部にいる人びとに守られていた。彼はどんな場合でも、父の友人の作家たち、ユーリー・アンドルホーヴィチとオレクサーンドル・ボーイチェンコと共に行動していたが、彼らはマルキヤーンをさらに危険な場所には近づかせなかった。

真夜中過ぎ、書誌学者のオラ・フナチュークはマイダンにいる友人からテキストメッセージを受け取った。その友人によれば、ベルクト隊が攻撃を開始しようとしている、とのことだった。オラの住む通りの、自宅から二〇メートルかそこら離れたところだったが、オラは三台のバスが停まっていて、それらに「ティトゥーシキ」［用語解説10を参照］、つまりヤヌコーヴィチに雇われたごろつきたちが乗っていることに気づいた。彼女はすぐに状況を把握した。ごろつきたちは抗議者たちをマイダンから追い払い、逃げようとするところを殴りつけるつもりなのだ。その日の早朝、オラはマイダンまで、二人の友人と一緒にどうにかしてやって来た。ともに六〇代である夫婦……文芸の出版者であるレオニード・フィンベルグと、医師のレナだった。真夜中、レナはコンピューターの電源を入れ、彼女らの息子アルセーニイのフェイスブックの投稿を見つけた。彼は、車でマイダンに向かうところだ。ほかの人間も連れてゆく、と申し出ていた。そこでレナは、自分と父さんも行くつもりだ、と書き込んだ。彼らは五二歳の小柄なオラを途中で車に乗せたが、彼女はレオニードとレナの横では若く壮健に見えた。オラはポーランドの国籍を持ち、彼女の年かさの友人二人はどちらもユダヤ人であった。けれど三人ともウクライナの愛国者だった。オラの形容によれば「この世で最も優しい人」であるレナは、身長一五〇センチ足らずのややぽっちゃりした女性で、歩くときに少し足を引きずっていた。オラは、彼女を絶えずベルクトッシから引き離さなければならなかった。なぜならレナは、機動隊員の一人ひとりに向かって、あなたがしていることをどう思っているかと言ってやりたい衝動を抑えることができなかったからだ。

マルキヤーン、オラ、レナ、レオニードと同じように、スラヴァ・ヴァカルチュクは一二月一〇日から一一日にかけての夜をマイダンで過ごした。そこで彼は以前バンドにいたギタリストを見かけたが、彼らの別離はけっして友好的とは言えず、スラヴァと彼は友人としてつきあうのをやめていた。だがその晩の二人は、お互いを認めて抱擁しあい、オケアン・エリズィの古いメンバーを集めて数日後にマイダンでコンサートを開くことを決めた。

「マイダンにいたときは、恐怖を感じなかったの？」と私はスラヴァに尋ねた。

「いいや」と彼は答えた。「そこにいるときは恐怖を感じない。恐怖に襲われるのはそこにたどり着く前だ。だがマイダンにいるときは、もう恐れは消え失せているよ」。

私はマルキヤーンにも、彼が恐れを抱いたかどうかを尋ねてみた。彼はテレビで観ているときの方がより神経質になるな、と答えた。これには彼の友人たちのすべてが同意していた。テレビのニュースで見たときの方が、実際にマイダンにいて危険にさらされているときよりもいっそう恐怖を感じるのだ。タラス・ラトゥシュヌーと息子のロマンも同様の経験をしていた。テレビのニュースは彼らをひやひやさせた。安心していられるのはマイダンにいるときだけだった。

この一二月一〇日、マイダンから人びとを一掃しようというヤヌコーヴィチの二度目の企ては失敗に終わった。クリスマスまでに、あらゆる世代の人びとがマイダンにやって来た。ユーリー・アンドルホーヴィチも妻と娘を連れてやって来た。キーウの学生であるマリーヤ・ボルィソヴァは父親とともにマイダンを訪れた。革命が始まった当初から、彼はマイダンに引き寄せられていた。娘を守りたくもあった。娘のマリーヤは、父親の行為は男らしさ《マスカリニティ》に関係しているのではないかと思っていた。彼女と父親は、マイダンまで一緒に歩き、到着すると別々に行動し始めた。彼女は自分の友人たちと、父親は父親の友人たちとであった。マリーヤは、父親の庇護を必要としたのはそこにたどり着くためだった、と説明した。マイダンに着いたら安心だもの。彼女の友人たちもしばしば両親とやってきたし、時には家族が全員で参加することもあった。マイダンが落ち着いていたある日のことなど、マリーヤの父は七歳になるマリーヤの弟と年老いた祖母を伴って来た。マリーヤは私に手紙でこう書き送ってきた。「その瞬間から、祖母はマイダンがどのようなものであり、なぜ家族がそこにいるのかを完璧に理解してくれました――ただ、その理解はソ連時代からロシア文学を教えてきた身にとって容易《たやす》いものではなかった、とも祖母は付け加えていました」。

失敗に終わったベルクト隊の攻撃から四日後の一二月一四日、二五万人もの人びとがオケアン・エリズィのコンサートを聴こうとマイダンにやって来た。そのなかには反マイダン派もいた。政府側を支持する彼らは、マイダンの近くのマリインスキー公園とヨーロピアン広場を拠点に示威運動を行っていた。オケアン・エリズヴィは反マイダン派のファンのためにも席を用意した。スラヴァは誰も排除したくなかったのだ。オケアン・エリズヴィの二〇〇五年の曲『戦わずして諦めはしない』には、「僕はワインをとりだし、君と僕のためにグラスに注ぐ／君が望むならハチミツを入れよう」と繰り返されるし、歌詞には破滅的な恋愛のなかでもがく男の様子がうかがえる。[†1]「君はいったい誰だい。君は僕の人生のすべてを奪い、何も戻してくれなかった／君は僕の血をすべて啜り、酔っ払って倒れてしまった」。その歌詞がマイダンでは違った意味を持った。『戦わずして諦めはしない』は革命のテーマソングになった。だがその歌ばかりではなかった。二〇〇一年に発表されたオケアン・エリズヴィの目覚ましの歌『起きろ！』は今や予言的な響きを帯びていた。[†2]

目を覚ませ！　ベイビー、目を覚ませ！
さあ、さあ、目を覚ませ！
外に出ようぜ、ベイビー！　外に出よう
もっと要求してやるんだ！

---

†1　†2　オケアン・エリズヴィの『戦わずして諦めはしない』『起きろ！』の歌詞（ウクライナ語および英訳）については、それぞれ次を参照。
https://lyricstranslate.com/ja/bez-boyu-without-fight.html
https://lyricstranslate.com/ja/vstavay-vstavai-get.html

オケアン・エリズィの音楽は以前のポップ・ロックにまで遡るものだし、メロディアスでギターの比重が大きい。スラヴァの声はしゃがれていて情熱的だ。その真剣な声には、快活さだけでなく人びとを突き動かす何かがあるが、それと同時に揺るぎない陶酔を誘う。その日のキーウは凍えそうに寒く、スラヴァの吐く白い息は、スモークを発生させているようにステージに広がった。痩せているが強靭なスラヴァはエアロビクスのような動きを見せ、「熊のプーさん」のティガーさながら、トランポリンで跳ねているようにステージを飛び回った。コンサートの終わり頃には気温はマイナス七度まで下がったが、スラヴァはTシャツを着ていた。

「素晴らしかったよ」。のちにスラヴァは私に語った。「たしかに寒かったけど、寒さなんて感じなかったもの」。

10　ノアの方舟《はこぶね》

マイダンで何が行われているかを見にやって来た人びとは、結局そこにとどまることになった。その一人に何年も前にオデーサ（オデッサ）からイスラエルに移住した若いラビ、ナターン・ハーズィンがいた。肩幅が広く、髪をクルーカットにし、きちんと髭を整えたハーズィンは、ガザ地区のイスラエル国防軍で兵役に就いていたが、ウクライナの友人たちが中東の戦闘地帯から平和なキーウに移って働くよう彼を説き伏せたのだった（私のロシア人の同僚はこれを評して「ユダヤ人の幸運」だと、つまり「裏目に出たね」と言ったものだ)。

一一月三〇日に学生たちが殴打されたあと、ナターン・ハーズィンはマイダンに見物にやってきた。ぶらぶらしていると、あるビルに突入しようと計画している何名かの者たちに出会った。部隊の配置はどんなものなのかい、と彼は聞いてみた。ビルを守っている方は何名くらいかな? で、攻撃に参加するのは何名くらいかな? 双方の武装が同レベルという条件でビルを攻撃しようとするときは、攻撃側には三倍の人員が必要であることを知っているかな? だが彼らは何もわかっていなかった。けれど、ハーズィンにはわかっていることくらいは、彼らにも理解できた。すぐにハーズィンは、いくつかの作戦を指揮する立場に就いた――そしてこれこそが自分の戦争なのだ、と実感するに至った。彼は成人してから初めてユダヤ教の安息日を祝わなかったが、何の疑問も抱かなかった。自分は民間人の命を守っているのだ。彼をはじめ革命に参加するウクライナ系ユダヤ人たちは、自分たちを「ジドバンデラ」〔用語解説15を参照〕と呼ぶようになった。

翻訳不可能な「ジドバンデラ」という言葉は、「イドバンデリット(ユダヤ系バンデラ主義者)」というくらいの意味だろうが、このフレーズを面白いと感じるには、洗練されたアイロニーの感覚が必要だ。また「ジド」という言葉は、ロシア語でもウクライナ語でも「ユダヤ人」を軽蔑して呼ぶときに使われるため、この軽蔑語を肯定的な意味で使うには、弁証法的な想像力も要求される。ヤヌコーヴィチとプーチンは、抗議者たちをファシスト、反ユダヤ主義者、そしてステパン・バンデラを信奉する「バンデリフツィ」と呼んだ。ユルコは唖然とした。なぜなら彼自身はバンデラの遺産と何の共通点も感じられなかったからだ。マイダンのスローガンの一つは「ウクライナに栄光を――英雄たちに栄光を!」だった。これは七〇数年前にはウクライナ蜂起軍(UPA)、つまりウクライナ民族主義者組織(OUN)におけるステパン・バンデラ派とつながる準軍事組織のスローガンだった。一九四一年六月、ドイツがソ連を攻撃し、ドイツ国防軍がウクライナ西部に到達したとき、ステパン・バンデラの追随者のうち少なからぬ者たちが率先してユダヤ人殺害に関わった。

ポーランド人であるオラ・フナチュークはこう説得を受けた——そのスローガンを国粋主義的な文脈で解釈する人間はもう存在せず、その言葉の反帝国主義的で反ソヴィエト的なエートスだけが残っているのだ、と。

マルキヤーンは私に語った。「僕の世代の多くは、バンデラがどのような人間かも知らない。それでいいのだと思う」。

ウクライナ人の歴史家ヤロスラーヴ・フルィツァックは、マイダンが「どの種も二つずついるノアの方舟《はこぶね》」に似ていると言った。[*11] ユルコは、この革命は「最大限にオープン」であり、きわめて異なるプログラムをも受け入れている、と説明した。リベラルも、社会主義者も、民族主義者も、奇人もいる。それと同時に「そのような多言語性や、イデオロギー上の多声音楽《ポリフォニー》に対する実存的な寛容さ」だけではすべてを説明できないと指摘した。そこには、たとえば左派と、民族主義的極右のスヴォボダ（「自由」）党や「右派セクター」のあいだに見られるように、真の相違と緊張が存在するのだ。[†1]

私はユルコに、彼がいろいろな連中と接触があったのかどうかを聞いてみた。

「いや、とんでもない。ありえないさ」

結局のところ、とユルコは説明した。こんな風に革命は日常生活のようなものだ。人びとは友人とつるんで革命に参加しているんだ。

「西側諸国のテレビ視聴者たちが、ＥＵ旗に身を包んだ軍隊化された抗議者たちが愛国的な見解を表明する、そんな報道を見たときには」と、左派の若い映画製作者であるオレクシー・ラドィンシキーは記した。

彼らは経験的知識に基づいた不協和音のようなものを感じた。西側の即座の反応と言えば、植民地を見るような偽善的なものだった――ウクライナの抗議者たちはヨーロッパ的価値観への忠誠を誓えるほどヨーロッパ的ではない、と主張したのだ。現実には、キーウの街でネオナチのシンボルがEU旗と並列して置かれたことは、汎ヨーロッパ的な疾病の良い例だ……もし、レイシストで外国人嫌いの極右がヨーロッパのほぼすべての議会に議席を占めているなら、私たちはなぜ「レイシズム、外国人嫌い、そしてファシズムがヨーロッパの価値に反する」と絶えず言い聞かされているのだろう？　ウクライナのマイダン広場にいる人びとのイデオロギー的な構成はヨーロッパを反映している。だからこそ、西側の人間の多くが、その鏡を見て恐怖のあまり目を背けたのだ。

オレクシーにとって、ウクライナ情勢を見て不快を覚えるヨーロッパは、鏡に映る自分の姿を見て渋面を浮かべるシェイクスピアの戯曲『テンペスト』のキャリバンと同じだった。

「彼らは自分たちを愛国者だと呼んでいるが、その実態はナチスだ」と、一〇代のロマン・ラトゥシュ

---

†1　「スヴォボダ党」は、一九九五年にアンドリイ・パルビイとオレーフ・チャフニボークが結党したウクライナ社会民族党を前身として、二〇〇四年に改名。元々ガリツィア地方などウクライナ西部が地盤だった。「右派セクター」は、二〇一三年一一月にマイダンで端を発したが、二〇一四年三月にはさまざまな極右が集まり新政党として結党。ウクライナ蜂起軍の伝統をつぐ要素が強いとされる。

ヌーは、しばらくのあいだ市庁舎を制圧していたスヴォボダ党を指して言う。ロマンにとって市庁舎は邪悪な場所となった。彼が私に話してくれたところによると、スヴォボダ党員は、市庁舎を拷問の場に作り換え、催涙ガスを使い、捕らえた警察官やティトゥーシキを殴りつけたのだという。映像文化研究センターでのオレクシー・ラドィンシキーの同僚である二五歳のナターリア・ネシェヴェッツが、私をタラスとロマン・ラトゥシュヌーに紹介してくれた女性だった。一一月にユーロマイダンが発足した最初の日々、ナターリアと彼女の友人たちは極右の攻撃の標的になっていた。作成したフェミニストのポスターは破かれ、彼女たち自身もときには催涙ガスで攻撃された。一一月三〇日のあとになると、彼女が「ナチス」と呼んだ小さな集団の数々は、ナターリアの説明によれば、以前と変わらず存在していたものの、より人目につきにくくなっていた。一一月には彼らがマイダンにいる人びとの一〇パーセントだったとしたら、一二月には一パーセントになっていた。彼らは常時そこにいたのだが、小集団をなすに過ぎなくなっていた。

「はっきりとは話せないわねえ」とナターリアは私に言った。

ポーランドの左派活動家スワボミール・シェラコフスキーは民族主義者の存在を擁護したが、そこがオレクシーらのウクライナ人の友人たちとは違っていた。オレクシーは「ウクライナに栄光を！」というスローガンを嫌っていた。スラボミールに言わせると、このフレーズは国粋的としか言いようのない意味はもはや失っていたのだが、オレクシーらは彼に同意せず、このスローガンを拒絶した。それでも、左派の若者たちはマイダン革命を通じて勇敢にふるまい、最後の最後までそこにとどまった。

マルキヤーンにとっては、スヴォボダ党はならず者を意味していた。党員のなかにはクレムリンの工作員もいて、マイダンはファシストでいっぱいだというプロパガンダのたねをつくるために金を貰っているんじゃないか、とマルキヤーンは疑っていた。ロシア系アメリカ人の小説家ゲーリー・シュテインガートは、「右派セクター」を、ロシアの「ニュースキャスターたちが弄ぶおもちゃ」だと呼んだ。オレクシーは、スヴォボダ党や右派セクターのメンバーたちが実際に金を貰っている工作員かどうかはわからないが、彼らが「主観的には」ウクライナの民族主義者だとしても、彼らの存在は「客観的には」クレムリンを利している、と指摘した。もし彼らが存在しなければ、プーチンは彼らのような存在を作り出さざるをえなかっただろうし、彼らがいない方が、マイダンはウクライナ東部の人間をより多く集めることができたに違いない――彼ら東部の人間たちはヤヌコーヴィチの支配に同じように苦しめられていたが、ガリツィアから来たファシストどもがロシア語話者を攻撃しにやってくると信じこまされがちだった。

実際に、マイダンにおける右派と左派の境目は、マイダンと「反マイダン」の境目と同じく、言語との関わりはなきに等しかった。ヤヌコーヴィチは繰り返しウクライナ人たちに向かい、マイダンはバンデリフツィの巣窟であって、彼らはロシア語話者を糾弾してウクライナ語だけをしゃべるよう強制するような輩だ、と警告していた。だが現実には、ロシア語はウクライナ語と同じようにマイダンで使われていた。

リヴィウのウクライナ・カトリック大学の副学長、哲学者のタラス・ドブコは私に語った。マイダンに来たので、自分にとってロシア語が「自由の言語」になったのだ、と。

11 「自分の選択だったのだ」

物理学者のイワン・ヴァカルチュクは「典型的な良い父親」だった。そしてスラヴァも良い息子だった。スラヴァは説明してくれた。「僕たちの家には古典的な家父長制度が存在した。父がいて、彼はいつも正しく、賢明だった……まるで良い王様のようだった」。彼の子どもたちが反抗などしないのは当たり前のこととして受け止められ、スラヴァも父に逆らいたいとは考えなかった。

「僕にとって父は、つねに英雄にも似た、紛うことない権威だった」。そうスラヴァは語った。父と同じく、スラヴァもリヴィウ大学に入学し、物理学で博士号を取得した。そして一九九八年、彼の父親が、長男には科学者としてのキャリアを深めるためにアメリカに行って欲しいと考えていたちょうどそのとき、スラヴァはキーウに移って歌を作り始めた。

物理学の勉強を中断してキーウに行くことは「僕の人生において最も大胆でしかも重要な一歩だった」とスラヴァは私に語った。「なぜって、物理ではなく音楽、リヴィウではなくキーウ、そして父の願いではなく僕の願いってわけだったからね」。スラヴァは父親が自分の決断に同意していないことを知っていたが、それでも彼はスラヴァを止めようとはしなかった。そのときが、スラヴァの人生ですべてを変える瞬間だった。スラヴァにとって、父親が彼自身の人生を選ぶ自由を与えてくれたのは、ミュージシャンとしての華々しい成功よりさらに重要な哲学的意味があった。スラヴァはキーウに行くことに決め、彼の父親は息子の自由を認める決断をしたのだ。

スラヴァはロンドンで学生たちにこう話した。[*12]「個人的自由という価値観は、物理の基本法則じゃない。それは選択そのものなんだ」。

「選択」は私がしばしば耳にした言葉だった。マルキヤーンには革命が失敗したと思われた瞬間があった。だが彼はマイダンに戻りつづけた。誰かがマイダンで凍えている彼に向かって、すべてが失われるのにそこに立っているのはなぜか、と尋ねたことがあった。彼の答えは、それが自分の選択だから、という簡潔なものだった。

タラス・ドブコは哲学者だった。彼にとってマイダンは、これ以上なく実存的な意味での信頼性を感じ取れたまれな体験だった——そこでは決断を下し、責任をとっていたのだから。この信頼性は、ドイツ語ではグレンツエアファールンゲンという「境界体験」から生じたが、それは大きな犠牲を伴うものだった。若い歴史家のヴォロディームル・スクローキンはクリスマス・イブにウクライナ東部にあるハルキウで妻とともに礼拝に参加していた。教会から出ると、彼らは友人でハルキウのマイダンの取りまとめ役の一人だったヴァシイーリュ・リャボクに出会った。ヴァシイーリュは蒼ざめ、神経質になっていて、彼らに「メリー・クリスマス」とは言わなかった。そのかわり、ハルキウでの仲間の活動家であるドムィトロー・プィリィペツィが襲われてひどく殴られ、数度にわたって刺されたことを彼らに告げた。ドムィトローが命を取りとめることができるかどうかはわからなかった。

ヴォロディームル・スクローキンはのちにこう回顧している。

そのような時間に、私は革命に参加する者ならいつか機会がきて味わうことを、現に体験したように思う。私の理性は、抵抗は意味を持たない、体制《レジーム》を変えるにはもっと好機を待つ方が効果的だ、と告げていた。民兵《ミリシア》を管理し、犯罪的に振る舞おうとする体制に対し何ができるだろうかと自問していた。どのように振る舞えばよいのだろう、そして野党支持が人口の三割から四割に過ぎないハルキウのような市ではどうすれば良いのだろう、ともね。私の理性は、何もするな、そうした挑発行為には乗るんじゃない、と命じた。それでも私は自分に尋ねたものだ。もしその日の会合に出なかったら、どのようにヴァシィーリュ・リャボクの目を見つめることができただろう。もし皆が諦めたとしたら、どのようにお互いの顔を見つめ合うのだろう。そしてその瞬間、「仮に自分が諦めたなら、もう自分ではいられず誰か他の人間になってしまう」というちばん大切な点が、私の認識になったのだった。

状況がますます危険になるに従い、オラ・フナチュークの夫はワルシャワから憂慮に満ちたテキストメッセージを送ってくるようになった。「君は行くのかい?」と彼はオラに聞いてきた。そこで彼女は決めなければならなかった。マイダンに戻るべきか、それともやめるべきか。彼女はマイダンに戻った。

オラはワルシャワにある家に帰っても良かったのだが、そのかわりに彼女はキーウに残った。ヤヌコーヴィチが議会での挙手による不法な採決によって「独裁者法」……それは、国会議員の免責特権も、言論や集会の自由の権利も無効とするものだった……を強行採決させた一月一六日にもオラはそこにいた。タラス・ドブコにとって、その一月一六日こそ事態が一線を越えた日だった――法の完全な不在は、国民すべてが攻撃されやすくかつ脆弱であって、誰一人として政府からの庇護が受けられないことを意味したからだ。

「それをフッパー(厚かましさ、chutzpab)というイーディッシュ語で表現したいものだな」とタラスは私に語った。後には彼はこうも言った。「法案が通過して公表されたそのやり口は、実に恥ずべきものだった。そこでは人びとのあいだに絶望的な気分が広がっていた……いったいどうやったらこんな国で生きることができるんだ、とね」。

オラは私に手紙をくれた。「誰もがこれは平等でない戦いだとわかっているの……でも彼らが街に出るのは、不名誉な人生を送りたくないからなのよ」。一月一六日の独裁者法のせいで、マイダンに参加していた者たちは犯罪者とみなされ、逮捕できるようになった。だが一一月三〇日にそうだったように、ヤヌコーヴィチはまたしても計算違いをした。一月一六日以降、彼が権力の座にいるかぎりは誰一人無事ではいられないことを皆が悟るようになった。彼のおかげで賭け金が上がってしまったのだ。今や、オール・オア・ナッシングになっていた。

リヴィウの不動産業者イルィーナ・イアレムコは私にこう語った。「誰も私たちに革命のやり方なんて教えてくれなかったわ」。彼女と仲間のヴォランティアたちは、必要なのは人びとを組織し、彼らをキーウに連れていくことだけだ、ということは理解するようになった。彼らは一〇〇フリヴニャ、アメリカドルにして一二ドルほどで往復切符を請け合った。たくさんの女性たちも行きたがったが、連れていくのは男に限る、という規則があった。リヴィウの市長も彼女たちを応援していたが、それでも革命は陰謀めいた仕事であり、複雑な役割分担が必要となった。「皆が自分の仕事を理解していたわ」。イルィーナは繰り返し言った。彼らは食糧や衣類、靴などをはじめとする必需品をキーウに運んだ。彼らはマイダンにひそかに運ぶ軍隊の装備を暗号で呼んだ。たとえば防弾チョッキを「マエチュケイ（Tシャツ）」と呼んだように。また彼らは、逆方向で、負傷した人びとをキーウからリヴィウに運んだ。彼らは自分たちの役割を頻繁に交替せざるをえなかった――とりわけ、バスに乗ろうとしていた人びとを出迎える役割などは。

キーウに行けなかったリヴィウの人びとはお金を寄付しにやってきた。学生たちはビールやタバコに使うはずのポケットマネーから、年配者たちは多くもない年金から寄付した。イリーナと仲間たちは、寄付した人びとに名前と生年、寄付金の額をノートに書き留めるよう頼んだ。それは小学生用のノートで、小さい正方形をしていて、罫線のかわりに方眼紙が使われているものもあった。ノートのカバーには、さまざまな安っぽい画像のなかに、生徒の名前を記すよう白い長方形が置かれていた。あるノートの表紙は、西部劇に出てくるカウボーイの写真を青いジーンズが枠のように取り巻いていたし、ある表紙にはハート形の珈琲豆があしらわれていた。八二歳の男性は二〇〇〇ドルを携えてきた。

「それは受け取れませんわ」とイルィーナは彼に言った。

「自分がしていることくらい、わかっとるよ」。彼は引っ込めなかった。

（私はポーランド語で質問していたにもかかわらず、この物語をイルィーナはウクライナ語で語ったし、私は彼女の答えを理解した。それまではイルィーナはロシア語で私に答えていた。私のブルガリア人の友人であるイヴァン・クラーステブは、イルィーナ・イアレムコとの会話について話した際、これは象徴的だ、と見なしたものだ。きわめて多言語的なウクライナを理解するには、一つの言語で質問し、答えが別の言語で返されるのを耳にする気でなけりゃ、と）。

ユルコ・プロハーシコは一月一七日にポーランドのクラクフにいたが、ポーランドの新聞『ガゼータ・ビボルチャ』で何が起きたかを知った。彼は事態をただちに理解した。気分が悪くなったユルコは、彼らが過激化せねばならないこと、「とにかく、過激でない会話はヤヌコーヴィチ相手ではもはや不可能なこと」を悟った。ヤヌコーヴィチは、警察、軍隊、「ベルクト」と呼ばれる特別機動隊だけでなく、犯罪者やフーリガンから募った「ティトゥーシキ」と呼ばれる金で雇ったごろつきどもを自由に使えるのだ。平穏な抗議に対するヤヌコーヴィチの反応はますます無慈悲になり、この時点までには、ベルクト隊は、催涙ガス、ゴム弾、閃光弾、そして氷点下であってさえ高圧放水銃を使うようになっていた。活動家たちはどこかに消え失せてしまったが、ある者は戻り、ある者は戻らなかった。戻ってきた者たちは、しばしば不具にされたり、たとえば耳の一部を失うなどあとに残る傷を負わされた。

ユルコはクラクフからウィーンに行き、ウィーンで、フルシェーフスキー通りの戦いでアルメニア人のセルヒー・ヌィホヤンとベラルーシ人のムイハイール・ジィジュネーブシキーが最初の死者となったことを知らされた。スラヴァ・ヴァカルチュクは、これこそがウクライナの人びとを変えた瞬間だ、と思った。

これら最初の死が「より責任を負い、より家父長的でない体制への……地殻変動的な変化を促した」のだと。ユルコは、その時点でウィーンにいることが耐え難かった。ウクライナでは人びとが亡くなっているのに、自分はウィーンで安閑としているのだ。彼のしたいことは戻ることだけだった。彼はユーリー・ヴェルブィーツィクィの遺体が森のなかで発見されたまさにそのときにリヴィウに戻った。マイダンで警察の放った閃光弾の破片が、ヴェルビツキの目に飛びこんだのだ。別の活動家が彼を病院に運んだが、両名ともそこから拉致され、森に連れこまれて暴行を受けた。翌日、殴られたあとで放置され、凍死したユーリー・ヴェルブィーツィクィの遺体が発見された。ヴェルブィーツィクィ教授は過激派であったことなどなかった。五〇歳の地質学者で、地球の地殻変動を研究していた。

ユルコはキーウにもっと長く滞在することに決めた。リヴィウにいては何もすることがない、と誰もが理解していた。市全体が、市長でさえも革命の側についていて、リヴィウでは「すべてが勝ち取られていた」。女性と子どもたちはとどまるが、男たちはキーウに行くという了解ができあがっていた。キリスト教の公現祭《エピファニー》からさほどたたないうちに、ユルコの家族は息子の名付け母の家族から昼食の誘いを受けた。招《よ》んでくれた一家は、自分らの子どもたちの名付け親たちも招いていたが、その客たちは涙を浮かべながら到着した。そちらの名付け母は、昔はユーリー・ヴェルブィーツィクィの妻だった。彼らは何年も前に離婚していて、彼女は再婚したが、ユーリーは独り身でいた。大人たちは子どもたちを別の部屋で遊ぶよう促したが、ユルコの一一歳の長男は事態を理解しないでいるほど幼くはなかった。ユーリー・ヴェルブィーツィクィの葬儀が三日前にリヴィウで執り行われたばかりだったのだ。

ユルコは私に「それから私たちは家に戻った」と語ってくれた。

革命の最初の夜に横断幕に「「Ukraina ― Unia.（ウクライナ‐連合）」と書いた僕の長男は、目に涙を浮かべて言った。「パパ、革命のためにキーウに行ったりしないって言って。イエスかノーか教えてよ」……そして僕は、どうしてもしなければいけない、キーウに行かなければならないと確信していた。僕でなければ誰が、だ。いずれにせよ皆が一緒に行くのだ。だが一方では、自分の子どもが泣きながら、こちらの目を覗き込んで答えを待ってこう言ったのだ。「ぜったいに、ぜったいにキーウになんか二度と行かないと約束して」。それで僕は答えた。「わかった。約束するよ。キーウには二度と行ったりしないよ」ってね」。

「それは僕の選択だった」とユルコは私に語った。彼は、たとえ家族が行かないよう懇願しても、人びとはキーウに行くのを知っていた。だが彼は行かないという選択をした。後になると、そう選択したことを受け入れるのは、容易《たやす》いことではなかったが。

そうさ、だからいっそう毎日欠かさずに僕はリヴィウの小さなマイダンに通ったものだが、それは些細なことだと自覚していた。うーん、大事ではあったがね。凍えそうな寒さのなかで何時間も何時間も立ち尽くしたんだしね。だけど、何もかもが過激になってゆくキーウにいるのと同じじゃなかった……僕はどんなときにも、自分がここリヴィウにいてキーウにはいないことに罪悪感を覚えた。ストレスだったね。そうした思いや感情を抱えつつ、三分ごとにニュースをチェックしていた……自分は若く健康な男だし、ほかの若く健康な男たちはちゃんとキーウに行っているのだから、ここにいちゃいけないんだと自覚しながらチェックしていたのさ。

ユルコは自分がバリケードに身を投じ、銃を撃ち、英雄として死ぬような人間ではないことを自覚していた。それでも、リヴィウにとどまるのとキーウに行くのとではきわめて大きな違いがあるとわかっていた。

12　時間が砕けたとき

イルィーナ・イアレムコは私にこう語った。「私たちは完璧に理解していたわ。もう後戻りはできず、前に進むだけだと」。

誰もが一日に三、四時間しか眠っていなかった。ときどきイルィーナは、今日が週の何曜日か、ひと月のうちの何日かさえ忘れることがあった。誰もが時間の感覚を失い始めていた。リヴィウの社会学者のヴィクトーリア・セレダーは、マイダンにいる人びとにインタビューを行った（ヴィクトーリヤの夫のオスタップがイルィーナを私に紹介してくれたのだった）。インタビューを受けたうちの一人はロシア出身でキーウには五年前に移住してきた。彼はクラリネット奏者で、一二月のマイダンでは自らの属するクレズマー音楽の合奏団で数回演奏した[*13†1]。だがそれはいつのことだったろう？　一二月の初めだったか、それとも終わりの方だったのだろうか？　彼は思い出せなかった。時間の感覚がきわめて曖昧になってきたせいだ。

「わかるだろう。まったく覚えていないんだ。今から思えば不思議だが、いったい時間に何が起きていたんだろう」。

「時間が砕けたのよ」とはマリーヤ・ボルィソヴァの説明だった。一方、ドニプロペトローウシクから来た科学者で、再生可能エネルギーの研究でキャリアを積んできた環境学者パブロー・ハザーンは、この現象にいらいらさせられていた。彼は公式や積分、テンソルを使って思考するのに慣れていたが、ここでは出来事が起きた順序を正確に述べるのに苦労しているのだった。

「僕は物理学者なんだよ」とパブローは日付を追って並べるのに苦労しながら私に言った。「正確なことが好きなんだ」。

マイダンで流れる時間は、どこで流れる時間とも違っていた。マイダンに集った人びとは、パブローのような物理学者が二〇世紀に証明したがったものを経験した。つまり、時間と空間は、実際は別々の存在ではなく、お互いに深く関係しあっているのだ、と。

ミーシャ・マルトィネンコは、彼の体験を語りながら、一定の間隔をおいては「そして、僕はまたしても時間の感覚を失ってしまったんだ」と述べていた。リヴィウで会ったとき、マルキヤーン・プロハーシコは自分なりにキーウでの出来事を時間順に並べようとしていた。私たちが座っていたカフェでは携帯電話が受信できなかったため、マルキヤーンはいくどとなく雨の中に飛び出していった。テーブルに置かれた皿のなかのアイスクリームが溶けていくのに、彼はガールフレンドに電話してまで日付を確かめた。

マルキヤーンの父、タラス・プロハーシコはこう記した。「覚えていて損でないのは、われわれの国では人びとが酒をたくさん飲むことだ……ウォッカはウクライナの宇宙進化論《コスモゴニー》のなかの重要な要素だ。ウォッカはいつでも、どの場所にも存在するのさ」。それゆえに、(時間が砕けたあとの)この一時性《テンポラリティ》についてはめまいのしてしまうような混乱が生じ時系列が辿れなくなったのだが、それがなんとウォッカ抜きであったのはいっそう特筆すべきことだった。マイダンではアルコールが消費されなかったのだ。規律が支配していたし、鉄の大鍋の周辺ではある種の禁欲が支配していた。ミーシャ・マルトィネンコはマイダンで新年を祝ったが、そこに酩酊状態が見られないことに驚かされた。その時点までに何かが変わっていた。当初、食べ物や飲み物、衣類、ピアノ、ドラムなどが置かれた「ユーロマイダン」は、「グレイトフル・デッド」のコンサートの駐車場にどこか似ていた。だが一月までに雰囲気は変わっていた。タラス・ドブコはそれを理解した。「もうカーニバルの時期は終わったんだ」。

その場所の寒さを考慮すると、アルコールで気を紛らす人間がいないのは余計に異例なことと言えた。凍てつくような冬で、温度計はしばしば零下一八度を下回った。人びとは「マイダンに立つ」と口にしたが、歴史家のヤロスラーヴ・フルィツァックは「立つ」という動詞は正しくない、なぜならそのような気温のなかで立っていることは不可能だからだ、と指摘した。絶えず身体を動かしていることが肝要だった。ミーシャ・マルトィネンコは、ときには彼や友人たちが寒さに凍えて唇も凍りつき、話すことすらできなくなった様子を物語ってくれた。ヤロスラーヴの妻オーレンカは、彼らは全員が、大釜やたき火から立ちのぼる煙の臭いを漂わせていた、とも付け加えた。

スラヴァ・ヴァカルチュクにとって、ステージに立つことのないこの日々は新しい経験だった。いつもなら、キーウの街を歩いていて、写真にポーズを取ることを求められずには一ブロック進むことさえできなかった。だがマイダンでは彼は群衆の一人で、サインや写真をねだる者はほとんどいなかった。群衆の

---

†1　クレズマー（כליזמר、Klezmer）とは、アシュケナジウムの音楽を起源に持つ音楽ジャンル。クレズマーは英語表記で、イーディッシュ語ではクレズメル。一例として、わが国でもポピュラーな「ドナ・ドナ」は、一九四〇年のミュージカル『エスタルケ』（Esterke）の劇中歌の『ダナ・ダナ』（Dana Dana）を元とするが、その背景に重いテーマを見ることは容易である。https://www.youtube.com/watch?v=-pKyPpZxrSM

一人であることは実に気持ちが良い、ステージの上にいるよりもずっといい、と彼は言った。ステージに上がることをとりわけ好んでいるわけではなかったからだ。マイダンは「政治的にはバビロン（バベル）のように混乱していたので、ステージでは自分の隣に誰がくるのかわからない」場所だった。だからスラヴァはマイダンではステージに立つ機会をできるかぎり避けた。

本来スラヴァは社交的な人間で、人と会って話すのが好きだった。マイダンで彼は、人びとと会話することに時間を費やした——普通の庶民や政治家、左派や右派の人間たち。加えて彼の弟もそこにいたし、スラヴァの妻できわめて美しいリアアリアもいた。公人ではない彼女は、写真を撮影されるのもインタビューに応じるのも嫌がったが、スラヴァは彼女を「革命家」と呼んでいた。スタイリストでファッションデザイナーでもあるリアアリアは、マイダンでクリニックを手伝い、温かい衣服を集め、食事を用意した。スラヴァによれば、彼女は「戦闘員」として、「典型的な、普通の兵士」としてそこにいたのだった。

こうした「普通の兵士」は、マイダンにある特性を与えた。カーチャ・ミーシェンコの夫ヴァシィーリュ・チェレパヌィンは視覚文化研究センターのディレクターだった。彼は、マイダンのオープン・ユニバーシティで中心的な役割を果たしていたが、しばしば夜を徹してマイダンにいた。

「僕は儀式に則ったような政治には興味がない。興味があるのは肉体性を持つ政治だけなんだ」とヴァシィーリュは語った。彼にとっては、そこに実際の人間の肉体があるのが重要なのだった。

「マイダンにいるときには」とスラヴァは私に言った。「自分がみんなが言う「大海原の一滴」になったように感じたものだ。うん、自分も大海原なんだってね」。

一人ひとりの人間は画素《ピクセル》のようなものだ、とヤロスラウ・フリサクは説明した。そしてピクセルは、つねにまとまってこそ機能する。人びとは自発的に形成されたグループのなかで行動した。ある夜、ヤロスラウは、友人の哲学者、知り合いのビジネスマン、そしてそのビジネスマンの仲間――「小柄で、悲しい目をした男」で、癌を患った子どもたちのためのチャリティで演技をするプロの道化師だった――とともにマイダンを歩き回っていた。

道化師やそのほか見知らぬ人びとに自分をさらけだすことは、刺激的な状況ではなかなかの芸当だったと言えるだろう。タラス・プロハーシコは、以前彼の国を、縁日で良く目にするが糸で吊り下げられた林檎にたとえた。そのゲームに参加した者は、両手を使わずに林檎を齧らなければならないのだ。あたかもその林檎のように、ウクライナはなかなか捉えがたい国だった。ロシアのテレビ番組は（ゲイとヨーロッパをかけて）「ゲイローパ」について報道した。ヤヌコーヴィチは西側のメディアに向かって、マイダンはファシストや反ユダヤ主義の人間で溢れていると発言し、自身の機動隊に向きあったときには、マイダンにはゲイとユダヤ人が数多く参加している、と述べた。ヤヌコーヴィチ政権は挑発行為を画策した。彼らはソーシャルネットワークに広告を出し、一〇〇から一五〇ユーロの報酬で俳優たちを雇い、偽のゲイ・パレードに参加させた。カーチャ・ミーシェンコは、この「似非《えせ》活動家たち」が、まるで「このキャンペーンのゲイ嫌いの組織者たちの想像するものを覗いてみたような」めかしこみ方をしていたと記している。その想像するところとは、「彼らのシンボル旗を振り回すのをとうてい待ちきれないでいる、けばけばしい衣裳をまとった快楽主義者《ヘドニスト》たちであり、プロパガンダが仰々しく訴えるとおり「無垢で子どもらしい虹の持つ象徴性を貶めている」」存在だった。その計画には二重の目的があった。まずは、マイダンの保守的な人びとの怒りに火を注ぐ。次に、本物のＬＧＢＴの活動家たちと、彼らのカリカチュアを演じた者たちとのあいだに争いをひき起こし、それがマイダンにファシスト的な傾向がある証拠だとして西側メディアに利用されるように計らうのだ。

「現代のウクライナはポストモダンの国家だ」とタラス・プロハーシコは書いている。「ここでは何でもありさ（Everything is possible）なのだ」。

カーチャ・ミーシェンコにとって、挑発行為の可能性を絶えず考慮に入れる必要は、夢を見ているわけじゃないと一分ごとに身体をつねって確かめずにはいられないのに似ていた。彼女はこう記した。「政府は恐るべき「鏡の家」を作り上げた。民兵《ミリシア》は市の清掃業者のユニフォームを着て走り回り、ベルクト隊は雇われた犯罪者たちとともに街頭で暴れ回っている。情報部の工作員たちは、ウクライナの旗を肩に巻いたまま、マイダンにスパイとして潜入する。略奪者たちは右派セクターの人間を演じる。外見どおりのものなど一つとしてなかった」。マイダンでは「挑発行為に乗るな」という言葉が繰り返し口にされた。

マルキヤーン・プロハーシコは、ヤヌコーヴィチを支持する「反マイダン」グループの集会に参加した。そこで彼が出会ったのは、大半が中年の女性で、マルキヤーンのガリツィア風のアクセントを耳にして、「あんたはスパイじゃないの」とジョークを言う者さえいた。ある女性は自発的にやってきたと言い、別の女性は政府に命令されて来たのよ、と言った。三番目の女性は食料がただで貰えるので来た、と証言した。ほとんどはキーウの外から来た公務員に見えた。何人かは、これはヨーロッパ統一主義者の集会だ、なぜならヤヌコーヴィチはEUとの連合協定への署名を唐突に拒否する前は、はっきりとヨーロッパ寄りの方向へと進んでいたからだ……そんな風に信じてさえいた。そこには多くの混乱があった。マルキヤーンの目から見て、彼女らは誰もが悲しげだった。

反マイダンのデモ参加者たちは、しばしばマイダンの近くをうろついていた。ある者はスパイや煽動者として、またある者はおいしい食事を求めて歩いていた。彼らはその悲しそうな表情で識別できるというのが皆に共通する意見だった。イーホルとヴィクトーリヤは私にこう断言した。反マイダンの連中は違って見える、と。マイダンに入場する場所を警備していた若い男性は「顔による照合」を実施していた、とイーホルは説明した。その検査はたんに視覚によるものだったが、顔の造作ではなく、その表情が身元の証明になった。クリミアから来た学生オレクサンドラ・アザルヒナにとって、マイダンの本質は見知らぬ人びとと笑顔を交わし合うことにあったからだ。

「キーウでの雰囲気は夢のようだ」。スワボミール・シェラコフスキーは一二月にマイダンから私に書き送ってきた。

だが、こうした雰囲気がいつまで続くかは予測不能だった。タラス・プロハーシコは、ウクライナには「どの瞬間にか、何の警告もなしにすべての原則が変わる」という共通の了解があると記したが、これはそのまま革命の前提でもあった。どの瞬間であれ、一瞬ですべてが変わってしまうのだ。マルキヤーンは、マイダンの雰囲気がどのようにして驚くほど迅速に変わったかを描写した。カーチャにとってマイダンの論理《ロジック》は夢の論理《ロジック》だった。不可能なことがいきなり可能になったのだ。一時性《テンポラリティ》は新しい形態をとった。たとえ、現在が感知できないほど逃げ足の速いものであっても、リアルタイムで行動することが重要だった。どの時点であっても、五分前に得られた状況が何の意味のないものになることがありえた。

（二〇〇一年九月一一日、ロウワー・マンハッタンに住んでいた私の叔母は、六歳の娘を学校に送り届けてから、世界貿易センタービルの横を歩いていたときに、飛行機がツインタワーの片方に激突するのを目撃し、すぐに数ブロック離れたオフィスにいる夫に電話した。彼は、学校に戻って娘を連れ戻し、北に走れ、と告げた。だが、叔母は躊躇した。娘を学校から連れ出すことはできない、と思ったのだが、夫はそうしろと言い張った。数日後に会ったとき、叔母はツインタワーが二棟とも崩落する前の夫との電話による会話について話してくれた。「そのときは、娘はまだ子どもで学校の生徒だから、教育を受けさせなきゃならないと思いこんでいたのよ。つい数分前までは存在した世界がもうなくなってしまい、以前の世界にあった規則がもう通用しないのを、私は急には受け入れられなかったのよ」)。

いまやキーウでは誰ひとり眠らなかった。カーチャは誰にでも、一日のどの時間にでも電話をかけることができた。誰もが眠りに落ちることを恐れていた。何しろ、数時間眠ったあとで目を覚ませば、すべてが、ほんとうにすべてがまったく変わってしまった、と聞かされるかもしれないのだから。

13　オートマイダン

「独裁者法」が通過してすぐ、最初に負傷した抗議者たちが拉致された。カーチャ・ミーシェンコはそのときキーウにいた。ソヴィエトのアフガン戦争の退役軍人「アフガンツィ」たちは患者たちを拉致から守るため、彼女のアパートの近くにあった病院に護衛として詰めた。一月二三日、朝の三時にベルクト隊が病院に向かった。アフガンツィは「オートマイダン」——車を所有する中流階級の活動家たち——に援助を頼んだ。ところがオートマイダンの運転手たちが到着すると、彼ら自身がカーチャのアパートからわずか数メートルしか離れていない場所でただちに拉致されてしまった。彼女はその現場を目撃した。カーチャは友人たちに連絡し、そのあと彼女の電話は鳴りやまなかった。拉致された男性の妻が震える声で電話をかけてきたが、カーチャには彼女にかける言葉が見つからなかった。

拉致されるところをカーチャが目撃した一人に、アンドリー・シュミンデゥクがいた。オートマイダンの運転手の一人で、オートバイの運転も好きな男だった。まことにバイク乗りらしく見えた。背が高く、年齢は三〇代半ば、スキンヘッドにしていて、薄い口髭と濃い顎鬚を生やしていた。彼はウクライナ西部で育ち、若くしてキーウに移り住み、キーウでＩＴ企業のＣＥＯ（最高経営責任者）の座に就き、高級車を所有していた。彼の話では、彼は車を所有するすべての愛国者と同じようにオートマイダンに参加した。運転手にはさまざまな仕事があった。彼らは、病院を見まわり、バリケードを築くためにタイヤを運搬し、ティトゥーシキが目撃された場所にマイダンの自衛団であるサムボーローナを送り届け、捕まえたティトゥーシキを尋問のためにマイダンに運んだ。アンドリーが教えてくれたのだが、オートマイダンには規則があった。この規則はときどき破られた可能性があることを彼は否定しなかったが、ティトゥーシキを殴らないというのがその規則だった。ただし、彼らの身分証明書を撮影しておくことは必要な手順だった。ティトゥーシキを見破る方法の一つに、キーウについてあまり知らないことがあげられた。彼らのほとんどは首都の出身ではなかったからだ。

アンドリーと仲間の運転手たちは「オートマイダン・チャンネル」を使って連絡を取り合ったが、これはＣＢラジオ（市民ラジオ）のような働きをするスマートフォンのアプリだった。

その夜、アンドリーはショールス通りを運転しながらペチェルシク地区をパトロールしていたが、夜中の三時にラボロトールナ通りのキーウ市一七病院からＳＯＳが発せられたのを聴いた。アンドリーは一〇人ちょっとのオートマイダンの運転手とともに、二、三分後に病院に到着した。運転手たちは車を降り、病院の外に立っている五人の若者たちに近づいた。彼らはその男たちの身元を尋ね、彼らが車で数時間も離れたチェルカシー州から来たことを知った。いったい彼らは真夜中にキーウで何をしているのだろう。彼らは自分たちは病院にいる友人を訪ねてきた、と言った。夜中の三時に？　アンドリーは信用しなかった。夜遅く暗かったせいで、彼らはベルクト隊のバスに気がつかなかった。それからほかのオートマイダンの運転手のうちの一人が「ラボタイエム！」という言葉を聞いた。警察のスラングでは「始めるぞ！」という意味だった。

「ひどく残酷に殴られたよ」とアンドリーは私に語った。「ウクライナであんなことが起きるなんて思わなかったな」。

アンドリーと私は、そもそも私たちを引き合わせてくれたカーチャと一緒に、キーウのカフェで同じテーブルについていた。アンドリーは、ＣＥＯらしい服装はしておらず、フード付きのトレーナーの下にＴシャツを着ていた。事件があった夜からおよそ一年がたっていたが、彼は今でも毎日、高価な薬剤を服用せねばならなかった。彼は私に、脳にダメージを受けたために以前のＣＥＯの地位で働くことはできなくなった、と語った。

アンドリーは、ベルクトッシたちが酒か薬物をやっていたのではと信じていた。おそらく何かドラッグを投与されていたらしく、瞳孔が光に正常に反応していないかのように異常に拡大していた。アンドリーから見て、彼らは正気ではなかった。彼らは、何人かのティトゥーシキや、地面に横たわって「スヴォイー！　スヴォイー！　俺はお前たちの仲間だ！」と叫んでいる普通の警官たちをも含めて誰も彼も殴りつけていた。彼らは相手の頭蓋骨を殴打した。アンドリーは、おそらく一五〇回以上は殴られたように感じた。プラスチックや金属製の棍棒で頭部を殴られ、両手の骨は粉々に砕けた。さらにベルクトッシたちは、棍棒で車もさんざんに叩いた。

その所業は二〇分、あるいはおそらく三〇分続いた。それから運転手たちは、ベルクト隊のバスの床に寝かされ、さらに殴られた。「おまえらの「ウクライナに栄光を！」はどうした？」ベルクトッシたちはそう叫んだ。

アンドリーは私にこう言い張った。「そんな状況でも誰一人屈することなく、慈悲を乞う者もいなかったんだよ」。

運転手たちは警察署に連行され、屋外の雪の上に横たえられたまま放置された。アンドリーは意識を失ったり取り戻したりを繰り返した。何者かが彼の財布や身分証明書、鍵、携帯電話を持ち去った。警察署は負傷したオートマイダンの運転手たちを放置するのに抵抗を示したため、ベルクトの隊員たちは彼らをふたたびバスに乗せた。今度は、血で汚れないよう座席そのものは取り外されていて、運転手たちは座席の下の金属の骨組の上に座らされた。アンドリーの考えによれば、ベルクトッシたちはこのときまでにかなり冷静さを取り戻しており、自分たちが捕まえたのは、「右派セクター」のならず者たちではなく、ホワイトカラーの中年男性で、しかもなかには「かなり高い身分」を持った人間たちもいるという事実に気づきつつあった。彼らのバスは、今度はダールヌィツャ地区にある別の警察署に向かった。捕らえられた男たちはお互いにほとんど口を利かなかった。安全ではなかったからだ。そもそも誰が誰かもわからず、誰かが内通者や扇動者である可能性もあった。ダールヌィツャの警察署の地下室に彼らが押し込められたとき、時刻は午前四時半を回っていた。

一時間後、アンドリーのフィアンセであるダーシャがダールヌィツャ署に到着した。ダーシャはアンドリーがその夜パトロールしているあいだ、二〇分か三〇分ごとに電話していた。午前三時頃、彼は電話に出なくなり、インターネットを見た彼女はラボロトールナ通りの病院からSOSが発せられていることを知った。彼女はタクシーを拾った。病院に着くと、人びとがベルクトのバスが向かったコースを彼女に教えてくれた。寒さが厳しい夜だった。彼女はダールヌィツャ署の外で長時間待ち、午前九時ころに、アンドリーが手錠を嵌められて警察署から連れ出されるところを、ほんの一瞬だけ目撃した。

アンドリーは病院内の拘置所に入れられたが、そこは窓に鉄格子が嵌められ、見張りがついていた。ダーシャは見張りの一人を買収して中に入れてもらった。その後の数日間、アンドリーは、取引の交渉が進んでいるという噂を耳にした。占拠された政府の建物を明け渡せば、政府は捕虜を解放するというのだ。その時点で、マイダンはキーウの市庁舎ばかりでなく、他の州にある地域ごとの行政ビルをもかなり支配下に置いていた。アンドリーは弁護士に宛てたメモのなかで、マイダンの代表者たちに向けて、ちょっかいは無視しろ、政府は信頼できない、と訴えた。

「わがウクライナは、強靭な意志を持った国家だ。われわれのことを、力ずくで跪かせることは絶対にできないのだ！　ウクライナに栄光あれ！」

ダーシャは内科医だった。またアンドリー同様、バイク乗りでもあり、彼と出会ったのもバイクを通じてだった。アンドリーは背の高い大男だったが、ダーシャははるかに小柄で彼より一二歳も年下であり、古風な美しさの持ち主だった。ほっそりとしていて、長い金髪とまっすぐに切りそろえた前髪が濃いマスカラで強調された大きな目を縁どっていた。彼女はアンドリーのためにこっそり持ち出したメモを、自分のフェイスブックに載せた。アンドリーはウクライナ語で書いていたが、彼女はロシア語で友人たちへのメッセージとアンドリーのための祈りの言葉を書き足した。

私は宗教的な人間ではありません。祈りの言葉も知りません。
でも神よ、今日はあなたに請い願います、彼は良い人です。彼をお救いください……。
恐れを知らない彼は、ときとして深い河に身を投じてしまいます。
いきなりさかまく波が打ち寄せるのです――ああ、神よ、彼をお助けください。

14　価値観

マイダンは継続的な寄付のおかげで補給品には事欠かない、とヤロスラーヴ・フルィツァックが記した二月二日になっても、アンドリー・シュミンデゥクは収監されたままだった。「抗議者たちの意気は軒昂だし、キーウの人たちからの支持もとても強力だ」とヤロスラーヴは記した。彼もまた意気軒昂だった。彼は長いことこう考えてきた――ウクライナ人たちは、自分たちの価値観をこそ重視しなければならないときに、自らのアイデンティティの問題に執着させられているのだ、と。アイデンティティ重視の言い回しはすなわちプーチンの使う言い回しだったが、ヤロスラーヴから見ればそれは罠だった。この革命は価値観を問う革命なのだ。スラヴァ・ヴァカルチュクも同じように感じていた。その瞬間の至上命題と言えるものは、価値を認めたものについて彼らが「深く考える」ことだったはずだと。スラヴァは長いこと、ソ連の崩壊はユダヤ人のエクソダスを思い出させる、と考えていた。ウクライナ人たちも、同じように砂漠で四〇年間さすらい、奴隷の価値観を抱えた古い世代が死に絶えるのを待たなければならないのだろうか。

タラス・ドブコがマイダンの数年前に記していたことだが、新しい価値観を持つための条件は、ウクライナ社会が「自身にかつを入れて道徳的な盲目性から脱すること」だった。だが、腐敗があまりにも浸透しているため誰もが腐敗に関わっているような国では、たやすいことではなかった。ロシア語では「プロダージノシチ」（ウクライナ語では「プロダージニシチ」）［用語解説4を参照］は言葉どおりでは「商品性」を意味する言葉だが、これはあらゆるレベルで当たり前のこととして受け取られ、蔓延している。政治家やメディアの大立者から、医師や教師、錠前師や駐車場の監視員に至るまでレベルを問わない。

「皆が慣れてしまっているため、まるで規範《ノーム》のようになっているんだよ」とセルヒー・ジャダンは私に語った。

人びとが買収されるのは、当然のこととして了解されていた。少し盗む者と多く盗む者の差異は、たまたまその程度がケースにより異なるというだけで、些細なことだと言われていた。タラス・ドブコの指摘では、「この不正なシステムに皆が関与していれば、誰も不正に対して抗議する権利を持たない」という理由から、政府は長期間にわたってこうした状態を望ましいものとしてきた。

ヤロスラーヴ・フルィツァックは左翼で、民族主義に魅了されてはいなかった。民族主義に屈服せずに帝国主義に抵抗するやり方は、長いあいだ苦心の対象であり、それはウクライナ人に限ったことではなかった。ヤロスラーヴにとってのマイダンは、真に市民レベルのウクライナへの愛国心が具現化した場所だった。ウクライナ人とユダヤ人の関係は歴史的に暗鬱なものだったが、マイダンが新しい章を開いてくれた。ウクライナ人とユダヤ人が革命に際して一体となるというのは、ハンナ・アーレントが「出生《ネイタリティ》」――人間の創始の能力の発露――という語で表した概念を証すものであった。

マリーヤ・ボルィソヴァはユダヤ人で、家ではロシア語を話したが、自分のアイデンティティについて聞かれるといつも「ウクライナ人です」と答えていた。ナターン・ハーズィンはマイダンで作戦司令官を務めた初めの頃、自分がユダヤ人であることについては何も語らなかったが、その事実を徐々に人びとに打ち明けていった。

「僕は彼らの反応にショックを受けたんだ」と彼は言った。「人びとは、僕のことを「兄弟」と呼んだんだよ。全員がだよ」。

レナ・フィンベルグが指摘したとおり、ヤヌコーヴィチとプーチンの二人ともが「反ユダヤ主義というカードをきろう」と懸命だったことを思えば、ナターン・ハーズィンの話はいっそう驚くべきものだった。レオニード・フィンベルグはさらに奥の深い話をした。彼は、ヤヌコーヴィチが抗議者を反ユダヤ主義の廉《かど》で攻撃しているのは、マイダンを非合法化しようとするロシア情報部による周到な作戦の一部だ、と確信していた。レオニードは政府のプロパガンダに抵抗することに精力を注ぎ込んだ。彼は執筆に励み、出版し、インタビューに応じ、彼らの「尊厳の革命」を守ろうとした。

ユダヤ人はどちらの側にもいる、とレオニードは指摘した。だけど私たち二人の個人的な友人には含まれていないわね、とレナが付け加えた。彼らはキーウに長いこと住んでいて、たくさんの多様なサークルに属している、たくさんの多様な人びとを知っていた。そして彼らが知っている人間たちは誰もがマイダンを支持していた。

「ユダヤ人としてマイダンにいることについてどう思いますか？」ジャーナリストたちがレナに尋ねた。その質問はレナを面白がらせた。「ユダヤ人として、鉄道の駅や、海辺にいるのと同じよ……」。「だって、どう答えたら良かったの？」彼女はそう言って笑った。

人種的な分断どころか、社会経済的な分断さえも乗り越えられたという感覚が、いきなり生じたようだった。カーチャ・ミーシェンコは、初めてホームレスたちがより大きなコミュニティに吸収されたことを指摘したが、それによっていくつかのなかなか愉快な瞬間がもたらされた。たとえば、オラ・フナチュークは、氷点下のなかで火炎瓶《モロトフ・カクテル》をつくるのが巧みなのはホームレスの方だった、と記している。寒気のなかでも、彼らは指先をちゃんと使うことができたのだ。

暴力は価値観の試金石だった。非暴力的な抗議に対し、ヤヌコーヴィチは拉致や拷問で応えた。さらに多くの活動家たちが姿をくらますようになり、遺体は発見すらされなかった。ベルクト隊は氷点下をずっと下回る寒さのなかでも放水銃を使い、氷や雪に閉ざされたなか、抗議者たちを裸にしてナイフで切りつけた。ヤヌコーヴィチの警官たちが、雪のなか裸で凍える人質を拷問している姿を映したビデオクリップが、インターネットで多くの人びとに視聴された。「バラクラバ」と呼ばれるスキーマスクが流行するようになった。マイダン広場の周囲のカフェで、ウェイターやウェイトレスたちはバラクラバを被った者たちの存在に慣れていった。バールや野球バットを携えた男たちが、寿司バーで食事するのを見かけるのがごく普通のことになった。あるジョークが流行った。バラクラバとヘルメットを着用し、野球バットを抱えた男がカフェに入ってきた。彼は誰だろう？　答えはこうだ――その男はおそらく少なくとも三つの言語を話し、二つの大学の学位を持ち、給料の高い仕事についている可能性が高いと思って良いよ。本好きできわめて痩身のミーシャ・マルティネンコは、ヘルメットと医療用マスク、そしてゴーグルを購入した。彼が持っている唯一の冬のコートは赤色をしていたため、自分に注意を向けられたくなかった彼は、コートのかわりに六枚から七枚のセーターを着こみ、そのせいで、彼自身が言ったことだが「ヘルメットをかぶったテディベア」のように見えた。

夜も昼もなく病院で過ごしていたカーチャは、患者たちが拉致されることが二度と起きないようにしようとしていた。野党のウクライナ民主改革連合の党首であるヴィタリー・クリチコ［現在も同党党首。二〇一四年五月から現在までキーウ市長を務めている。］は、ボクシング・チャンピオンだった裕福な人物だったが、マイダン革命への支持を当初からあきらかにしていた。二月の初め、カーチャはこの疑問を声に出して言った。「なぜクリチコは、マイダンのために戦車を買ってくれないのかしら？」

ある夜、マイダンを見下ろすホテルの一室で、ジャーナリストのタラス・ラッシュヌーは一〇代の息子ロマンに電話した。ロマンは家に帰るところだ、と父に言って安心させた。電話を切ったその数秒後、タラスはテレビのニュースでロマンを目にした。彼は人びとに冷静になるように訴え、彼と仲間がウクライニアン・ハウスと呼ばれる国際会議場を占拠しに行くところだと宣言していた。激怒したタラスは、ホテルの外に走り出てロマンを捕まえた。同様のことが起きたのはこれが二度目で、タラスは今回も息子を引きずり出した。だがそのあとすぐに、ロマンはベルクト隊の放った閃光弾でまたも負傷してしまった。

冬のあいだじゅうスラヴァ・ヴァカルチュクは、右派セクターとスヴォボダ党のメンバーを探り出し、こちらから暴力を振るう側にならないよう説得を続けていた。だがスラヴァは、もし人びとが敵対する側の暴力に直面したなら、自分を守らざるをえなくなることを理解していた。マイダンにいた彼は、人びとの意識の変化を感じ取っていた。そして暴力を行使しようという集団的な覚悟が、初めは「昨日よりは今日、今日よりは明日」という感じで徐々に増していったが、やがて「右肩上がりで、指数関数的に」高まってゆくのを感じていた。物理学の研究からロックスターに転じたスラヴァは、冷たい水が段々と温められてゆく比喩を使ってその状況を語ってくれた。最初は水に気泡も生じないし、何ら注目すべき変化は見られない。だが水温は次第に上がり続け、最終的に水は沸騰する。

私はマリーヤ・ボルィソヴァの父親に、暴力についてどう思うかを聞いてみた。

「ただの男として語るなら、私は暴力をたいへん好んでいるよ」とマクシムは答えた。知性を持って考えれば暴力が悪いことだとわかってはいたが、内心ではそれを使いたがっていたのだ。

「あなたは革命については、子ども時代から心理的に準備ができていたわね」と私はユルコに言った。「本当の革命を待ち望む気持ち、ある日必ずれっきとした革命が起きるという信念を抱いてね……」。

ユルコはこう答えた。「ここで僕は、自分がいささか正常ではない人間だと認めねばならないね。なぜならあなたに言ったとおり、自分は他の人びとと違う、という完全にナルシスティックな確信とともに成長してきたんだ……そして自分の心構えにふさわしい形態の革命は、ひとりでに成るように見えたんだ。さらに、ひとりでに成らなくとも、とにもかくにもリベラルな方法で成し遂げられるはずだって思い込みもあった——誰かを撃ったり殺したりしない方法でね——だけど今回の革命はそうでないことがわかってしまった。今回はそうはゆかなかったんだ」。

15　その雰囲気には何か特別なところがあった

二〇一四年二月一八日火曜日は、ロシアのソチ冬季オリンピックの一二日目だった。このオリンピックはプーチンの輝かしいパフォーマンスであり、彼はホストとして世界から訪れる人びとを歓迎した。キーウはまるで春の陽気だった。マイダンの抗議者たちが、大統領の権限を制限する二〇〇四年憲法の復活を求めて議会に向けて歩いたその日の朝は、気温も摂氏四度を超えた。議会ビルの外では、ヤヌコーヴィチの民兵《ミリシア》たちが閃光弾、催涙ガス、警棒、ゴム弾を使って群衆を追い散らそうと試みたが、その場を象徴するような写真がインターネットに出回った。五九歳の父親と二七歳の息子、ムィコーラとイーホル・クズネツクの髪が血で濡れ、顔が血だらけになった写真だ。ベルクトッシが大挙して押し寄せ、マイダンでは彼らを遠ざけておくために火を焚いて抵抗した。キーウ市民は、都心から逃げる人びとと、都心に流れ込む人びととの二つに分かれた。

ヤヌコーヴィチは、夕方の六時までに街頭から離れよと警告を発した。彼は地下鉄を閉鎖した。タクシー会社は客を乗せることを拒否した。マリーヤ・ボルィソヴァはその場に「嫌な空気が漂っている」ことを感知した。
タラス・ドブコは私に語ったものだ。「その雰囲気というものがね……何か特別なところがあったね」。
その日の朝、自分の診療所で患者を診察していたレナ・フィンベルグは、フェイスブックをチェックしていて、医師たちがマイダンにすぐに来るよう求められていることを知った。レナは足を引きずりながら走った。

私は、ベサラーブカ市場を横目で見ながら、フレシチャーティク通りに向かって走っていた。近くだったけど、ベサラーブカでは店やカフェが開いていたのが……私には釈然としなかった。私はこれが何かの作り話ではないか、と思ったわ。なぜあちらで人びとが銃を発射し、ここではそれと違った平和な生活が繰り広げられているのか、理解に苦しんだのよ。フレシチャーティク通りに近づけば近づくほど、開いている店の数は少なくなり、そんな店もどれも閉店しようとしていた。私が到着したときは、すでに傷ついたり殺されたりした人たちがそこにいて、医師はいないも同然。駆けつけた医師はその場で働かなけりゃならなかったわ。

労働組合会館のなかには椅子で埋め尽くされた長い廊下があり、それぞれの椅子に座った患者が医師の手当てを受けていた。二つのオフィスが、負傷して座ることのできない患者が横たわる場所として使用されていた。ビルの内部にはベルクト隊がマイダンに使用する催涙ガスが流れ込んでいた。医師たちはくしゃみや咳をし、患者を治療するときにも彼らの目には涙が溢れていた。ときおり誰かが医師たちの鼻や目を洗いにやってきた。医師たちは全員が医療用マスクを着けていたので、お互いの顔を見ることができなかった。次から次へと負傷者が運び込まれてきた。ベルクト隊は閃光弾を使っていたが、そのかけらはひどい傷を負わせたし、出血や腫れはむごたらしいものだった。レナたち医師団は、傷を洗浄して細かい金属の破片を取り除いた。

同じ廊下の膨らませて使うマットの上には、もう助けを必要としない人びとの身体が横たえられていた。誰一人、口を開こうとはしなかった。

朝方遅く、レナは窓の外を見つめ、キーウのいちばんのショッピング街であるフレシチャーティク通りが、マイダン全体と一緒に灯りに照らされているのを見た。まるで芝居の一シーンのようだった。レナにはその光景が非現実的に思えた。ベルクト隊が労働組合会館に近づいたとき、医療現場の責任者は、すべての女性は負傷者を連れて退避するようにと命令した。外ではオートマイダンの運転手たちが彼女らを待っていた。運転手がレナと患者二人を、人目を避けた診療所に連れて行った。公的な病院はすでに安全ではなかったからだ。その時点でマイダンは独自の診療所のネットワークを作り上げていたが、例を挙げるなら高級ブティックの内部に診療所があったりした。レナらは救急救命室に作り替えられた歯科医院に急いだが、盾を持った男たちがビルの周囲を取り巻いていた。

「あれは私たちの仲間だわ」。武装した男たちを見たレナは運転手にそう伝えた。

「いや、違うね」と彼は答えた。「あれは仲間じゃない」。

彼は歩道に乗り上げて車の方向を変え、市の別の方向へとスピードをあげた。後になってレナにも、彼女が目にした盾を持った男たちがティトゥーシキであり、オートマイダンの運転手が彼女と患者たちを救ってくれたことがわかった。

レナには、自分がやらなければならないことについて何の疑問もなかった。彼女は医師であり、負傷した人たちがそこにいたから、治療しなければならなかった。

私はレナに恐怖を覚えたか、と聞いてみた。

「いつもの私はとても臆病なの」とレナは答えた。「でも、あのときは恐怖などまるで感じなかったわ」。家に帰った彼女はテレビをつけた。その瞬間、恐怖が襲って来た。

「目にした光景は本当に酷《ひど》かった。震えがやってきて、それから本当に怖くなった。体じゅうの震えがとまらなくなったのよ」

ネリア・ヴァコヴスカは「ウクライナに栄光を！　英雄たちに栄光を！」というスローガンを好きだったことなどなかった。彼女にとってそのスローガンは「国家、マチズモ、準軍事的な訓練、急進的な右翼グループの規律のなさ、政治的・社会的なプログラムの欠如を表す空疎なディスクール」だった。革命とはその性格から言ってポピュリズム的なものであったし、複雑なるものを単純化するよう努めるものだ。ネリアはそこも好きではなかった。彼女は犠牲者に栄光を付与することや、英雄や殉教者のカルト的崇拝を怖れていたのだ。それでも彼女は、絶えずマイダンに引き戻され続けた。

「今日のような日には」とネリアは二月一八日に綴った。「イデオロギー的に一致しないなんてことは窓からどこかに飛び去ってしまい、私は国家と衝突している市民たちの側に立つ。この無力な怒りのなかで、私はこう繰り返す。「撃つんじゃないよ、ろくでなしども！」　それから病院に手を差し伸べにゆく」。

マリーヤ・ボルィソヴァは診療所にヴォランティアに出かけ、そこで薬を分類する仕事を与えられた。手持ち無沙汰でいることがないよう、誰もが何かしら作業をしようと試みていた。ユスティーナ・クラヴチュクは「火炎瓶《モロトフ・カクテル》の製造が行われているが、従事しているのはほとんどが女性だ」と書いた。誰かが「別のバリケードを築きに行こう」と言うと、タラス・ドブコの言葉によれば、人びとは蟻のようにその命令に従い、おおむね黙々とバリケードを築き始める。彼らは道路から煉瓦を掘り出しては砕いて袋に詰めた。バリケードを築いていた人間たちのなかには、マリーヤの父マクシムも、ロマン・ラトゥシュヌーの父タラスもいた。

「煉瓦を砕くのは難しくないの？」と私はタラス・ラトゥシュヌーに聞いてみた。

「別の煉瓦でかい？」

彼にとっては、さして難しくはなかった。また、小柄で仕立ての良いエレガントな服に身を包み、洗練された文語的表現で話していたオラ・フナチュークも、その冬はやはりマイダンで煉瓦を砕いていた。それは彼女にも、自分がそんなことをするとは予想もできなかったことだった。

「この時点までに、われわれの状況ときたら、いかなる種類の合理主義の範疇からもはみ出してしまっている」。小説家のタラス・プロハーシコはその二月一八日の夜に記している。「基本的な自己保存の本能ですら、もう機能していないのだ」。

16　非分析点

スラヴァは私に、物理学では、合理的な予測の今あるあらゆる手段が正常に作動しなくなる「非分析点」（ノンアナリティカルポイント）と呼ばれるものが存在する、と教えてくれた。マイダンは二月一八日にその非分析点に達した。最小必要人数《クリティカルマス》が決断をくだしていたのだ――必要ならばマイダンで死ぬと。

ワスィーリュ・チェレパヌィンには一〇歳の娘がいたため、何人かの友人は、家に戻るよう彼に言った。

だがワスィーリュはマイダンにとどまった。

「あなたのお嬢さんは、人びとが撃たれている場所にあなたがいることを知っていたの？」と私は尋ねてみた。

「ああ、知っていたと思うよ」

ミーシャ・マルトィネンコにも、ワスィーリュの娘と同じくらいの年齢の妹がいた。ミーシャは家でただ一人の男性で、父親は彼が三歳のときに家を出てしまっていた。彼は、マイダンから数キロ離れているが、ドニプロ川を挟んで対岸の左岸にあるアパートで母と祖母に育てられた。多くの人間が彼を頼って生きていた。彼の母、祖母と妹、地元の中等学校の一〇代の生徒たち、加えて彼の友人で知能はすばらしいがほとんど盲目のゼニア。ゼニアはすでに音楽で高等教育を受け、今はミーシャの助けを借りて歴史を勉強していた。ここ数年間に過去の復元の熱狂的なファンがサブカルチャーとして発展させてきたこともあるが、ゼニアは第二次世界大戦の戦いの復元に興味を持っていた。

ミーシャはきゃしゃで栄養不良のようにさえ見え、その濃い茶色の瞳にはキャラメル色の輝きが宿っていた。彼は幼児期にロシア正教の教会で洗礼を受けたが、一〇代でギリシャ・カトリックに改宗した。二月一八日の火曜日、朝の六時に目を醒ましたとき、彼は白いロザリオを首にかけた。そして誰も起こさないように静かに朝食を食べた。だが彼の母は姿を現した。息子が出かけようとしているのを見て、早く帰るのよと言葉をかけた。

「昼食までには帰るよ」とミーシャは答えた。

ミーシャはホロコースト史の研究者を目指す大学生で、軍隊での経験はなかったし、銃など撃ったことはなかった。その朝マイダンにつくと、彼はバリケードを築こうと舗道の石を掘り返している人びとに加わった。バッグパックに手袋を入れていたが、そのことを忘れてしまったので、すぐに両手が黒くなった。ミーシャは知り合いの歴史家で博物館のキュレーターをしている年上の男性と出会った。エスカレートする暴力を実感して自宅に帰ることに決めた彼は、ミーシャを家に連れて行こうと申し出た。ミーシャは彼の申し出に感謝し、考えてみると答えたが、すでにマイダンにとどまることを決めていた。

ミーシャの友人のアントンが電話をかけてきた。

「どこにいるんだい?」

「マイダンにいるよ」とミーシャは答えた。

「ちょうど大学を出るところだ。三〇分か四〇分でそこに着くよ」。

ミーシャはサムボーローナの面々が何人かのティトゥーシキを捕虜にしてきたのを目にした。彼はそのティトゥーシキたちを気の毒には思わなかった。

彼はロマの少年に遭遇した。まだ思春期に達していないその少年は、警官に向けて投石をしていた。ミーシャは彼に立ち去るよう促した。そこは危険だったし、彼はまだ幼い子どもだったからだ。だが少年は自分の役割に誇りを持っていて、もう一五個か二〇個の石を投げたんだよ、とミーシャに語った。ミーシャも石を手に取って投げ始めた。一つを投げると、それに応えるように飛んでくる手投げ催涙弾を避けて逃げ、それから戻ってまた一つ石を投げてはまた逃げてというのを続けた。石を投げることで、彼は不思議と陽気な気分になり、笑い出しさえした。

ミーシャは、すでに数十人の人びとが殺されていたのを知らなかった。その瞬間にマイダンにいたことは、逆説的に聞こえるが、情報の真空地帯にいるようなものだった。ミーシャは数十メートル離れた場所で何が起きているのかさえ知らなかった。インターネット通信の電波はしばしば微弱だったし、いずれにせよ携帯電話をチェックする時間はなかったのだ。ミーシャはただ目の前にあるものを見るだけだった。

ミーシャの友人のアントンが到着し、彼らはお茶を飲み、煙草を吸った。マイダン以前のミーシャは気まぐれに喫煙するだけだったが、今ではしょっちゅう吸うようになっていた。彼の気持ちを落ち着かせてくれるのはそれだけだったからだ。インスティトゥーツィカ通りはマイダンから丘の方へと続いていたが、ミーシャとアントンはそちらに行くことにした。まだ一日のうちの早い時間にもかかわらず、インスティトゥーツィカ通りはそれまでミーシャが目にしたこともないほど大量の血で汚れていた。彼とアントンは、医者を求めて叫び、人びとが道を開け、医師たちが負傷者を治療できるよう手配した。車がようよう到着し、毛布がかけられた二、三人の身体を乗せて戻ったが、ミーシャにはそれが死体であることがわかった。毛布から突き出た二本の足はハイヒールのブーツを履いていた。奴らは女性を殺している。そう悟った瞬間にミーシャは初めて、自分はけっして家に戻ることなどないな、と確信した。

司祭が民兵《ミリシア》と交渉して、市民を撃たないでくれと懇願した。司祭が顔を両手で覆いながら戻ったとき、ミーシャは彼が交渉に失敗したことを悟った。民兵が発砲を続けるあいだ、ミーシャとアントンは石を投げては逃げることを繰り返していた。手投げ催涙弾がミーシャの頭の近くで破裂したため、彼は一時的に聴力を失った。彼はたしかに怖かったが、死よりもさらに恐れていたのは、捕虜となって拷問されることだった。歴史学を専攻していた彼は、人間が拷問に対してはまことに創意あふれる存在であるのを知っていたからだ。それでも、ほかに武器がなかったので、彼は石を投げ続けた。彼とアントン、それに彼らとともに戦っていた人びとは増援部隊の到着を待っていたが、誰も現れなかった。サムボーローナの部隊には逃亡し始めている者もいるようだった。ベルクトッシたちはバリケードを突破し、攻撃してきた。ミーシャから見ると、彼らは「スペッツナズ」、つまり特殊任務部隊のように見え、かたやミーシャとアントンが持っている武器は石だけで、威力ある武器など何一つ手元になかった。

「僕を見てくれ」。ミーシャはこの話を聞かせてくれたときに私に言った。「とてもスペツナズを相手にするような闘士タイプじゃないんだよ」。

「ここを出るんだ。早くしろ！」　ミーシャはアントンに向かって叫んだ。走っている途中、彼らは叫び声を聞き、目を向けると負傷した私服を着た男性の姿があった。彼はおそらく彼らの倍の年齢で、彼らのどちらよりもずっと大きく、体重も重そうだった。

「どうしたんです？」　ミーシャは男性に聞いた。

「立てないんだ。歩けないんだよ」

「二人で抱えよう」。ミーシャがアントンに言った。

二人は男性に肩を貸した。ミーシャは振り返り、民兵たちが彼らから一五メートルか二〇メートルかというところまで迫っているのを見た。走らねばならなかった。

「前にも言ったかと思うけれど」とミーシャは私に言った。「僕は特に頑健な方じゃないからね」。

アントンもミーシャよりずっと頑健というわけではなかった。彼らは急な下り坂を頭から先にという感じで降りた。地面は濡れていて、彼らは何度も泥のなかに転んだ。来ている服は雪融けの泥だらけになった。ほかの者は皆バリケードに逃げ去ってしまい、彼とアントン、そして傷ついた見知らぬ男性だけが無人地帯《ノーマンズランド》となった丘に取り残されていた。民兵たちは彼らに手投げ催涙弾を投げ続けた。バリケードによ うやく着きそうになったとき、アントンがとても彼のものとは思えない声で叫んだ。「かがむんだ！」

最初の銃弾が彼らに向かってきた。第二弾も来た。ミーシャはもう何も意味がないように感じた。「まるで自分がどこかに行ってしまったようだったな。何も頭の中に残ってないし、何も考えられないような不思議な感覚だった。それまでの人生が走馬燈のようにってわけじゃなかった……そんなことはなかったさ。言ってみれば、何も存在していなかった。恐怖も逆に勇気もなかった。まるで何も存在していなかったんだ」。

それからミーシャは、狙撃手が銃に装塡しているのを目にした。その瞬間に逃げなければならなかった。銃弾の連射をまた浴びせられれば、もう助からないだろう。ミーシャとアントンが抱えている男性は泣き叫んでいて、傷ついた足はだらりと垂れ下がっていた。彼らはようやくバリケードにたどり着き、男性を医療スタッフに引き渡した。するといきなり、多くの人たちがミーシャとアントンを祝福し始めた。見知らぬ人びとが、英雄か蘇った死人、あるいはその両方であるかのように彼らを見つめていた。

ミーシャとアントンは何も言わず、煙草を吸うためにその場を立ち去った。

バラクラバを被った若い男が、彼の顔を見分けようとするかのようにミーシャを見つめていた。もう温かくなっていたミーシャはヘルメットを脱いだ。するとその若い男が彼のもとに歩み寄ってきて「ウクライナに栄光を！」と叫んだので、ミーシャは彼がクラスメートのイーホルだと気づいた。彼らは互いに友人同士ではなかった。イーホルはスヴォボダ党のメンバーで、民族主義者であり反ユダヤ主義者だった。イーホルが、ユダヤ人について軽蔑的なことを口にし、ユダヤ人を「ジーディ（Zhidy）」（英語でのカイクやイッドにあたる）と呼んだとき、二人は一度ならず大学で喧嘩をしたことがあった。彼はミーシャをも「ジード（Zhid）」と呼んだが、これはミーシャがユダヤ人を片方の祖父に持っていたからではなく——イーホルにそれを知るすべはなかった——ミーシャがユダヤ人の歴史を学び、ウクライナ・ホロコースト研究センターでヴォランティアをしていることを誰もが知っていたせいだった。そんなわけで、ミーシャとイーホルはお互いを嫌っていた。

だが、そのときのイーホルはミーシャに会えてひどく嬉しそうだった。ミーシャの方も、彼の喜びには何の偽りも混じっていない、と感じた。イーホルは、ミーシャとこの時機にマイダンで会うことなど絶対にないと思っていたよ、と口にした。スヴォボダ党の連隊《ソートニャ》、つまりイーホルが所属していた戦闘部隊の何名かはすでに脱出していたが、イーホルはマイダンにとどまって戦う決意を固めていた。彼は、「あとになってから民兵たちが撮影した写真で身元が割れないように顔を隠したままでいろよ」とミーシャにアドバイスしてくれた。

アントンの母が電話してきて彼らに合流すると言ってきたので、アントンは、何が起きたのか、つまり二人がもう少しで殺されそうになったことなどは母に話さないでくれ、とミーシャに頼んだ。時刻は夕方近くなっていて、ソ連が崩壊して以来、初めて地下鉄が全面的に閉鎖されていた。都市機能は麻痺していた。ミーシャの友人でほとんど目の見えないゼニアが、ヤヌコーヴィチの最後通牒を知らせるために電話してきた。「六時までにマイダンを去らなければテロリストと見なす」という内容だった。

「もう引き返すことはできなかったんだよ」とミーシャは話した。

午後五時前後に、彼らの友人でバラクラバを被り、小さな警棒を携えたフルィホーリーが、ミーシャとアントンに合流した。ヴォランティアたちは診療所として使われているウクライニアン・ハウスから撤収しなければならない、と彼らは告げられた。彼らはまず医薬品やガスマスク、ほかにも医療設備を運び出し、次に数々の文書やひとまとめにされたパスポートを持ち出した。

「これをどうしたら良いだろう?」ミーシャはサムボーローナのメンバーに聞いた。

「焼くんだよ」

「どうやって?」

「火炎瓶の中身をかけて火をつけるんだ」

ミーシャはそのとおりにした。パスポートは炎の中で溶けていった。それがいちばん安全な方法に思えた。

二週間前、彼とゼニアがリヴィウに旅行したとき、ミーシャはマリアという少女にひそかに恋をした。彼女はギリシャ・カトリック教徒の大学生で、神の存在を固く信じていた。彼女はとても小柄で、彼女と並ぶとミーシャは長身に見えた。

携帯電話を見たミーシャは、マリアが数度にわたって電話してきたことに気づいた。

「ミーシャ、今どこにいるの?」マリアは彼に尋ねた。

「マイダンにいるよ」

六時まであと五分だった。

「二時間後には、僕はもう生きてはいないだろう」。ミーシャは超然としている振りをして、穏やかな口調で言い放った。

「あなたのために祈るわ」とマリアは言った。

「ありがとう」

「アデュー」

「アデュー」

今度はミーシャの母が電話してきた。

「ミーシャ、家に帰りなさい!」

「ママ、それはできないよ」

彼の祖母も電話してきた。ミーシャは彼女たちにすまなく思った……だが彼にとってもたやすい選択ではなかったのだ。家に帰ることなどできなかった。

午後七時近く、本格的な攻撃が開始された。負傷者と瀕死の患者の数はますます増えていった。警察はマイダンの入り口を封鎖し、救急車が出入りすることを禁じていた。ミーシャ、アントン、フルィホーリーらと数名のサムボーローナは、警察の封鎖を破壊して、救急車の通れる道を開けようとしていた。ミーシャは長い棒を手に持った。サムボーローナの面々は火炎瓶《モロトフ・カクテル》を配った。それまでミーシャは人を殺したことはなかったが、もしここで狙撃手の一人をやっつけることができるなら、誰にも止めさせないだろうという気がしていた。あまりにも短い時間であまりにも多くの血を目にした。毛布の下から突き出たハイヒールのブーツをはいた足を目撃した。そして死にゆく人びとを医師たちが治療するのを民兵が阻止している今となっては、ミーシャは朝とは違う人間になってしまっていた。非人間的なことばかりだったのだ。

「そのせいで、僕自身にも人間的なところがまったくなくなってしまったんだよ」とミーシャは私に語った。棒を手にした彼は思った。「好い加減にしろ。もう情けなどかけないぞ」。

ミーシャと友人たちは、煙草を吸い終わると顔を覆った。

「部隊、前へ！」サムボーローナの指揮官が言った。「誰かライターを持っていないか？」

ミーシャは唖然とした。指揮官と思われる男がライターさえ持っていない。いちばん基本的なことなのに。

「僕が使えるのを持ってますよ」とミーシャが言った。

「私の隣にいろ。命令したらまず私の火炎瓶に点火し、それからみんなの分に点火するんだ」

彼らは封鎖に近づいた。

「点火！」　サムボーローナの指揮官がミーシャに叫んだ。

ミーシャはライターを擦った。するとメガフォン越しに声が鳴り響いた。

「一歩でも前に出たら、射殺するぞ！」

八人の男たちがピストルを引き抜き、ミーシャたちに照準を合わせた。ミーシャと友人たちはまるで地面に根が生えたように立ち尽くした。サムボーローナの指揮官は、点火した火炎瓶《モロトフ・カクテル》を手に少し前進したが、そこで同じように立ちすくんだ。その日、二度目に、ミーシャは頭が完全に空っぽになったように感じた。ふたたび、そこには何一つなくなった。自分の人生が走馬燈のようにということもなかった。それまで感じていた憎しみさえ消えた。恐怖も勇敢さも、単純に言って何もかもなかったのだ。

それから、ほかの者たちが走ってきた。彼らが立っていた交差点は、最初は無人だったが、いまや何百人という人びとが集まってきて警官たちに怒鳴り始めた。「なぜそんなことができる？　なぜみんなに銃を向けるんだ？」　彼らは動画を撮影し、写真を撮り始めた。そして警察を脅し始めた。「もし彼らを撃つなら、八つ裂きにしてやるぞ！」　人びとはミーシャの一団と警察のあいだに列をつくった。サムボーローナの指揮官は火炎瓶の火を消した。市民から犠牲者を出したくなかったからだ。

すっかり面くらった警察官たちは、本当に怖くなったのだろうか、銃をしまい、車に乗りこむと走り去った。それからの数時間、ミーシャや他の者たちは苦労して救急車が通れる道を作った。それが終わると、彼らはアントンの母を探しに行ったが、彼女は客が誰もいない近くのカフェに座っていた。彼らはちゃんと生きていたから、紅茶を注文した。それからようやく負傷者を運び出せるようになった救急車のサイレンに耳を傾けた。

これ以上は働けないくらい疲れきったミーシャ、アントン、フルィホーリーが家に戻ることに決めたのは、もう真夜中近くだった。地下鉄はまだ閉鎖されていて、タクシーの運転手たちは普段の料金の二、三倍を要求した。ようやく彼らは通常の料金で乗せてくれる運転手を見つけ、大学の奨学金の残りのなけなしの金でタクシー代を支払った。

ドニプロ川の対岸にある家なのに、ミーシャの耳に、まだ閃光弾の爆発する音や銃声が届いていた。おそらくマイダンは持ちこたえられないだろう。彼はこれから起きる逮捕や粛清を覚悟した。

「ママ」とミーシャは母親に声をかけた。「奴らが僕を逮捕しに来ても、驚いちゃだめだよ」。

17　リヴィウからのバス

スラヴァ・ヴァカルチュクは、二月一八日の夜、インターコンチネンタル・ホテルでの会合に向かったが、その会合は真夜中まで続いた。それが終わって家に帰ろうとしたスラヴァはホテルの護衛たちに出してもらえなかった。ホテルの外の道路ではまだ銃撃が続いていた。スラヴァはインターコンチネンタル・ホテルのガラスのドア越しに外を見た。

まず彼の耳に飛び込んできたのは銃声だった。

「それから、男が倒れるのを見たんだよ」

翌日、スラヴァは、殺されるところを彼が目撃した男はジャーナリストだったことを知らされた。スラヴァはこう説明してくれた。スパやプールを備え、外国人客も宿泊し、高級なレストランやバーもある五つ星ホテルの中では普段どおりの生活が繰り広げられているのに、ドア一枚隔てたすぐ外では殺し合いが起きているのは奇妙なことだったよ、と。

スラヴァがインターコンチネンタル・ホテルのガラスのドア越しに外を見つめていたとき、リヴィウではイルィーナ・イアレムコがバスに乗客を乗せていた。それに続く数時間で、彼女はキーウに男ばかりが乗った二〇台のバスを送り出した。数台がすでにキーウに到着していたが、男たちはもう殴られたり、放水銃でひどい目にあったりしていた。彼らは恢復するためにリヴィウに戻り、その後ふたたびキーウに向かった。

「男たちは完全に死ぬ気構えだったわ」とイルィーナは私に語った。「彼らはどこへ向かっているのかを完璧に理解していたのよ」。

私は彼女に、リヴィウに残った女性たちのことを聞いてみた。彼女たちは男たちが別れを告げ、バスに乗っていく姿を見て取り乱したりしなかったのだろうか。

いいえ、とイルィーナは否定した。取り乱したりはしていなかったわ。「だって、誇りがあったから。彼女たちは夫や息子たちのことを誇りに思っていたわ。……そう、誇りがあったからよ」。

ミーシャ・マルトィネンコはその日の朝、一〇時間ほど前に眠りにおちいったときに着ていた泥のこびりついた服のまま目覚めた。彼は、特別訓練を受けた重装備の部隊に対抗してマイダンが持ちこたえることはほとんど不可能だ、と思った。自分や友人たちはおそらく殺されるだろうとわかっていた。いま重要なのは、彼らの死に対し攻撃者たちに高い代償を払わせることだった。

ミーシャはその朝、最初に目を開けたとき、何もかも終わったのかもしれない、と考えた。だがニュースをチェックして観ると、マイダンはまだ持ちこたえていた。

ベルクト隊は実弾を使っていたし、狙撃者が屋根の上に陣取っていた。いくつかのビルは丸ごと炎に包まれていた。労働組合会館の建物は一晩じゅう燃え続けた。その水曜日の朝、マイダンで戦っている人びとの多くは、もうこれでおしまいだと考えていた。そのとき彼らは、バスがリヴィウから到着するのを目にした。

18 遺体

セルヒー・ジャダンの小説『ヴォロシロフグラード』（ヴォロシロフグラードは、現在のルハーンシク）はこうした一行から始まる。「電話というものは、さまざまな不快な出来事を人びとに伝えるために存在している」。

「革命は一日で成るものではない」と一一月二一日に学生たちに向かって語っていたボフダン・ソルチャニュックは、リヴィウから到着したバスの一台に乗っていた。二八歳のボフダンは、ウクライナ・カトリック大学で歴史学の講師だったが、その大学にはマルキヤーン・プロハーシコや、ミーシャが恋に落ちた娘のマリアが学生として在籍していたし、ヤロスラーヴ・フルィツァックが教授を、タラス・ドブコが副学長を務めていた。二月二〇日の木曜日、ボフダンはマイダンで友人のパブロー・サロとともにいたが、別行動となった。そしてあまり時間がたたないうちに、パブローはマクドナルドの店の前に積み重ねられた遺体に遭遇した。そのうちの一人がボフダンだった。

パブローは友人の携帯電話を手に取った。電話にはボフダンのフィアンセのマリチカが一七回も電話してきていた。パブローは彼女に電話しなければならないことを悟った。

マルキヤーンと彼のガールフレンドもマリチカを知っていた。マルキヤーンは自分がマイダンでボフダン・ソルチャニュックとともに死ななかったことを後悔したが、ボフダンの死は、自分が実際にはどれほど生きたいと思っていたかをマルキヤーンに悟らせた。彼はジャーナリストになってウクライナのために役立つことをしたかったし、ガールフレンドと結婚したかった。そして彼女とのあいだに二人の子どもが欲しいと願った――両方とも女の子の方がいい。

19　震撼させられた者たちの連帯

かつての反体制活動家アダム・ミチヌィクは、二月二〇日の木曜日に、ポーランドの『ガゼタ・ヴィボルツァ』紙への寄稿で、ワルシャワからマイダンへエールを送った。ポーランドの詩人ズビグニェフ・ヘルベルトの「われわれは境界に立つ／そして腕を差し出す」を引用したアダムは、「ポーランドの国民すべてとともに、私は今日、繰り返します。「われわれの自由とあなた方の自由のために」。われわれはウクライナの兄弟たちへ、連帯の言葉を送ります」と綴った。

その同日、ウクライナの若い活動家オレクサンドーラ・コヴァレヴァは、自分のフェイスブックにヨーロッパの政治家たちに向けた公開書簡を載せた。「ヤヌコーヴィチはつねにあなた方をこけにする。彼は私たちをもそうしているが、私たちは少なくとも抵抗している。あなた方は年を取り過ぎている。何が起きているか知ろうにも盲《めし》いているし、耳が遠いために叫びを聞きとれない」。それは懇願《クリーダカァ》の叫びだった。

「私の拙い英語を許してください」。コヴァレヴァはこの言葉で手紙を締めくくった。それからフェイスブックにこう付け加えた。「それからありがとう、ポーランド。あなた方の声は届いています。私たちはあなた方を愛しています」。

ポーランドとウクライナの連帯は、当然のこととして受け取れるものではなかった。一九一八年、ポーランド人とウクライナ人はお互いを敵として戦った。一九四三年、ナチスの侵略のあいだ、ウクライナ蜂起軍の戦闘員たちはポーランド人たちを教会に追い込んでから教会に火をつけた。彼らはポーランド人を銃で撃ち、農具で殴りつけて死に至らしめた。絞首刑や斬首も行われた。ポーランド側も報復を試み、ときには似たような所業に出た。結局、全部でおよそ五万人のポーランド人とおよそ一万人のウクライナ人がお互いの民族浄化の犠牲になった。戦争が終わったあと、民族ウクライナ人がポーランド領内に集中居住することをポーランド政府が好まなかったため、彼らはおよそ一四万一〇〇〇人のウクライナ人を武力で居住地から追放し、別の場所に「再定住」させたが、これは、ポーランド西部の新しく領土になった地方に分散させることだった。

だが今では、マイダンで傷ついたたくさんの者が、ウクライナの西の国境を越えて治療を受けるためにポーランドに運ばれていた。ウィーンでは、左派の週刊新聞『ファルター』が、やや保護者めいた口調とはいえ同情をこめて「キーウからの子どもたち」についての記事を載せた。ポーランドのメディアは、マイダンで戦う人びとを「ポヴスタンツィ」という言葉で表現した。「ポヴスタンツィ」、つまり蜂起したレジスタンスの闘士たちといった意味だが、これはポーランド語では特別な意味を持ち、ほとんど信仰に近い神聖さで彩られた言葉だった。それは一九世紀のポーランドで蜂起した者たちのスローガンに「われわれの自由とあなた方の自由のために」とあったのを踏まえ、戦う人間たちにのみ用いられる言葉なのだ。

一九世紀のポーランドにおける反乱はことごとく挫折している。ロマン主義の時代から一世紀が経った一九四四年八月一日、ワルシャワにおけるポーランドの地下組織は、今度はヒトラーの軍隊に対し、またもや「われわれの自由とあなた方の自由のために」蜂起した。反乱はまたも失敗し、ワルシャワはドイツ軍によって焼き尽くされた。数ヶ月後、スターリンの赤軍がビスワ川を越え、廃墟となったワルシャワを占領した。その後、共産主義政権がポーランドの首都をスターリニズムの建築で再興した。二〇一四年になっても、スターリンがポーランド人に与えた記念碑と言える文化科学宮殿は、ワルシャワの中心部に聳え立っていた。キーウが燃えているあいだ、ワルシャワは科学文化宮殿をウクライナ国旗の色である黄色と青にライトアップすることを決めた。それは、チェコの哲学者ヤン・パトチカならそう呼んだと思われる「震撼させられた者たちの連帯」のジェスチャーだった。「震撼させられた者たち」とは、奈落の底へ落ちることを味わい、死との個人的な遭遇や、人生の意味の変容を経験した人びとのことである(「無」につまずき、境界は乗り越えられず、そして生きてゆくにつれ変わってしまうのが、ここでの人生である)。

これは許した者たちの連帯でもなければ、忘れた者たちの連帯でもなかった。「震撼させられた者たちの連帯とは、理解している者たちの連帯という意味だ」。そうパトチカは記している。

アンジェイ・ワイダ監督の伝説的な映画『鉄の男』は、一九六八年三月に共産党の検閲や抑圧に抗議しようと街頭に出た学生たちを扱っている。学生の一人が家に帰り、グダニスクの造船所で働く父親に支援を頼む場面がある。それを拒絶した父親は、息子を殴って彼を自室に閉じ込める。父親はこう主張する——今はふさわしい時ではない、ふさわしい時がきたならともに歩もう、と。だが部屋に閉じ込められた息子はこう誓う。「冗談じゃない! 絶対にともに歩んだりしないさ」。このワイダの映画では、二年後に起きた一九七〇年一二月のグダニスク造船所のストで、父親が息子に共闘を求める。そして息子は、煎じ詰めればこう父親に答える。「父さんは二年前には僕らを見捨てた。くたばってしまえ」。父親は一人で出かけ、造船所での衝突で命を落としてしまう。こうした短いシーンをつなげて、アンジェイ・ワイダは、造船所ストから一〇年以内に起きたポーランドの「連帯」運動の奇蹟を描き出す。右派と左派ばかりでなく、カトリック教徒とマルクス主義者、さらに、労働者とインテリ、父と子が結集したという奇蹟を。

「連帯」を経験したたくさんの者にとって、マイダンは、生きていても二度と見ることはできないと決めてかかっていた奇蹟に思われたのだ。それほどたくさんの分断を乗り越えて団結したのはほんの一瞬だったが、それは大半の人びとが経験しえない瞬間と言えた。それは、一九八〇年のポーランドと同じように、ハンナ・アーレントの呼ぶところの「革命の宝」だった。「それは、まるでファタ・モルガーナ［モーガン・ル・フェイの魔術によってつくられる「蜃気楼」を指す］であるかのように、最も多様な局面において、予期されぬままいきなり現われて、また別の神秘的な状況のもとで消え失せてしまうのだ」。アーレントは、それは「勝利や敗北を超えた」宝なのだと記している。

「革命は魂の領域におけるイベントである」。「連帯」につき従っていた神父で、哲学者司祭のユゼフ・ティシュネルはそう記している。「一人ひとりの人間が変わったのだ。新しい人間のなかには、かつて奴隷、召使い、労働者を形作った肉体の痕跡はもう存在しない。人びとは、たとえそう望んだとしても、もとの姿を取り戻すことはできない。今や、彼らは違った骨格を有しているのだ」。かつてレオニード・フィンベルグは、編集者としてハンナ・アーレントの『全体主義の起原』を出版した。また彼は、アダム・ミチヌィクとユゼフ・ティシュネルとのあいだの「連帯」についての談話をも刊行した。そして今、レオニードはマイダンにおける活動家たちにその談話のコピーを配っていた。アダム・ミチヌィクとユゼフ・

ティシュネルが描写しているものは、この瞬間のウクライナ人に特別な意味を持っていると、レオニードには感じられたのだ。

二〇一四年の東ヨーロッパは、共産主義の崩壊から二五周年という節目の年を祝っていた。かつての反体制派たちは自らに問いかけた――いったい「連帯」はどうなったんだ？　ポーランドの演出家クルィストーフ・チィジュフスキーには、「ポーランド人たちは、すべての問題に対して西側ができあいの解答を用意してくれていると、あまりに安易に決めてかかってきた」ように思えた。個人の自由を追求し、それに成功したことは「疎外感やエゴイズムや孤独という苦い味のするもの、それればかりか鬱病までをもたらした――鬱病は、自由な社会における最もありふれた病である」。

ポーランドの哲学者であり、「連帯」にも参加したマルチン・クロルはこう述べている。「私たちは、穏やかな経済的危機、深刻な政治的危機、劇的な文明の危機、そしておそらく致命的な精神的危機に対処しているところだ」。

「致命的な精神的危機とは何ですか？」とジャーナリストが彼に尋ねる。

「私たちが自分に疑問を投げかけるのをやめてしまったことだよ」

「どういった疑問をですか？」

「形而上学的な疑問だよ。たとえば、悪《イーヴル》がどこから来るのかを、もう誰一人として考察しようとしない」。

この章の最初に出てきたアダム・ミチヌィクも同意見だった。二〇〇三年、彼はヴァーツラフ・ハベルにこう述べている。「これは形而上学を必要とする文明です」。

マイダンは、形而上学の復権だったのだ。

20　人の肉の焼ける臭い

二月一九日の水曜日、マイダンがまだ持ちこたえていると知ったあと、ミーシャは友人のゼニアのもとを訪れた。ミーシャはひどく弱っていて身体じゅうが痛んでいたし、マイダンに戻るには充分な強さを取り戻していないと感じていた。彼らは燃えている戦車を撮影した録画の流れるニュースを見た。

「ミーシャ、明日はまたマイダンに行くのかい？」とゼニアが聞いた。

「行かなきゃいけないって点では、イエスだな」

「僕も君と行くよ」

「ゼニア、落ち着いてくれよ！　今君が行く場所じゃないよ」

「僕にどうすべきかを教えないでくれ。君より年上なんだぞ」

木曜の朝になっても、行かなきゃいけない場所だった――マイダンはまだ持ちこたえていたからだ。ミーシャは九時ころゼニアの家に寄った。

「ゼニア、気は変わったかい？」

「いいや」

「マイダンでは人が撃たれているんだぞ」

「僕の気持ちは変わらないよ」

そこで木曜の朝、ミーシャとほとんど盲目のゼニアは、そろってマイダンに出かけた。このときミーシャはバックパックさえ持たず、顔を覆うスカーフのみ用意していた。

「もし僕が恐れていなかったと言ったら、それは嘘になるな」。そうミーシャは私に語った。

彼らはインスティトゥーツィカ通りに行ってバリケードを補強した。タイヤを運び、石を手渡ししてゆく人びとの列に加わったのだ。女たちがサンドイッチを運んできて、男たちは働きながらそれを食べた。

それから誰かが叫んだ。「狙撃手だ！　退避しろ！」。人びとの列はちりぢりになった。男たちは逃げて隠れたが、それから戻ってきた。そうしたあとで、ミーシャはともにバリケードを補強していたアフガニスタン戦争の退役軍人である年配の男性に向かって、何が起きているのか、狙撃手はどこに隠れているのか、と聞いた。

「知らないのかい？」

「僕たちは一時間半前にここに着いたばかりなんです。知らないんですよ。ただ射撃が始まったことしか……」

「奴らは、ここにいる一〇〇人ばかりをもう撃ちやがったんだよ」

ジェンダーに応じて労働の分業がなされていた。男たちはバリケードを築き、女たちは火炎瓶《モロトフ・カクテル》を作った。ミーシャは女性たちのところへ行き、火炎瓶の入った箱の一つを前線に運ぶことを申し出た。箱を運んでいるとき、突然、彼は自分が狙撃手のスコープに捉えられ、こちらからは見えない屋根の上の狙撃手の標的にされているように感じた。彼は突然、恐怖でいっぱいになった。爆発物の入った箱を落としてマイダンから逃げ出したい、という衝動に駆られた。そのときに見知らぬ男がその箱を運ぶのを手伝おうと申し出てくれなかったら、彼は実際にそうしていたかもしれない。ミーシャの恐怖は、やってきたときと同じように即座に消えていった。

あとでミーシャは母親から、その日のキーウではパニックが発生したことを聞いた。キーウ市民は車にガソリンを給油するのにガソリンスタンドで列をつくり、ＡＴＭから引き出せるだけの現金を引き出し、食料品店の棚を空にした。ミーシャの母親は斧を購入した。

マイダンでの雰囲気は、だいぶかけ離れていた。ミーシャの説明によれば、そこに恐怖はあったがパニックはなかったのだ。

あとになってインスティトゥーツィカ通りに戻ったミーシャは、バリケード補強の列にふたたび加わった。彼はだいたい四〇メートルほど離れたところからくる銃撃音を聞き、武器を持たない男性が首を撃たれて倒れるのを見た。

ミーシャとゼニアに、ゼニアの友人である写真家が合流した。彼は燃え落ちた労働組合会館からやって来たところだった。その場所の臭いはほんとうにひどかった、と写真家は言った。

「どんな臭いだったんだい?」とミーシャは聞いた。

「人の肉の焼ける臭いだよ」

21 「君たちは全員が死ぬことになる」

ポーランド人は、ウクライナ人と他のものも分かち合っていた。歴史的経験からして、ロシアから救ってくれるよう西側を頼みの綱としないという教訓である。二月一九日にキーウが炎上しているときにキーウに行くことを決めたのがポーランドの外相ラドスワフ・シコールスキー[†1]だったのは、偶然ではなかったのだ。

二月二〇日の木曜日、午前八時半頃に一斉射撃が始まった。映像作家のオレクシー・ラドンシキーはホテル・ウクライナの一五階に投宿していたが、インスティトゥーツィカ通りで狙撃手による虐殺が繰り広げられているのがよく見えた。ポーランド外相シコールスキーは大統領府へ向かうところだった。最初に彼はマイダンに行こうとしていたが、ヤヌコーヴィチ大統領の部下たちから、マイダンでは彼や彼のボディガードたちの安全は保証できない、と告げられたのだ。

シコールスキーはヤヌコーヴィチには以前から数回ほど会っていて、相手が自分にある程度の信頼を寄せるようになったと思っていた。ヤヌコーヴィチは、ポーランドがEUのなかではいちばんのウクライナ擁護者であると知っていた。ポーランド政府は公式な立場として、「ヤヌコーヴィチ大統領はたんに連合協定への署名を延期しているだけで、EUとの交渉は続けたがっている」としていた。さらにシコールスキーは、ユリア・ティモシェンコに夢中になっているわけではなかった。以前シコールスキーは、ヤヌコーヴィチと対話したあとで、こんな風に述べていた。「私はユリアについてヤヌコーヴィチ氏に熱弁を振るうつもりはなかったし、彼の方も私がユリアの擁護者ではないことを理解していた」。

その木曜日の朝にシコールスキーとヤヌコーヴィチが会っていたときにも、マイダンは炎上していた。バンコヴァ通りの大統領府の建物はマイダンからおよそ八〇〇メートルしか離れておらず、インスティトゥーツィカ通りにはすぐに出られた。シコールスキーが大統領府に近づいてゆくと、煙がビルの中へと風に吹かれて漂っていた。だがひとたび建物に足を踏み入れると、そこの雰囲気は「奇妙なほど消毒でもさ

†1　ラドスワフ・シコールスキーは、一九六三年生まれ。ジャーナリストから政治家に転身。国防大臣、外務大臣などを歴任し、現在はヨーロッパ議会議員。夫人は、『グラーグ――ソ連集中収容所の歴史』、『鉄のカーテン』などの著書を持つピューリッツァー賞ジャーナリストのアン・アプルボームである。シコールスキーは、本書二六頁にも登場している。

れているかのように」感じられた。

シコールスキーがキーウに赴くことを決意した背景には、ＥＵの外務・安全保障政策上級担当のキャサリン・アシュトンの賛同があった。ドイツ外相のフランク・ヴァルター・シュタインマイヤー、それに短いあいだではあるがフランスの外相ローレン・ファビウスもキーウで彼に合流した。彼らはＥＵの代表として列席していた。プーチンはロシア連邦人権委員会の代表、ウラジーミル・ルキンを送り込んだ。年長で外交に精通したルキンが袋小路を打開する創造力は、シコールスキーも認めるところだった。

シコールスキーはヤヌコーヴィチについてこう述べた。「一番難しかったのは、すきを見て口を差し挟むことだった。そうすると相手を座らせて話しかけてくるんだがね」。

ヤヌコーヴィチは狡猾で、シコールスキーは率直だった。シコールスキーが面倒なことになると考えていたことは、奇妙なほどたやすく解決した――プーチンと四五分間にわたる電話を交わしたあと、ヤヌコーヴィチは大統領としての任期を短縮して前倒しで選挙を行うことに同意した。さらに彼は、大統領の権限を制限していた二〇〇四年の憲法を復活させることにも同意した。

おそらくプーチンは、ヤヌコーヴィチがロシアへ亡命するのを体よく断っていたのだろう。その電話でプーチンが何を言ったのかまでは、シコールスキーにはわからなかった。

スラヴァ・ヴァカルチュクは、その日の朝五時にマイダンに戻っていた。六時頃になると、彼は家に戻って休んだ。数時間後、「胸騒ぎがした」彼は目を覚まし、友人に電話した。その友人は、人びとが殺されているからマイダンには来るな、とスラヴァに忠告した。代わりに彼らは議員たちに働きかけていた。スラヴァが一二時半から一時のあいだに議会に着いたとき、彼の耳には街なかでの射撃音が聞こえていた。議会に入って検問所を通り抜けると、彼は議員たちに虐殺を止めるよう懇願している数名の者たちに合流した。一線が越えられつつあった。今議員たちが止めなければ、彼らも殺人者ということになろう。スラヴァと友人たちの言葉には説得力があり、議員たちは動議を可決した。動議には法的な拘束力はなく、たんに象徴的なものだったが、それでもスラヴァは、動議の精神的な効果は大きいと信じていた。ヤヌコーヴィチには、刻々と議会での多数票を失いつつあることや、彼の「地域党」が分裂しつつあることがわかっていた。

その数日前から、ヤヌコーヴィチは国じゅうの警察やベルクトの部隊を召集していた。多くの部隊が応じた。だがとりわけウクライナ西部では、離脱し「人民の側に立つ」部隊がこれまでになく多かった。ポーランド文学の翻訳家であるアンドリー・パブリッシンはリヴィウの活動家たちの集団のなかにいたが、彼らはベルクト隊員がキーウに向かうのを防ごうと、ベルクト隊のリヴィウ本部まで急いだ。アンドリーが私にこの話をしてくれたのは夕方の遅い時間で、私たちはリヴィウの町をゆっくりと散策していた。彼は一九三九年から一九四一年のソヴィエト支配の期間の歴史的遺跡に私を連れて行ってくれた。ポーランドのスターリン主義の悪名高い新聞が編集されたオフィスや、四名のポーランドの詩人がそこでNKVDに逮捕されたレストランなどだった。私は思わず彼を見た。中年のやや太った男性……。彼が訓練を受けた機動隊員と戦って勝つことを想像するのは難しかった――むろんその機動隊員が負けたがっているのなら別だが。アンドリーもまた同じ印象を抱いていた。たしかにベルクトッシの連中は建物から出ようとしたが、しゃにむにというわけじゃなかったね……。

ミーシャとゼニアがバリケードを造り、ミーシャの母親が斧を購入しているあいだに、ラドスワフ・シコールスキー外相はヴィクトル・ヤヌコーヴィチと話していた。彼の治安部隊が虐殺を行っているのに、ウクライナ大統領であるヤヌコーヴィチは「かなり硬直したブレジネフ流のスタイル」を堅持していた。

ポーランド外相は、彼らが会話を交わすうちにも、ますます多くの人びとが殺されていくのを知っていた。そして会話が長引けば長引くほど死者の数が増えることも理解していた。だがヤヌコーヴィチはあまり感情を表に出さなかった。

シコールスキーはのちに私にこう語った。「ヤヌコーヴィチはあまり聡明ではない。彼には想像力が欠けているんだ」。

夕方になって、野党の指導者たち、つまりウクライナ民主改革連合のヴィタリー・クリチコや、スヴォボダ党のオレフ・チャフニボク、ユリア・ティモシュンコ率いる全ウクライナ連合「祖国」のアルセニー・ヤツェニュクが彼らに合流した。マイダンを支配したことはなかったが、野党指導者たちは初めからマイダンの味方をしていた。シコールスキーは、クリチコ、ヤツェニュクとヤヌコーヴィチのあいだには敵意が感じられないことに注目した。夜中、彼らはともにウォッカを飲んだが、交渉の雰囲気は「驚くほどとげとげしさがなかった」。彼は驚きはしたが、ショックは受けなかった。

交渉は一晩じゅう続いた。金曜日の朝、彼らは合意の文書を用意した。ヤヌコーヴィチは遅くとも一二月までに大統領選挙を実施するが、それまでは大統領職にとどまるものとされた。銃撃戦の停止が決定された。クリチコとヤヌコーヴィチは握手を交わした。だがクリチコはマイダンの代表者たちに合意文書に署名させるのに失敗してしまった。その時点までに一〇六名と考えられる人びとが、多くは狙撃手によって殺されていた。彼らのほとんどが若い男性であり、父親であることも多かった。なかには、妻に先立たれたシングルファーザーもいて、三歳の娘を残して死んだ。チョルノービリ原発事故の犠牲者であった六一歳の女性、二〇一三年のデフリンピックの一九歳のメダリスト、サンクトペテルブルク出身でソヴィエト海軍を退役した八二歳の老人、視覚カルチャー・センターの上映会でユスティーナ・クラヴチュクと親しくなったクリミアから来た三四歳の無政府主義者もいた。

クリチコはシコールスキーに電話で助けを求めた。

「彼らは文字どおり、仲間が殺されるのを目の当たりにした……だから難しい説得《タフ・セル》だったんだよ」。ラドスワフ・シコールスキーはそう私に説明してくれた。

シコールスキーは、マイダンの代表者たちに向かって真情に溢れた説得を行った。彼はポーランドで「連帯」の時代に成人した。「連帯」は奇蹟だったし、マイダンに似ていなくもなかった――両方とも、社会的な分断を乗り越えた、真に大衆的な抗議活動であり、不道徳な政権を眼前にして道徳的な価値観を情熱的に主張していたからだ。シコールスキーはマイダンの代表者たちにこう述べた。「われわれは一九八一年には、政権の強さを過小評価してしまいました。よってわれわれは戒厳令と大量拘束を経験したのです。だから今はこれに合意し、あとになってより多くのものを要求する方がよい」。それがシコールスキーの助言だった。

それでも、マイダンの代表者たちは合意を受け入れることを渋った。

シコールスキーは最後には彼らにこう告げた。「もしこれを支持しないのなら、戒厳令が敷かれ、軍隊がやってきて、君たちは全員が死ぬことになるんだぞ」。

22　ポルノ風の肖像画

結局、三二名のうち四名を除いては、同意書に署名した。

一時間後、ラドスワフ・シコールスキーはマイダンにいた。彼にとってそれは最も満足できる瞬間だった——銃撃が停止したのだ。機動隊は解散して景観のなかに溶け込んでいった。だが、色彩は戻らなかった。小説家のユーリー・アンドルホーヴィチは、まるで全員がドンバスの鉱山から出てきたように、何もかもが灰と煤にまみれて黒く変わってしまったことに衝撃を受けた。

二六歳のヴォロディームル・パラシュークが息を切らし、髭も剃らないままステージに立ち、自分のスヴォボダ党の連隊《ソートニャ》の隊員のうち生き残れなかった人間たちについて語ったときには、もう太陽が沈んでいた[†1]。ヴィタリー・クリチコもステージに立った。群衆がパラシュークとともに「恥を知れ！　恥を知るんだ！」と叫んだとき、ボクサーあがりのクリチコの顔は、鑿《のみ》で削られたように厳粛に見えた。パラシュークは四九歳になる父親とともにリヴィウにやってきた。父と子はバリケードで並んで戦った。ヴォロディームル・パラシュークが話しているあいだにも、死者を収めた棺が蓋を開いたまま群衆のなかを通過した。パラシュークは、殺戮者のヤヌコーヴィチとは絶対に妥協するな、とマイダンに向けて呼びかけた。

ミーシャはヴォロディームル・パラシュークの言葉に耳を傾け、それに同意した。ヤヌコーヴィチは虐殺を命じたばかりなのだ。だから彼は大統領にとどまるべきではない。一二月までどころか、あと一日たりとて彼がその職にあることは許されるべきではないのだ。ミーシャは遺体が運ばれてゆくところを見て、ボフダン・ソルチャニュックが殺されていたことを知った。ミーシャは心に期した。「あの獣どもに勝たせてはならない！」

「ママ」。家に帰るとミーシャは母に告げた。「明日はまたマイダンに行くよ」。

「またってどういうことなの？　あなたに何ができるの？」

「ママ、彼が大統領にとどまることは許されないんだ」

「それで？　あなたは人を殺したいの？」

ミーシャは私にこう述べた。「それから僕は自分自身に言ったんだ。「そうだよ、ママ。もしそれが必要なら、そのつもりになっているよ」」。

だが最終的にそれは必要ではなかった。ラドスワフ・シコールスキーは、その合意書でヤヌコーヴィチ政権には終止符が打たれるだろうと思っていたが、おそらくそれは数週間後だと予想していた。だが現実には、政権の余命はわずか数時間だった。ヤヌコーヴィチは逃亡した。抗議者たちは、メジュヒーリャの彼の贅沢な住まいになだれ込み……ボクシングのリングや、アンティーク・カー、ダチョウもいる個人動物園、エキゾチックな鳥のコレクションに交じって……裸のヤヌコーヴィチを描いたポルノ風の肖像画と金でできている一斤のパンを発見した。抗議者たちは彼の別荘を略奪したりはしなかった――オレクシー・ラドィンシキーは、彼らが「革命的な破壊の精神より、上流階級の富裕にブルジョア的な興味」を抱く実例を示したことにも別に感銘は受けなかった。メジュヒーリヤに詰めかけた何千もの人びとは、破壊する代わりに、ヤヌコーヴィチの住まいをそのままにして退散した。そのままにしたのは、そこが馬鹿げた自己顕示に溢れた、オリガルヒによる暴政の博物館だったからだ。

二月二二日の土曜日、マイダンは人で埋め尽くされた。それはキーウの美しい日で、摂氏九度、陽光が降り注ぐ季節外れの温かさだった。ティトゥーシキはいなくなっていた。シャツも着ていない男たちがド

---

†1　ヴォロディーームル・パラシュークについては次で観ることができる。ヴィタリー・クリチコの顔も映っている。
https://www.youtube.com/watch?v=4ys0FDfXQak.

ラムを叩いていた。人びとはステージで詩を朗読した。議会はユリア・ティモシェンコを解放した。解放されるとまっすぐマイダンを訪れた彼女は、葡萄酒色の車椅子に座ったままマイクのところまで連れられていった。相変わらず農婦風に三つ編みにした金髪を頭の周りに巻きつけていたが、獄中で老けたように見えた。

「あなた方のことを誇りに思います」。彼女は、群衆に向けて、まるで彼らが彼女の子どもであるかのように語りかけた。

彼女の口調には、エビータ・ペロンとサラ・ペイリンを混ぜ合わせたような、保護者然とした響きがあった。群衆に語りかけるその口調は、群衆によって解放されたにもかかわらず、彼女の方が彼らを解放したかのように聞こえた。

23　革命の魂

ミーシャの語るところでは、「そのあと僕は、夢遊病者さながら、ゾンビのように歩き回った」。

ミーシャばかりではなかった。二月二一日のあと、ほとんどの人びとが家に帰ったが、マイダンに残った者たちもいた。彼らは何週間ものあいだ、催涙ガスや警棒、放水銃や閃光弾に囲まれて生活していたのだ。人びとが目の前で殺されるのを目撃した。なかには体の一部を失った者や正気を失った者もいた。サイコセラピストたちに対し、マイダン広場に集まるようにというメッセージが投稿された。ユルコ・プロハーシコはただちにマイダンに向かった。それは過去数週間、自分がマイダンにいなかったことを埋め合わせられる、初めて訪れた機会だった。今や彼は、二月の終わりのいく晩かをキーウで過ごし、精神の安定を失った人びとと向き合って、「あなたは一人ではない」と語りかけることに時間を費やしていた。誰も休まなかった。これは革命であり、眠るのは許されない、という雰囲気があたりに漂っていた。革命が起きているというのに、いったいどうしたら眠ってなどいられるのだろうか。

マイダンをさまよっている人びとは錯乱状態だった。ヤヌコーヴィチが逃亡し、革命の規律がマイダンを支配していた時期は終わっていた。アルコールを飲む人びとがまた現れた。

「彼らは言っていたよ。どうやったらアルコールを口にできるんだってね」とユルコは語った。「何も終わっていないのにどうやったら、ってね。どんな瞬間に危機が戻ってくるかもしれないのに。アルコールを飲んで、殺された人たちの思い出を裏切ることなどどうしたらできるんだろう、ってね」。

ある者たちは、二〇〇四年の事態、つまり彼らが家に帰ったあとでヴィクトル・ユシチェンコに裏切られたことを思い出していた。今回はそうはさせまい。今回こそ……さもなければ、何ヶ月もマイダンに立ち尽くし、そこで凍え、殴られたことが無に帰してしまう。今回こそ、革命が成就するまでここにとどまるのだ。そして政治家たちが革命の要求を履行しなければ、新たなマイダンを実行し続けるのだ。それでも駄目ならまた次のマイダンを……。彼らは、死にゆくのを目の当たりにした人びとに対する責任を感じた。革命が最後まで成し遂げられるのをしっかり見届けるまではマイダンにとどまるのが彼らに対する責任だった。そこには共有する感情があった――数日前に自分と一緒にお茶を飲んだ男が死んで横たわっているのだから、この場を去るのは彼への裏切りを意味する、という感情だった。

ユルコの最も長い対話は四時間も続いた。それはこん棒とヘルメットを身に着けてマイダンを一周していた年配者とロシア語で交わされたものだった。彼はソヴィエト軍の元将校で、そもそもの発端から学生たちとマイダンにとどまり、一一月三〇日には彼らと一緒に殴打された人物だった。ユルコが彼に会った夜はそうした殴打があった記念日だった。一二月と一月の末日には、この最初の暴虐を追悼するためのミサがマイダンで挙げられたが、それはいつも攻撃が開始された午前四時に始まった。その日は二月の末日だったのに、初めてミサが行われなかった。その男性はヘルメットを被り棍棒を持ってマイダンを走り回り、ミサがどこで開かれているのか教えてくれる人間を探していた。

この年配の元将校のような人びとは、革命が終わったと信じることができなかった。彼らは革命家であることをやめられなかったのだ。

「僕は彼らに、革命が終わったとも、あなた方は英雄だ、僕にとっての英雄だ、とも伝えなかった」とユルコは言った。本当のところ、革命はまだ終わっていないし、そのうえそうした言い方は何も生み出さない、と彼は理解していた。そのかわりユルコは彼らにこう言った。「そう、そのとおりです。革命は終わっていない。だけどお願いだから、家に戻って休んでください。そうしたあとで、革命を起こすのを続けてください」。

ユルコにとってそれはフロイトが呼んだ「逆転移」（ゲーゲンイューバートラーグンク）の起きた瞬間だった——歓喜の感情、彼にとって英雄だった人びとへの感謝の気持ちだったが、と同時に、プシケに危機が迫っているという赤信号が点灯したような感覚でもあった。それは尋常ではない体験だった。サイコセラピストとしてのユルコにとって重要な意味を持っていた。つまるところ、この瞬間にサイコセラピストとして役立つのでなければ、いったいいつ役に立てるのだろう。キーウで人びとが殺されているあいだも、自分はリヴィウにとどまり家族と一緒だったという罪悪感があったから、その点からもユルコには重要な意味を持った。それに、革命の魂についての洞察力を与えられたというところからも、きわめて重要な体験と言えた。

「なぜなら、僕はすべてを理解したんだよ」。そうユルコは私に語った。

僕は、この力学、つまりなぜ人びとが革命を必要とするのか、なぜ革命を起こすのか、なぜほかの手段ではいけないのか、なぜ自らを捧げるのかを理解していた。僕は献身というものを理解していた。だが、一つのことだけは理解できていなかった――このあたりが僕自身の体験の限界だったんだろうがね――僕はある人物が死ぬ覚悟をする瞬間を理解していなかった。そしてマイダンで僕はそれを理解したんだ。……それは、人びとが君のために死ぬ覚悟ができていて、君のためなら傷つくこともいとわず、君が負傷したなら君を運ぼうとする、そんなときに君が経験する、自分の分《ぶ》を超える動き、つまり離脱なのだ……そう積極性が現れるんだ、積極性とは一種の歓喜の状態であり、人間に与えられた可能性への驚嘆であり、他者への大きな感謝の念であり、雅量と献身を伴う熱狂（ベガイスタールンク）なのだ。

そして大がかりな連帯の経験。……そのどれほどがエロスであり、どれほどがタナトスなのかはわからないが、いずれにせよそうした状態に置かれると、こうした大がかりな連帯の経験が自分一人の命よりも価値があるのだ、と感じるのだ。そういった人びとの心のなかでは、死の恐怖は単純に消えてしまい、もし君が僕のために死ぬならば、僕も君のために死ぬ覚悟ができている、という確信が生じてくる。後悔はない……もちろんその確信は時間とともに過ぎ去ってゆきはするが、確信が生じた人びとのなかでだけだ。なぜって、多くの人びとはそうした経験を味わえないからだ。彼らはバリケードに行くこともない。彼らは隠れるか、あるいはそもそも出かけたりしない……僕はそれが良いか悪いかを論じているのではない。それは問題ではないのだ。問題はまた、それが過激思想かそうでないかではなく、あるいは革命を非暴力のままにしておいた方がよかったのかといったことでもない。ここは理解しなければいけないんだが、問題は何かといったことについては割り切って考えなければ、僕たちは革命について結局何一つ……何一つだよ……理解することができないのだから、そんな問いかけは現象論的なものに過ぎないのさ。

24　透明性の弁証法

ユーゴスラビアの哲学者ガヨ・ペトロビッチはこう書いている。「革命は、真に人間的な社会、そして真に人間らしい人間を作り出すことによって、自己疎外をなくすべきだ」。

他のすべての革命と同じく、マイダン革命はラジカルな偶発性の瞬間、つまり何もかもが違ったように起きたかもしれない瞬間を伴っていた。ムスタファ・ナイエムが一一月二一日に、「さあ、真剣になろう。……「いいね」を付けるだけじゃ駄目なんだ」という短いメッセージをフェイスブックに載せなければ、あるいはマイダン革命は実現しなかったかもしれない。「「いいね」を付けるだけじゃ駄目なんだ」というテキストそのものが、フェイスブックの登場以前には何の意味も持たなかったろう。それは、二一世紀における革命のスローガンになった。

マイダン革命はフェイスブック上で誕生した革命であり、フェイスブックなしには実現しなかった。フェイスブックとツイッターは、誰がどのような助けをどこで必要としているか、誰が負傷して誰が無事で、誰が生きていて誰が亡くなったのかを、それぞれの友人や家族に伝えた。またそれらのメディアは、革命に参加した者たちが自らのナラティヴを管理する手段でもあった。参加者やシンパたちは、「緊急！　最大限の拡散《リポスト》を！」や「可能な回数拡散《リポスト》！」といった書き込みの添えられたテキストや動画を投稿した。プロパガンダ戦争において、プーチンやヤヌコーヴィチは公的メディアにおいては勝利したが、ソーシャルメディアでは敗北を喫した。

ソーシャルメディアというテクノロジーは、ゴルバチョフ時代にユルコ・プロハーシコとタラス・プロチャスコ、タラス・ラトゥシュニーらの世代が街頭に繰り出したときにはとうてい想像もつかなかった透明性をもたらした。テクノロジーの革新は、量的変化があまりにも大きくなって質的変化に転じる瞬間、規模の変化が種類の変化になる瞬間……そのようにヘーゲルが説明した状況をもたらした。マイダン革命は参加者自身がカメラを方々に据えつけたようなものだった。ウクライナの革命はユーチューブで革命そのものをライブ配信したので、世界中の誰もが、ウクライナ人が撃ち殺されるところをリアルタイムで観ることができた。

映像作家のオレクシー・ラドィンシキーは、自分のカメラマンたちとともに最初から最後までマイダンにとどまった。彼は別に自分が人目を引く動作をしているとは思わなかった。誰も彼もが撮影していたようにに見えたからだ。たとえそれが携帯電話に過ぎなくても、誰もがカメラを持っていた。時には二本の自由な手を持っている人間を探すのが難しいことすらあった。一方の手でカメラをかまえ、もう一方で石を投げることすら可能なのが、まもなくあきらかになった。「プロイズヴォール」（恣意性と暴政）［用語解説5参照］という言葉の本質は、権力者《オーソリティ》に弄ばれ、主体としてではなく客体として扱われることを意味した。「プロイズヴォール」に反対する革命は主体性の主張となり、マイダンにいた人びとにとっては、透明性を現実のものとすることが主体性を獲得し、自分たちの物語を紡ぐ手段であった。
マイダンについて話し合ったとき、ポーランドの歴史家の友人は考えにふけりながらこう言った。「「主体性」か。「連帯」の時代が過ぎてからは、その言葉について考えてはこなかったよ」。

近現代の人間疎外の問題を克服しようという欲求に従って、民主主義と権威主義は、それぞれ違った方法ではあるが、長いあいだ透明性を志向してきた。つまり民主主義は政府の透明性を、権威主義は個人生活の領域の透明性を、である。だが、完璧な知識、そして自我から世界への架け橋……それらを約束した民主主義・権威主義どちらにも共通する透明性こそが、内面性の破滅の兆候を示した。若い救急隊員のオレーシャ・ジュコーフシカが首から血を流しながら「私、死んでゆくところよ」と携帯電話でツイートしたとき、そのツイッターのメッセージは数分のうちに世界中を駆けめぐった。彼女を知らない世界中の人びとにもオレーシャ・ジュコーフシカは実在する一人の人間になったが、それと同時に、そのメッセージは死からその内面性を奪ってしまった。ただ、この内面性を自分で損なってゆく過程が、自我を主張する手段ともなったのだ。

キーウでは医師たちが緊急手術を行い、オレーシャの命は結局救われた。だが透明性と主体性の弁証法は、なおもそこに存在した。マイダンは、個々人の自我について言えば、それを達成させたと同時に損ない、充足させると同時に圧倒してしまう場所だった。そして犠牲になったのは個人のプライバシーだった。
「秘密がなければ、友情も存在しないんだよ」。政治理論家のイヴァン・クラーステブは私に向かってそう語ったものだ。

25　チェーホフの銃

タラス・ドブコは、革命のあとのマイダンが、死を連想させるような気味の悪い場所になることを恐れていた。ウクライナ大統領選挙が近づいてくる五月半ばまでには、マイダンに流れている時間は、もはやカーニバルでもなく超絶を感じさせるものでもなくなっていった。マイダンにはいまだにテントが張られ、そこに住む人びとは鉄の大釜でスープをつくっていた。これらの人びとが、冬のあいだじゅうそこにいた人たちと同じかどうか、他にいくところがない者たちなのか、家に帰るという現実に直面する勇気がなかったのか……そうしたことは誰にも定かではなかった。何人かは迷彩服を着こんでサムボーローナと名乗っていた。おそらく彼らのうちいくらかは、冬のあいだ実際にサムボーローナに所属していたのかもしれなかった。ステージはまだ傷つかずに存在していた。二月一八日から二一日にかけて多くの銃撃が行われたインスティトゥーツィカ通りは、マイダンからやや湾曲して坂を上っていく。その丘は、追悼の品々や献花、そして今では「神々しい一〇〇人」（ネベスナ・ソートニャ）と総称される死者たちの写真で覆われていた。

追悼の品々が並んだ隣に、私は一人の男が死んで横たわっているのを目にした。彼は、頭は歩道に載せていたが、その顔は血だらけだった。婦人警官が彼の写真を撮影していた。制服は超ミニで、極端に高いヒールを履いていた。見ていた私は、この場面は果たして現実のことだろうかと思った。たしかに婦人警官がミニスカートをはくことはあっても、このハイヒールはちょっと想像できない。だが私は間違っていた。それは疑う余地のない現実だったのだ。

キーウでのその日の晩、私はウクライナ人の同僚に、マイダンにとどまっている制服を着た男たち、つまり自らサムボーローナと名乗っている男たちについて聞いてみた。いまやマイダンには何か不吉なものが感じられた。

そう、たしかにそのなかの何人かは武装しているね、と彼は私に告げた。「そして君も知るとおり、チェーホフの劇のなかでは……」。

その感覚は私が感じていたものと同じだった。ロシアの劇作家アントン・チェーホフは、「チェーホフの銃」と呼ばれるドラマトゥルギーの鉄則として、ひとたび銃が舞台に登場したなら、それは最後の幕が降りる前に発射されなければならない、と考えていたのだ。

第Ⅱ部　キーウの東での戦争

26　ロシアの旅行者たち

二〇一四年の春、ウクライナ・カトリック大学は救急処置の講座を開いていた。タラス・ドブコの学生たちは準軍隊式の訓練に志願していた。来たるべき戦争は、パルチザン戦になる可能性があった。

タラス・ドブコは二〇一四年の四月に私に語った。「何が起きてもおかしくない、というある種の了解が私たちのあいだにはあるのですよ」。

共産主義が崩壊して四半世紀後、これこそが東と西のあいだにいまだに残されている分断だった。西ヨーロッパの人びとは、アメリカ人と同じようにだが、たとえ潜在的であったとしても、自分たちの国では現実に対しては制約が存在しているし、国境はそのまま存続するだろうし、いくらかの限界は越えられることはないだろう——そう信じがちだった。だがそれとは裏腹に、東ヨーロッパの人びとは、自分たちの国では何でもありさとわかっていた。

翻訳家でエッセイストのユルコ・プロハーシコは、二〇一四年二月初めにドイツの新聞社によって企画された座談会で、ウクライナ西部に住むウクライナ人作家たちはウクライナ東部に住む作家たちとはきわめて異なる状況に置かれている、と指摘した。ガリツィア地方ではすべての人間が革命の側についていた。

だがユルコによれば、たとえばセルヒー・ジャダンはウクライナ北東部のハルキウに住んでいるが、そこではほとんどの人間がマイダンを支持していないのだと言う。キーウでの虐殺とヤヌコーヴィチの逃亡のあと、ハルキウの住民は分裂したままでいた。ほどなくロシアの「旅行者たち」が「反マイダン」のデモに参加するために国境を越えてやってきた。二月二六日、セルヒー・ジャダンはロシア語とウクライナ語の両方で、ハルキウの住民に向けた六分間にわたる嘆願をユーチューブにアップした。セルヒーは詩人であり小説家でそのうえミュージシャンでもあったが、そのビデオには詩も芸術も音楽も登場しなかった。そのメッセージは単刀直入だった。彼は黒いセーターを着てじっと立つと、カメラに向かってまっすぐ語りかけた。

プロパガンダに耳を傾けてはいけません。バンデロフツィ（バンデラ主義者）はここには存在しません。ファシストも過激派もいません。そんなことは何一つ真実ではありません。われわれの側についてください。

三日後の三月一日のことだが、セルヒー・ジャダンはハルキウの反マイダンのデモから、頭を強く殴られ、血だらけの姿で救い出された。彼は、双方の負傷者で溢れた病院に運ばれた。セルヒーは、そこで、自分を攻撃した反マイダンの連中のなかにいて病院に運ばれてきた一人の若者に近づいていった。
「その若者の眉はパックリと裂けていた。混乱している様子だったよ」。セルヒーは語ってくれた。
「どうしてこんな目に遭ったんだい？」

「「どうして」とはどういう意味だい？　自分の主義からだよ」

「じゃあ、なぜ喧嘩に巻き込まれたの？」

「喧嘩なんぞしたくなかったよ。突然そんなことになって、俺がたまたまそこにい合わせたのさ」

「自分で用心しなきゃ。僕らを分断するものは実際に何もないんだよ」

僕はそう言い、なんと僕たちはハグさえし合った。彼がはたして真面目にそうしたのか、僕にはわからないけどね。


ユルコは革命に抗議する人びとを理解できなかった。また、マイダンに対する恐れと憎しみでいっぱいのウクライナ東部に住む人びとも理解できなかった。ユルコは、なぜ人びとがプロパガンダをいともたやすく鵜呑みにしてしまい、自分のような人間をファシスト——手に武器を持って彼らに襲いかかり、ウクライナ語を話すよう強制し、バンデラの信奉者である——と見なすのかも理解できなかった。ユルコは、理解できないのは自分のなかの弱さのせいだと思った。ユルコは彼らのことを理解したかったのだ。

27　門に立つカリギュラ

ヴィリニュスから来たかつてのソヴィエトの反体制活動家で詩人のトーマス・ヴェンツロワは詩の一行目にこう記した。「僕たちの中休みは、結局は束の間《ま》のものだった」。一九七五年に人権を監視するためにつくられたリトアニア・ヘルシンキグループの創設者の一人に彼は名を連ねていた。一九七七年には、ソ連から追放された。二〇一四年、彼はウラジーミル・プーチンを扱った自作の詩に「門に立つカリギュラ」という題をつけた。

ハルキウでセルヒー・ジャダンを叩きのめしたロシアの「旅行者たち」は「ロシアの春」の先触れだった。「ロシアの春」は、黒海に突き出たクリミア半島をロシアが併合したことから海岸地帯で始まった。黒いマスクをして気づかれないようカモフラージュを施した「リトルグリーンメン」［用語解説14を参照］は、実はロシアの特殊部隊だったが、二月末にこの半島に到着した。レオニード・フィンベルグは、三月四日にプーチン大統領に送る公開書簡に署名したウクライナ・ユダヤ人コミュニティの指導者たちの一人であった。

「ウラジーミル・ウラジミロヴィチ」と彼らは記した。「われわれは、ウクライナの民族的マイノリティの安全と権利に対するあなたの配慮は高く評価する。だがわれわれはウクライナを二つに分けてその領土を併合することによって「守られる」ことなど望んでいない」。

現在、ウクライナは困難な政治的危機を乗り越えたところだが、われわれの多くは結局バリケードの異なる側に別れている。ほかの民族グループと同じように、ウクライナのユダヤ人は現在この国で行われていることに対し、完全に意見の一致を見ているわけではない。だがわれわれは民主主義の国家に住んでおり、意見の相違を容認することができる。彼らは、ウクライナ社会の主導権を握ろうとする「バンデラの信奉者」や「ファシスト」がいると言って、また今にもユダヤ人のポグロムが生じると言って、われわれを怖気づかせようとしてきたし、依然としてその試みを続けている。そう、われわれは、より良い変革を保証してきた政治的な反対派や、社会的抗議を行う勢力は、さまざまに異なったグループから成り立っているのを深く理解している。それらグループには民族主義的なグループも含まれるが、グループのいちばん尖った連中でさえ反ユダヤ主義などの外国人排斥の態度をあえて示しはしない。

一方で、ウクライナのユダヤ人たちは、自分たちの身が安全とはとうてい思えない状況にいた。「残念ながら」とプーチンへの公開書簡は続いていた。「最近では、わが祖国の安定は脅かされていると認めざるをえない。そしてこの脅威はロシア政府から、すなわち……あなた個人から来ているのだ」。だがプーチンがこの公開書簡を心に留めることはなかった。彼はロシア人にとってのクリミアを、ユダヤ教徒とイスラム教徒にとってのイェルサレムの神殿の丘になぞらえた（こうした意見は、ロシア人、ユダヤ教徒、イスラム教徒の気分を同じように害するものだ、とロシア系アメリカ人の小説家ゲイリー・シュタインガートは述べたが）。数日前にキーウで招集された暫定政権は、領土を防衛するような立場になかった。警察は分断され混乱していた。抵抗を試みた一人に、ウクライナの軍艦「テルノーポリ」の艦長がいた。軍艦の乗組員たちが投降の呼びかけを聞いたとき、ウクライナの艦長はこう答えた。「ロシア人は降服などしない」。

「ロシア人とは何を意味するのか？」そうロシア軍の司令官は尋ねた。するとウクライナの艦長はこう答えた。「私の名はイエミリヤンチェンコだが、先祖はロシア人だ。人生で一旦誓いを立てたからには、それを破ったりはしない」。「それでこそ将校だ。彼を見習うが良い」。ロシア軍の司令官は部下たちに告げた。

その週、スラヴァ・ヴァカルチュクは学生たちと話し合うためにドネツィクを訪問した。ドネツィクから彼はクリミアに向かった。クリミアでも彼は学生たちに会いたかった。彼は学生たちにキーウのマイダンについて話したかったし、ウクライナで起きている事態を彼らがどのように把握しているか知りたがった。スラヴァはリヴィウ出身だったが、キーウに住んでいたし、それまでウクライナ東部やベラルーシ、ロシアで多くの時間を過ごしてきた。彼はウクライナ語で歌ったが、ロシア語を使うのを好み、流暢に話した。彼には、かつてのソ連全土にあたる地域に何百万人というファンがいた。ときには、彼のバンド、オケアン・エリズィはロシアでの演奏旅行を数ヶ月ぶっ続けで行った。二〇一〇年のツアーだけで数十回ものコンサートを開催した。

スラヴァは今、マイダンで殺された人びとやその家族や子どもたちのことについて、それからその殺害に携わった人びとについてや、彼らが夜にどんな夢を見ているのかについて考えずにはいられなかった。[*14] 彼は政治家にはなりたくなかったが、自分がとりわけ若い人びとにとってのロール・モデルであることの道徳的な重みは感じていた。

「一〇〇万人が自分に耳を傾けると知っていれば、大きな責任を感じざるをえないよ」。スラヴァはそう語った。

それに加えて、スラヴァにはウクライナがどうなりうるか、どうなるべきかというアイディアやヴィジョンがあった。ウクライナは市民の愛国心に基づいた国家であるべきなのだ。たんなるコスモポリタン国家ではなくて――それはほとんどドン・キホーテ的なユートピアだ、とスラヴァは考えていた――ほんとうの国民国家となるだろう。それも、共通の言語や祖先に基づくのではなく、自分たちの将来を共に見据えようという覚悟を持つ人びとの国家となるべきだ。市民的な愛国心に基づく国家は「たんなるバビロン（バベル）」にはならない――自分たちが欲し、価値あると信じたものについて共通の選択をした人びとで構成される民主的な社会になるだろう。

スラヴァが三月七日にシムフェロポリ空港に着いたときに、彼はクリミアの自称民兵《ミリシア》たちの出迎えを受けたが、彼らはスラヴァが空港から出ることを許さなかった。彼はウクライナ人としてウクライナから来ていたが、ウクライナはもはやクリミアを支配していない、と彼らはスラヴァに告げたのだ。民兵たちは彼を機関銃で出迎えたが、スラヴァは彼らが自分を傷つけようとしているとは思わなかった。

「彼らはとても礼儀正しかったし、僕のファンもたくさんいた。彼らは自分の妻や誰彼のために、僕と一緒に撮影した写真を欲しがった。彼らは「申し訳ない」と言い続けていたが、手には機関銃を抱えていたんだ……」。

「その日はあまり良い気分じゃなかったね」とスラヴァは私に語った。

28　おばあちゃんの戦争

レナとレオニード・フィンベルクの娘は内科医で、ユダヤ教のラビである夫や子どもたちとともにモスクワで暮らしていた。

「孫娘の一人が私に聞いたわ」とレナは私に語った。「『おばあちゃん、電話をしても連絡がとれないわね。まだ戦争しているの？』とね。『おばあちゃんの戦争』なんて、おかしく聞こえるわね」。

レオニードは私にブリーフィングをする際に、彼の世代は戦争を知らない最初の世代だということを何度も言ったものだ。それは彼の六五年間の人生では真実だった――そしていきなり戦争が始まったのだ。「プーチンとプーシキンについての話をしてくれないか」。レオニードがレナに話を向けた。それは彼らの孫たちに関する逸話だった。

「七歳と五歳になる孫たちがこう話しているの」とレナが話し始めた。「まず五歳の孫が七歳の孫に尋ねるの。「どう思う？　プーシキン大統領は良い人なの？」　すると姉の方がこう答えるの。「プーシキンはヨシフ・ブロツキーと同じで、詩人の名前よ。大統領の名はプーチンだけど、悪い人で、おじいちゃんやおばあちゃんと戦っているの」とね」。

29　何一つ真実ではない（ダチョウのシュールレアリズム[†1]）

ロシアに亡命したヴィクトル・ヤヌコーヴィチは、モスクワ郊外の乗馬クラブでBBCのインタビューに答えた。[*15] 相手のジャーナリストは、メジュヒーリヤにおける法外な富や、彼が作り上げた個人動物園やダチョウたちについて尋ねた。

ヤヌコーヴィチは自らを擁護した。「ダチョウたちの面倒を私が見たことがなぜ悪いのかい？　彼らは

†1　本書のこの29章のタイトル「何一つ真実ではない」と、53章のタイトル「何でもありさ」が、それぞれに呼応している。邦訳は「序文　訳者付記」で既述の如く『プーチンのユートピア』。

そこで罪もなく生きていたんだよ――私は目をつぶって歩き回って、彼らに気づかないふりをすれば良かったのかい？」[*16]

結局、彼は動物好きだったということだ。

『クリミア――母国に帰る』というタイトルのやらせのドキュメンタリーのなかで、プーチンは国境を越えた安全な場所にヤヌコーヴィチを真夜中に移動させた英雄的な救い手として描かれている。[†2]詐欺的な国民投票とクリミアの併合が、二〇一四年三月一八日にプーチンが堂々たるスピーチをする機会をもたらした。

親愛なる友人たちよ、私たちが今日ここに集まったのは、われわれすべてにとって不可欠で歴史的な重要性を持つ問題に関わりがある。クリミアで、三月一六日に民主的な手続きと国際規範に完全に則った国民投票が行われた。選挙民の八二パーセント以上が選挙に参加し、そのうち九六パーセントを超える者たちがロシアとの再統合に賛成した。こうした数字はそれ自体雄弁なものである。……人びとの感情や理性において、クリミアはいつもロシアと不可分の存在であったのだ。この確固とした信念は、真実と公正の上に成り立ち、世代から世代へと受け継がれているのだ。

「ロシア・トゥデイ」［ロシアの国営メディア。原註の訳者註を参照］のカメラは、プーチンから、満足げに微笑み、歓喜の涙で目をうるませた聴衆の顔にパンした。かつてハンナ・アーレントはこう表現した。旧態依然たる嘘は現実という織物の裂け目なのだし、注意深い観察者であれば織物のどこが裂けているかを見抜くことができるだろう。二〇世紀の全体主義は、それにさらに新しいもの、つまり「現代政治の嘘」

を付け加えたが、それはまったく別の現実を創造することを必要とした。この新しい現実には縫い目がなく、見抜くべき裂け目もないのだ……。ウラジーミル・プーチンのクリミア演説には、縫い目がなかった。

ワスイーリュ・チェレパヌィンにとって、プーチンとヤヌコーヴィチは、「オルタナティヴな現実」を創造したように思われた――そこでは、ファシズムは反ファシズムであり、あらゆるものが本来そうでないものの名で呼ばれるのだ。「フィクションは、さながらそれが真実であるかのように機能しうるのよ」と、やはり「連帯」に関わったことのあるポーランドの映画監督アニエスカ・ホランドはキーウに来た際にそう警告した。キーウ生まれのイギリスのジャーナリスト、ピーター・ポマランツェフは、プーチンのロシアについて書いた二〇一四年の本を *Nothing is True and Everything is Possible*（何一つ真実でなく、何でもありさ）と題した。

「『何一つ真実でなく、何でもありさ』と聞くたびに」とユルコは言った。「僕は暴力など大いにありさ、と考えてしまうんだな」。

二〇一四年三月、ウィーンでのある日の午後、私はムィコーラ・リャブチュクにドンバスからは何かニュースがあったか、と聞いてみた。

「便りがないのは良い知らせ、ってね」。そう彼は答えた。

まもなくニュースがもたらされた。地元の分離主義者がドネツィクとルハーンシクで権力を掌握したのだ。ロシアへの併合を宣言した者たちもいたし、特定の都市の独立や、ドンバス地域あるいは「ノヴォロ

†2　このやらせドキュメンタリーは次で観ることができる。（プーチンのスピーチについては原註参照）
https://www.youtube.com/watch?v=7mtO3KfhMO4（二〇一五年三月一五日）

シア」［用語解説3および「ロシアの主張するノヴォロシア地図」を参照］の自治を宣言する者たちもいた。文字どおり「新ロシア」を意味するノヴォロシアは、ほとんど忘れられたロシア帝国の用語で、黒海の北岸の領土を指していた。二〇一四年四月、プーチン大統領は、ノヴォロシアを、将来的にはドニプロペトローウシク（二〇一六年五月以降ドニプロ）、ハルキウ、ヘルソン、ムィコラーイウ、オデーサ（オデッサ）、そしてドンバス地方を含む、国境が定義されない地域の名前として復活させた。地元の分離主義者たちは、ロシアからの「旅行者たち」とより多くの「リトルグリーンメン」に支えられていた。

そして二〇一三年四月には、ヴァチェスラーヴ・ポノマリョーヴがスラヴャンスクの市長のオフィスを襲撃した。四〇代後半のポノマリョーヴはフード付きセーターと野球帽を身に着けるのを好み、左手の二本の指を欠いていた。彼の配下の男たちは、選出された市長である女性を監禁し、ポノマリョーヴは自身がスラヴャンスクの市長であると宣言した。

五月二日、ロシア支持者とウクライナ支持者のデモ参加者の双方が、黒海沿岸の港湾都市オデーサで、銃、煉瓦、野球バット、火炎瓶《モロトフ・カクテル》を使って戦い、六名ほどの人間が街頭で亡くなった。その闘争は、ソヴィエト時代に建てられた労働組合会館の正面で頂点に達した。建物の中では火災が起こり、内部に閉じ込められた四〇名以上のロシア支持のデモ参加者が死亡した。

一週間後の五月九日は、ずっと祝われてきた日だったが、第二次世界大戦でのソヴィエトのナチスに対する勝利を記念する「戦勝記念日」であった。その日、「ドネツィク人民共和国の国防市民軍」と自称する武装した男たちが、ドネツィクの大祖国戦争記念館を奇襲した。彼らは記念館のスタッフに向かって、七〇年前にソヴィエトの先人たちがファシスト相手にしたように、展示されている第二次世界大戦の武器をファシストと戦うために使用するのだ、と告げた。オレクシー・ラディンシキーはこう記している。

「未来へのいかなるヴィジョンも欠いているこの敵対関係は、今日《こんにち》になって再開されることになった過去の戦いに焦点が当てられている——あたかも、過去の戦いがユーチューブの「ロシア・トゥデイ」で七〇年のあいだポーズのままになっていて、プレイボタンを押せばまた始まるようだ」。

そのプレイボタンは、一度にいくつものチャンネルで押されることもありえた。過去には不協和音と思われていたのに、今では一つのスクリーンに複数のウィンドウを開けておくことがなじみの習慣になっているのだった。分離主義者たちの側で働くいくらかのロシア人と地元の志願兵たちは、自分たちはスターリンのためにヒトラーと戦っているのだと宣言した。ほかの者たちは、ロシア正教会、あるいは偉大な帝政ロシアの伝統のため、それともその両方、あるいは（スターリンのためを含めて）三つすべてのために戦っているのだ、と宣言していた。「ルースキー・ミール」つまり「ロシア的世界」というノスタルジアのカクテルは、帝政主義者や民族主義者や国際共産主義者を、さらには聖人や皇帝《ツァーリ》やボリシェヴィキの指導者まで、なんでもかんでも一緒くたに攪拌してしまうかのようだった。

非現実的《シュールレアル》なものが日常的なこととなった。ウクライナの側では、以前のベルクトッシがかつてのマイダンのサムボーローナのメンバーと隣り合って戦っていた。こうしたことがあっという間に展開したので、「神々しい一〇〇人」を哀悼する行事は中断された。深い悲しみは中途半端に終わり、マイダンの謎の解明も進まなかった。ウクライナ国家は、ロシアが支援している勢力を相手の戦争に入る準備ができていなかった——ただし、プーチン自身は自らが戦っていることを否定していたが。そして、ウクライナ軍は、インターネット上でクラウドソーシングされるような存在だった。

セルヒー・ジャダンは私にこう語った。「戦争が始まったとき、僕たちには軍隊も警察も国境警備隊もないことがはっきりしたよ。僕たちには何もなかったんだ」。

一方、自分たちで組織を立ち上げる勢いは継続した――市民社会は、政府よりはるかに有能であることがあきらかになった。ドニプロペトローウシクの新しいNGOである国民防衛財団は、ドンバスで戦っている分離主義者とウクライナ軍とのあいだの人質の交換を調整していた。スヴォボダ党と右派セクターのメンバーたちは、ウクライナ軍の指揮下に厳密には属さない義勇兵大隊を組織するうえで大きな役割を果たした。ワスィーリュは、もし東部での戦争がなければ、極右はウクライナの政治シーンから徐々に姿を消していったかもしれないな、と思っていた。この意味でスヴォボダ党と右派セクターはクレムリンの利益にかなっていた。つまり、極右の存在は、「キーウで実権を握ってしまった（というのはプーチンの主張に過ぎなかったが）ファシストたちから、迫害されているロシア語話者を救う」というプーチンの巷間伝わるところの使命を正当化するのだ。

メディア研究の大学院生カテリーナ・ヤコヴレーンコは、現代美術を展示して討議を行うドネツィクのセンター「イゾリャーツィア」のキュレーターの一人だった。だがイゾリャーツィアの展示スペースはドネツク人民共和国の過激派に占拠されてしまった。カテリーナは分離主義者たちを、「イゾリャーツィアの展示スペースを捕虜を収容する監獄にしてしまったテロリストなのよ」と説明してくれた。さらに彼らはイゾリャーツィアのある職員の両親を誘拐したが、それはあきらかにイゾリャーツィアのスタッフが西側の退廃的な美術とつながりを持っていたせいだった。私たちは、キーウの荒廃した地区に避難した「イゾリャーツィア」から、キーウ・モヒラ・アカデミー大学近くのコントラクトワ広場まで歩いていた。「彼らと知的なレベルで話すのはとても難しいの」。カテリーナは、彼女のギャラリーを地下牢に変えてしまった分離主義者たちについて語った。

こうした状況へ多種多様な者たちが参加していたため、何が起きているかをただちに把握して反応するのは難しかった。モスクワは、五月にチェチェン共和国に駐屯するロシアの特殊部隊ヴォストーク大隊をドネツィクに移転させた。[†3] カテリーナは、その当時のドネツィクではチェチェン人がなぜそこにいるかを誰も理解しておらず、「彼らはまるでクリミアの「リトルグリーンメン」のように町なかに現れたものよ」と思い返していた。チェチェン人の多くはロシア語をうまく話せず、なぜロシアのルーブル紙幣のかわりにウクライナのフリヴニャ紙幣が銀行の現金自動支払機から出て来るのかも理解できないようだった。彼女は、分離主義者側で戦っていたチェチェン人たちがあるときレーニン広場で会合を組織したときのことを語った。現れた地元の年配女性が、チェチェン人の一人に対し、ウクライナ・ナチスと戦う彼を助けるため正教の洗礼を与えた。だがカテリーナから見て、そのシーンは何もかもが非現実的《シュールレアル》だった。正教の信者である女性が、共産主義者を記念してつくられた広場で、実際には存在しないウクライナ・ナチスを殺そうとするムスリムの傭兵に洗礼を施していたのだったから。

30　プーチンのサイレーンたち

クリミア併合は、二〇一四年の春までにすでに既成事実《フェイタアコォンプリイー》と化していた。二〇一四年五月二五日、ウ

†3　「ヴォストーク大隊」は、系統としてはスペッツナズ（ロシア語で「特殊任務部隊」ほどの意味。本書八一頁に既出。ここでは最も有名なＧＲＵ所属のそれを指す）に属するが、ロシア連邦軍第四二自動車化狙撃師団に配属された特殊任務大隊。隊員の多くはチェチェン人でヤマダエフ氏族の支持者とされる。

クライナはヨーロッパ議会選挙と同じ日に（二三人が立候補したとはいえ）「チョコレート王とガスの王女の一騎打ち」の選挙を実施し、「チョコレート王」のペトロ・ポロシェンコが勝利した。極右への支持はほぼなかった。スヴォボダ党の指導者オレフ・チャフニボク、右派セクターの指導者ドミートロ・ヤロシュはそれぞれ得票総数の一パーセントを少し上まわる得票と、少し下まわる得票しか得られず、ウクライナ・ユダヤ人会議の指導者であるヴァドィーム・ラヴィノーヴィチの得票数にも及ばなかった。二〇一四年一〇月の議会選挙では、スヴォボダ党も右派セクターも、どちらも議会に議席を得るのに必要な五パーセントの得票数に足りなかった。これはヨーロッパ議会選挙で極右のオーストリア自由党がオーストリアの票の二〇パーセント近くを獲得し、フランス極右のマリーヌ・ルペン率いる国民戦線が二五パーセント近くを獲得したのとは対照的だった。さながらフロイトの亡霊がヨーロッパを徘徊しているようだった。オーストリアとフランスは、投影レンズを通してウクライナを拡大して恐ろしいものとして見ていたし、自分たちのなかにあって受け入れられないものは他者につけ回していた。

ヨーロッパ人は、クリミア問題を意識の外に追いやりたかった。ブリュッセルではロシアと戦争をしたがる者など誰もいなかった。プーチンが黒海に突き出た半島を併合する行為を大目に見ようというのは、ネヴィル・チェンバレンの「ミュンヘンでの宥和策」、つまりヒトラーがズデーテンラントを併合するのを西ヨーロッパが黙認したことを思い出させた。誰もが同じ質問をし始めた。「プーチンは何をするのだろう？　プーチンの計画とはどういったものだろう？　プーチンは何を考えているのだろう？」それは、ヨーロッパの運命がまたしても一人の男の手に握られていることを、みなが暗黙のうちに了承しているかのようだった。

「彼は、私たちとは違った世界に生きている」。ドイツ首相アンゲラ・メルケルは、三月に入ってすぐにプーチンと電話で会談したあとで、そう語った。二〇一四年四月、自身の七〇歳の誕生日をプーチンとともに祝うためにサンクトペテルブルクに旅行した前任者ゲアハルト・シュレーダー首相とは違い、メルケルはロシアの独裁者に魅せられはしなかった。冷静で用心深い彼女は、危機管理に長けていたし、極右と極左まで含んだたくさんのドイツ人たちとは対照的に、プーチンのシンパではなかった。プーチンを擁護し釈明する人間は「プーチンフェアシュテーアー」(プーチンの理解者)として知られるようになっていた。ウクライナの代表的な作家や知識人は、ほとんどがドイツ文化の薫陶を受けていた。ドイツ文学を翻訳し、ドイツやオーストリア、スイスで講演を行った。そうしたことが背景にあって、彼らは「プーチンフェアシュテーアー」現象をひときわ辛いものに感じた。

ある者たちは、ヨーロッパ人のロシアに対する共感は、露骨な財政的な利害から来ている、と説明した。ロシアのオリガルヒたちは資産をヨーロッパに蓄える傾向があったが、なかでもオーストリアの銀行は、きわめて望ましい隠し場所だったのだ。ゲアハルト・シュレーダーは、プーチンが支配する世界一の天然ガス会社であるガスプロムの株主委員会の委員長だった。二〇〇四年、シュレーダーと彼の四番目の妻は、ロシアの孤児院から三歳の少女を養女に迎えた。この養子縁組は法的には曖昧なもので、この少女は外交上の贈り物、つまり賄賂代わりと捉えられた。またある者たちは、プーチンの魅力をホモエロティックな「メンナーフロイントシャフト」(男性間の友情)、つまり、森のロッジでウォッカを煽り、上半身裸で馬を駆るあいだに絆を持つというマチズモの理想だと感じた。さらにまたある者たちは、ドイツ人のロシアに対する罪悪感だ、と分析した。ドイツ国防軍、SS、ゲシュタポが、あらゆる民族のソヴィエト市民を何百万人も虐殺したにもかかわらず、歴史的な記憶は「ロシア」のみを「ソヴィエト」の後継者とした。そのためか、ドイツ人たちは、ドイツ占領下で殺されたはるかに多くのウクライナ人の方はせいぜい忘れないという程度だったが、占領に協力したはるかに少ないウクライナ人のことはよく覚えていた。

ソ連史家のドイツ人カール・シュレーゲルは、自身の世代、つまり戦後世代は平和に慣れていたためプーチンに対する心構えができていなかったのだと述べた。今や「戦争は戦争、併合は併合、嘘は嘘だ」と声高に叫ぶのは彼ら世代の務めとなった。二〇一四年五月、キーウに着いたシュレーゲルは、ドイツ人は長いあいだ、東ヨーロッパの人びとの「頭越しに」語ることが多かった、という自己批判を口にした。「日頃、ほとんどウクライナ人を相手に話すことがないにもかかわらず、ウクライナ人について語ることははるかに多かった」と彼は記した。彼にしても、いつもキーウをモスクワの目を通じて見ていた。だがマイダンだけが彼の眼を開き、ウクライナがただのロシアの一地方ではないと気づかせてくれたのだ。

私のロシア人の同僚たちは、次第に口を開かなくなっていった。ある者は、「僕の友人たちはロシア・テレビの主張を聞いて、プーチンが正しいと思い込んでいるんだ」とだけ打ち明けてくれた。もう一人の友人であるウラル出身の女性の宗教研究者は「社会の安定性は、たぶん、形而上学的な自由より重要だと思うの」と口にした。おそらく彼女は、ドストエフスキーの『カラマーゾフの兄弟』のなかで、イエス・キリストが異端審問のあいだに地上に戻ったとき、なぜ彼の存在が不愉快であるのかを述べた大審問官の言葉を彼女なりに言い換えたのだろう。「最後に、彼らは自らの自由を私たちの足もとに投げ出し、私たちにこう言うに違いない。「あなた方が私たちを奴隷にしようとかまわない、私たちを飢えさせないでくれ」」。大審問官が主張したのは、自由は人間にとってあまりに重荷であり、実際のところ人間は自由など欲していないのだ、ということなのだ。

クリミア併合以降、プーチンの支持率は八〇パーセントあたりを推移していた。その八〇パーセントという数字に懐疑的な者たちでさえ、いずれにせよ七〇パーセントに近いはずだ、と踏んでいた。私のロシア人の友人ポリーナはこの七〇から八〇パーセントのなかの一人だった。彼女と知り合いになってから、すでに一五年が経過していた。あるとき、彼女は私とともにペレデルキノの作家村に赴いた。ロシアの文学理論の専門家ヴィークトール・シュクローフスキーの年老いた娘を訪ねるため、二人して泥道を歩いていった。ポリーナは優しく親切で、敬虔なキリスト教徒だった。小説を翻訳していて、いつも素寒貧《すかんぴん》だったが、不満を言うことはなかった。彼女は人生のほとんどを通じてモスクワに住み、妹が息子を育てるのを手伝った。中年になって初めて結婚し、夫とともに田舎の村に引っ越した。今のポリーナはプーチンに感謝していた。彼女はキリスト教徒として、プーチンが「家族の価値」を支持し、子どもたちを「ゲイのプロパガンダ」から守ってくれているのをありがたく思っていた。そして彼の指導のもとで、普通のロシア人の生活がずっと安定し、ずっと思いやりのあるものとなった、と感じていた。彼はロシアを奈落から救い出した。つねに「西側世界の肉に刺さった棘」であったロシアには、自国以外には信じられるものがなかった。彼女は、西側はウクライナを必要としておらず、ロシアを孤立させるためにだけ介入したのだ、と確信していた。ポリーナの書き記すところによれば、クリミアは二〇〇〇年以上にわたってロシアに帰属していたのだ。

コソボのアルバニア人たちはセルビアから分離したいと願い、分離しました。ここに注意してください……非セルビア人たちがセルビア人から離れたのです。クリミアのロシア人たちはウクライナから分離を願い、それを成し遂げました。ロシア人（ロシア人はそこに住んでいる圧倒的多数派です）は、ウクライナ人から分離し、そして自分の国であるロシアに加わるよう求められました。最初のケースは正当でしかも良いこととされています。なぜなら、それは西側の思うつぼだからです。そして二番目のケースは悪くてしかも間違っているとされます。なぜならそれは、ロシアにとって良いことだから。ここで私たちは政治全体のダブル・スタンダードに遭遇します。私はクリミアに住んでいる数名の人びとを個人的に知っていますし、クリミアに親戚がいる知人もいます。そしてそういった人びととの個人的な会話や彼らの意見によれば、彼らは皆、ロシアに帰ってきたことを喜んでいて、こういう風にさえ語るのです。「私たちは家に帰って来た」と。その後、主にロシア語を話す人びと、二〇年以上にわたり、別の人種だとか家畜だとか呼ばれ、今は無法者や犯罪者とまで呼ばれている人びとが居住しているルハーンシク州やドネツィク州で反乱が起きてしまいました。オデーサのあと、ジエノサイドが起きることを怖れて、彼らは自治を要求しましたが（ここに注意してください……ウクライナからの分離とロシアへの併合ではなく、たんなる自治と、ロシア語を第二国語とする、というだけの要求です）、それは拒絶されてしまい、彼らは自治を武力で勝ち取る決心をしました。そう、あきらかにモスクワの意向として、彼らはモスクワに分離を許されなかったのです。さてここで、チェチェンのことを思い出してみましょう……西側は、ロシアのチェチェンでの活動について、そしてチェチェンに独立を許さなかったことについて、ロシアにきわめて侮蔑的な扱いをしました！　では西側が、ウクライナに対し、これらの二州を独立させるよう助言しないのは、どうしたことでしょう？　またしてもダブル・スタンダードです……クリミア、それから後にノヴォロシアで起きたことについて、西側は制裁を科そうとし始め、ロシアも制裁を科すことで対抗しようとしました。もちろん、ロシアの経済状況は厄介なことになっていますが、では西側がロシア（やソ連）に対し、何らかの制裁を科そうとしなかった時代があるでしょうか？　私たちはつねに西側の悪意のなかで生きてきましたから、これは少しも目新しいことではありません。たしかに物価は上がり、インフレも起きていますが、商店でヨーロッパ産の商品の不足に気がつくことはほとんどありません。店は空っぽなんてことはなく、棚には物が溢れています。スペイン産ハムやパルメザンチーズが手に入らなくても、さほど打撃ではありません。何にせよ、それらは普通の顧客の日常の買い物カゴにはあまり見られない品々ですから……要するに、もし西側のマスメディアが、ロシアにおけるヨーロッパ商品の制限のために人びとが飢えて死にそうだ、と伝えたなら、それは嘘ですから信用してはいけません。大事なのはおそらくこのことです。西側が、力を持つ立場から私たちに説教し、制裁によって苦しみを与えようとすれば、はっきりとした幻滅と遺恨を呼び起こすと同時に、その脅しに屈しまいとするごく自然な意思を呼び覚ますだけです。それに、際立って優れた政治家で、一貫してロシアの国益を守るプーチン大統領に対する誇りをも……。

ウクライナに話を戻しましょう。デリケートな言い方をすれば、ウクライナはクリミアと「ノヴォロシア」のことで傷つけられているのは理解できます。ですがウクライナ自身が責められなければなりません。なぜなら半島を混乱させて、驚くなかれ、人びとに充分な苦しみを与えたのですから。またウクライナは、ロシア語を話す地域をもめちゃくちゃにしてしまい、人びとはもうたくさんだ、と言っています。おまけに軍事活動といったら！　あなたは西側のメディアが、ウクライナ軍がどのように学校や病院、住宅地や幼稚園などを爆撃したか報道したものを、どこかで見たり読んだりしましたか？　殺された子どもたちを見ましたか？　西側のメディアは、それについて書いているでしょうか？　私はオデーサについてはもう尋ねました。そしてウクライナからロシアに何万人という避難民が逃げてきている事実についても、西側は報道しているでしょうか？　私たちの隣国であるウクライナが（過去二三年間にわたる）西側の周到なやり方のせいで、ロシアの敵になってしまいました――

それを私たちに喜べ、と言うのでしょうか？　そして今や、ファシストではないにしても、ファシストよりは少しましなだけの民族主義者たちが権力の座に就き、国家元首にオリガルヒが就いていますが、それが良いことなのでしょうか？　ロシアは以前の政権を支持したのであって、これらの無法者たちを支持したのではありません。それなのに、またしてもロシアが責められるのですか？

ポリーナはこの手紙をこうした思索の言葉で締めくくった。「西側のせいで、ウクライナがもう私たちの友人でないことは残念です。哀れなウクライナは、ロシアに対する西側の有利な交渉材料になってしまいました。碑銘《エピグラフ》として後世に伝えられるのはたぶんそれだけでしょう。マーシ、これから何が起きるかは神のみぞ知る、です。時が経てばやがてわかるでしょう」。

ウクライナ人の同僚たちが、西側に見捨てられたと感じたのは実に哀しい皮肉だった。カーチャ・ミーシェンコはドイツ文学の翻訳家だが、彼女と夫のワスィーリュ・チェレパヌィンはどちらもドイツと深いつながりを持っていて、二人ともが（ワスィーリュの表現だが）マイダンへの「西側の無知」に傷ついていた。ワスィーリュはこう語った。「マイダンの経緯は、西側の想像を超えているんだ。そう、極右もたしかにその場にいたが、あれは真の革命だった。そして真の革命においては、敵対するすべての勢力がそこにいるのさ」。ワスィーリュは、国際的な抗議の声がマイダンを支持してくれると考えていたが、「何もなかった。真の国際的連帯なんてものは存在しなかったんだよ」。

ユルコ・プロハーシコは、西側がウクライナで起きていることを理解できなかったのは、はしなくも理解しようとする意欲が欠けていることを示しているのでは、と感じていた。ウクライナで起きた出来事は、長いこと西側の意識のなかで抑圧されていた何かをあらためて剥き出しにしたのだ。ロシア人ばかりでなくヨーロッパ人たちも、プーチンのサイレーンたちにいともたやすく誘惑されてしまうことがあきらかになった……そんな風にユルコは考えた。サイレーンとは、ギリシャ神話に登場する蠱惑的な女性たちのことで、その歌を耳にした者たちは、誰であれ抵抗できなくなるのだ。サイレーンたちが泳ぐ海を通り過ぎる際、オデュッセウスは彼の兵士たちに向かって、耳を蜜蝋でふさぎ、彼自身を帆柱に括りつけるよう命じた。オルフェウスはまた違った方法で自らを守った。彼はサイレーンの歌声に抵抗するために、自分の竪琴でより魅力的な音楽を奏でた。ユルコはオルフェウスの選択の方が気に入っていた。

二〇一五年、人類学者のシャーリニー・ランデリア（アメリカ生まれのインド人。民主主義の専門家として知られる）は、キーウで行われた講演のなかで、インド独立運動の指導者マハトマ・ガンジーについて語った。あるとき西洋文明について問われたガンジーは、こう答えたと言う。「たぶん、それはとても良い思想のつもりなんだろうね」。この「良い思想のつもり」なるものが、マイダンで情熱的に望まれていた「ヨーロッパ」だった。「ヨーロッパ」は「プロイズヴォール」の反対を意味し、人権や法の支配、また客体ではなく主体として扱われることの尊厳を意味した。ヨーロッパの思想は、その哲学的な特質の赴くところ、事実よりも「エイドス」であり、特殊よりも本質であり、不完全な具体化《インスタンシエーション》だった。エドムント・フッサールが唱えた現象学によれば、私たちが林檎を理解するとき、目の前にある特定の林檎だけを理解するのではなく、普遍的性質としての「林檎らしさ」や「赤さ」も認識するのだと言う。私たちの直感は、経験論的な客体からイデアの本質を抽出するのだ。ワスィーリュ・チェレパヌィンは、ウクライナ人たちは記号表記《シニフィアン》である「ヨーロッパ」をヨーロッパ的なイデアの意義でいっぱいにしている、と考えていた。

フッサールにとって、このヨーロッパのイデアの意義はきわめて固有のものであった——ヨーロッパは

「理性という無限の目標の歴史的な目的論《テレオロジー》」だったのである。ナチスが、ユダヤ系であるとして彼を大学から追放したとき、フッサールは絶望した。すでにヨーロッパは真実の道から逸脱し、非合理主義が蛮行につながってしまったのだ。彼はドイツでは二度と行えなくなった講義をするためプラハに赴いた。一九三五年一一月、そのチェコスロヴァキアの首都で、フッサールは学問における啓蒙主義精神と、その真実への楽観的な探求について、「ヨーロッパ諸学の危機と心理学」として講演した。

「われわれは、シラーとベートーベンの作ったこの栄光に満ちた「歓喜の歌」の精神のなかに不朽の証を有しているのです。だが今日《こんにち》では、この讃美歌を悲痛な思いとともに理解することしかできないのです」。そうフッサールは嘆いたものだ。

一九七二年、ヨーロッパ評議会が、後年にはヨーロッパ連合が、ベートーベンの第九交響曲の「歓喜の歌」を公式な合唱曲として採用した。そしてクリミア併合直後の二〇一四年三月二二日土曜日の午前一〇時半、オデーサ交響楽団およびオペラコーラスの音楽家たちは、オデーサの「プリヴォズ市場」……コクチマスの鱗を落とし、サバの内臓を洗い、アンチョビを袋に入れて重さを測る人びとでごった返した屋内市場の中に歩みを進めた。イワシや燻製ニシンの匂いの立ち込める市場の屋台のあいだで彼らは「歓喜の歌」を演奏し、それは一時的ではあったにせよ、プーチンのサイレーンたちの声を覆い隠した。[†1]

31 ドニプロ川の「ジドバンデラ」

二〇一五年六月も終わる頃、私の同僚で歴史家のイーホル・シュパークの義弟が、私をドニプロペトローウシクの空港で拾ってくれた。彼のチェリーレッド色の車のフロントガラスには、車の色に合ったチェリーレッドで白い三角形が縁取られたステッカーが張られ、その白の部分にピンヒールの女性の靴の画像があった。なんとなくシンデレラのガラスの靴を思わせたが、ただし色は黒だった。

私はイーホルの義弟にそのステッカーについて尋ねてみた。その車は彼の妹のものだと言う。彼の説明によれば、ウクライナでの車の運転はかなり荒っぽく、スピードを出し過ぎるし、我先にという運転で遵法意識も乏しかった。女性のドライバーたちは、自分が運転していることを男性ドライバーに知らせるため、そのステッカーを貼っていた。だからイーホルは、そのステッカーを貼った車を見たときは普段より慎重に運転した。男にとってはそれが唯一の分別ある行動だと思えたからだ。

脱工業化時代の商業の中心地であるドニプロペトローウシクは、いかにもポスト・ソヴィエトらしい都市だった。道路は広かった。通りの名はソ連の崩壊後も変わらなかった。カール・マルクス通りやコムソモル通り、キーロフ通り、レーニン堤と言った名前がそのまま残されていた。

モスクワの友人が私のことを心配してテキストメッセージを送ってきた。「いったいそこで何をしているの？　危険ではないの？」

いいえ、ドニプロペトローウシクは危険ではないのよ、と私は彼女に請け合った。少なくとも今日のところはね。

ドニプロペトローウシクは灰色で湿っぽい都市だったが、怖い町ではなかった。噴水があり、ウクライ

---

†1　ホバート・アール指揮の「歓喜の歌」の演奏と合唱の感動的なシーンは次で観ることができる。https://www.youtube.com/watch?v=vwBizawulDW

ナ人がマルシュルートカと呼ぶ小さなバスが走行し、夕方になると温かい金色の光に照らされる回転木馬があった。回転木馬の横には「ヨーロッパ」という名がつけられた五階建てのショッピング・モールがあり、窓は床から天井まであったが、GAPやマークス&スペンサー、寿司レストランが出店していた。二五メートルほど離れた場所にあるカール・マルクス通りには「スリッパ」と題された巨大な彫刻が置かれていた。それはピンヒールで、一五六個のステンレス製の鍋と三二四個のやはりステンレス製の蓋でつくられ、地上から二階建てビルほどの高さにそびえ立ち、あたりに異様な輝きを放っていた。

ショッピング・モールや回転木馬、ピンヒールの「スリッパ」から二〇分ほど歩くと、さしてきらびやかでない展示があった。「神々しい一〇〇人」の写真が花々に囲まれ、(ウクライナ国旗の)黄色と青を使った「英雄は死なず」というスローガンが飾りとなっていた。市の他の場所には、巨大な広告板がウクライナ愛国主義のスローガンをロシア語で表示していた。「われわれはドニプロペトローウシクに住むのを誇りに思っている! われわれはウクライナ人だ!」

ロシア語を話すドニプロペトローウシクは、ウクライナ南東部にあってドニプロ川の両岸に位置し、ドンバスの戦場から一九〇キロほど離れていて、ウクライナの愛国主義の拠点となっていた。ヤヌコーヴィチがウクライナを去った一週間後、ウクライナ大統領代行となったオレクサーンドル・トゥルチノフは、オリガルヒのイーホル・コロモイシキーをドニプロペトローウシク州の知事に任命した。コロモイシキーはウクライナの市民権だけでなく、キプロスとイスラエルの市民権をも有し、誇り高いユダヤ人で、ウクライナ愛国者だった。彼はまた、ウラジーミル・プーチン大統領と男らしさを競い合う中年男性でもあった。祖国の運命は危殆に瀕していた。知事に任命されるとすぐに、コロモイシキーは黒地に赤で「ジドバンデラ」と書かれたTシャツを着て登場したが、黒と赤はウクライナ蜂起軍が軍旗に採用した色で、シンボルの方はウクライナの国章の三叉槍《トルィーズブ》とユダヤ人の使う燭台《メノラー》を融合させたものだった。彼はロシアと連携した分離主義者たちがドニプロペトローウシクで実権を握らないよう、軍の大隊や治安部隊に個人的に資金援助を行った。また彼は「リトルグリーンメン」を捕まえるのにも報償金を提供していた。

カール・マルクス通りのピンヒールの「スリッパ」から五分ほど歩くと、連結したビルで構成されたおよそ五万平方メートルの複合施設が、空からなら一目瞭然だが、メノラーの形をなしている。この複合施設は、大理石の床と高い天井を持つドナルド・トランプ風の高級ホテルと、灰色の金属の扉が窓のない廊下に並んでいる高度なセキュリティで守られた軍の産業施設が、非現実的《シュールレアル》な形で隣り合っていた。セドナ・レッドの大理石の床の表面が、それを踏む者たちの像を映し、砂色の壁はイェルサレムの石を思わせた。それらの壁に、彫刻家がドニプロペトローウシクの帝政時代の名前であるエカチェリノスラフに在った有名な建物のファサードを再現していた。内部にはコシャー・レストラン、コーヒーショップ、舞踏室、コンサートホール、会議室、画廊、そして「ウクライナにおけるユダヤ人の記憶とホロコーストの記念館」があった。この記念館は、民族浄化やジェノサイドのホロコースト以外の歴史的な例の展示に献じられた部屋で終わっていた。とはいえ、一九四〇年代のウクライナ＝ポーランドの民族浄化に関係する事物を説明するものは何もなかった。記念館をぐるっと案内してくれた生徒は、キュレーターたちはどう説明したらよいかを決めかねているんです、と私に語ったものだ。

民族浄化の展示室の近くにあった別のホールには、異なる展示が飾られていた。それらはコロモイシキーの個人的なコレクションで、先祖伝来の家宝の時計を蒐集したものだった。ギリシャの神々や凝った彫刻の智天使《ケルビム》、リラを奏でながら横たわったまま誘惑する女性たちの姿で彩られた、ルネサンスや新古典主義の作品だった。また、ブロンズや大理石や金製の何百というアンティークの置時計もあった。

32　あなた方のように賢い子どもたち

数々の金製の置時計を私に見せてくれたあと、案内の生徒は廊下を通って私を教室に連れて行ってくれた。二人の歴史の先生はどちらも中年に差しかかったばかりの女性で、一四歳から一五歳の目標の高い歴史家たちを対象としたセミナーを指導していた。誰もが、キーウで起きたばかりの革命に強い思いを抱いていた。

「私は革命に反対でした」。一人の少女が言った。

「僕も反対していました」。スタニスラブという名の少年が言った。

先生たちは機嫌を損ねたように見えた。

「あなた方は「尊厳の革命」に反対するの？」と先生の一人が聞いた。

「僕は……そうだな……反対というのとも違うんです。ただ、彼らは正しいやり方をしなかったと思うんです。彼らが取った手法のことです」。スタニスラブは答えた。

マイダンの時期に父が首都の軍隊に勤務していたため、多くの時間をキーウで過ごしたんです、とスタニスラブは説明した。

「スタニスラブ」と先生は言った。「それがどのように始まったか覚えていますか？　私たちはどのように革命が始まったかを覚えているわよね？　一一月三〇日、誰一人脅かそうとしない平穏な学生たちに向かって、いきなり攻撃が加えられたのです。スタニスラブ、あなたがこの議論を進めているのよ。あなたがこの議論を始めたようなものだから。だから私たちに教えて。あなたは覚えているかしら……これが一一月三〇日に起きたことをね、それに、キーウの普通の市民たちがどのように反応したかを？」

「とてもはっきりしています。大騒ぎになりました」

「で、政府の対応はどういったものでしたか？」

「ある対応を取りました——普通の市民たちはその対応が正しいと思っていたんです」

「彼らは、キーウじゅうに広がったたいへんな数の抗議の群衆に共感しましたね、そうだったでしょう？」

「いいえ、彼らは抗議の群衆が不適切に振る舞っている、とわかっていました」

「そしてあとになって、キーウばかりかウクライナ全土の住民が、キーウに向かって行進し始めましたね？　女性たちが立ち上がって「私の息子や娘がそこにいるかもしれないと想像したわ」って言ったときのことを、天使首ミハイル修道院のカテドラルに人びとが隠れたときのことを……私たちはそれをはっきり覚えている、そうでしょう？」

何人かの生徒たちがいっせいに話し始めた。

ある少女が抗議した。「ベルクト隊員も同じ人間です。彼らはただ強制されただけなんです。私には民兵としてや、ベルクト隊員として働いている親戚たちがいます。彼らは私たちと同じように単純な人びとで、それが彼らの仕事というだけでした。最近の仕事の様子ってそういうものでしょ。彼らは……いえ、私は指導者とか上司がどのように話すかを説明しているんですけれど……こう言います。「俺たちの言うとおりにしなければ、お前はクビだ」ってね」。

「恐ろしいことだわ」ともう一人の少女が口をはさんだ。「政府がやったことは恐ろしいことです……別に革命側がみんな聖人だって言っているわけじゃありません。バリケードの陰からベルクト隊員の頭に向けて煉瓦を投げた人だっているんですから。ですけど、ベルクト側も聖人のようだったとは言えません」。

「あなたたち」と先生が割って入った。「国際的な監視団は、市民社会が……そう、考えてみて、一年前までは存在しなかった市民社会よ……形成された事実について語っています。以前には存在さえしなかったのに。この国は自分たちの故国なのだと理解しているウクライナ市民から成る、ほんとうに意識の高い社会よ。これはとても重要なことです。もちろん、ここには「だけど」という言い訳がたくさん存在します。ですが、意識の高い社会が形成されているのは事実です。そしてあなた方のように賢い子どもたちこそ、これからそうした社会を築き上げるのですよ。重要なのは、あなた方が自分の立場を持つこと、そして正しい立場に立つことです。ウクライナは私たちの祖国で、私たちは自分の子どもや孫がこの国で健康で幸福に生きて行けるようにしなければなりません。それに加えて前進もしなくちゃ」。

二人目の先生も口を開いた。「私たちはこれまで、今私たちがしているように二〇世紀について議論してきませんでした。私は二〇世紀の歴史について話すのが好きじゃないの。自分が女だからです。そして二〇世紀のウクライナにあったのは死と虐殺ばかりでした。私は女としてそれを語りたくなかったのです。今年になるまではね。私たちは今年こそ二〇世紀の歴史について語らなければなりません。だって、今何が起きているのかを理解しなければならないからです」。

彼女は生徒たちに思い起こさせた。結局同僚の多くがマイダンに参加したことを、またウクライナ・カトリック大学の若い歴史家であるボフダン・ソルチャニュックがそこで殺されたことを。

33 「われわれは完璧に理解していた……」

彼の義弟が私をドニプロペトローウシクの空港で出迎えてくれたのだが、ウクライナ・ホロコースト研究センターの所長イーホル・シュパークは、私を友人であるパヴロー・ハザーンに紹介しようとしていた。イーホルは駐車場で私にパヴローのバンを見せてくれた。それは濃い茶色と灰色を混ぜたような色をしていたが、弾痕で穴があいていた。

高いビルの中でパヴローが私たちを待っていた。健康そうで引き締まった体躯の彼は四〇歳を超えているようには見えなかった。頭は禿げ、温かい微笑の持ち主だった。親切そうな表情をその目にたたえていたが、彼の眼はその冬の催涙ガスの攻撃から完全には恢復していないようだった。どう見ても弾痕で穴があいたバンを運転するような人物には見えなかった。

私はパヴローにマイダン以前の彼の人生について尋ねてみた。

「普通の生活のことかい？　だったらそれは、ずいぶん昔のことのように感じられるよ」

ドニプロペトローウシク生まれのパヴローは、物理学者でクリーン・エネルギーに関わる仕事をしていた。マイダン以前は、「ウクライナの大地の友」という組織を中心として活動を行っていた。彼は「ヨーロッパ緑の党」の代議員でもあり、彼の政治的な参加《アンガージュマン》と科学的リサーチは一体のものだった。

「過去二〇年間、成人してからの僕が手がけたのはどれも、市民運動や環境運動、環境に関わる政治活動だった」とパヴローは言った。「そして、もちろん僕のやってきたことの大目標は、僕たちの社会に民主主義を生み出すことにあった」。

パヴローはまるで、一八世紀フランスのドニ・ディドロの百科全書派から登場したかのように話した。

彼は模範的な啓蒙主義者で、彼にとって純粋科学の追求と民主主義の構築は一体のものだった。彼は、非暴力の市民参加や、自律的な理性の先導的な力、それに人間の自由を広げる科学的知識の可能性を、熱烈に信じていた。パヴローのロシア語の使い方は、そのつど異なる聴衆に自分の研究成果を伝えるとか、自分のアイディアを他者に話したりするのに熟達している人間に特有の表現力を持っていた。自信に満ちていたが、それと同時に知識の限界にも気づいていて、何かが不確かだと思ったときにはそれを認めるのに躊躇しなかった。

マイダン以前のパヴローは、公然とヤヌコーヴィチ政権に対する批判を口にしてきたし、国外退去した方が良いと助言されたこともあった。その機会はあった。パヴローは流暢に英語を話し、ブリュッセルには強力なコネもあった。だが彼は国外移住を好まなかった。ウクライナに民主主義を築きたかったのだ。

言葉を交わすにつれ、私はパヴローが弾痕で穴があいたバンを運転しているのを、いっそう想像しづらくなった。甥や姪たちとチェスをして遊んだり、トルストイを読み聞かせたりする、教養と思いやりを兼ね備えた伯父さんとしての彼を想像する方がはるかにたやすかった。

マイダンが始まったことは、通常の生活の終わりを意味した。

「そうだったね」とパヴローは言った。「僕たちは、これがどのように進展するかを、完璧に理解していた」。

「僕たちは、私たちは完璧に理解していた」(ムイ プレクラスナ パニマーリ)。マイダンを語るときに繰り返しこのフレーズを使ったのは、パヴローばかりではなかった。イルィーナ・イアムレコもまた、リヴィウからキーウに向かうバスを手配しながら、自分の思考をこう表現した。「私たちは、完璧に理解していたわ。後戻りはできない。前進あるのみだってね」。「私たちは完璧に理解していた」という表現は明快さ

――ある特定の瞬間をとれば、何もかも絶対的にはっきりしているという感覚――を確言するものだった。

二〇一三年一一月、パヴローとドニプロペトローウシクの小さなグループ――パヴローの描写によれば、「大地の友」のメンバー、青年組織の活動家、そして珍しくもない地元の変人たち――がヨーロッパ広場でドニプロペトローウシクのマイダンを始めたが、そこはショッピングセンターや回転木馬、ステンレス製のピンヒールの「スリッパ」などがある場所だった。ある者は過激、ある者はリベラル……大半は平和主義者だったが、何人かは暴力を待ち望んでいた。パヴローは非暴力の側にいて、目的が手段を正当化する、というレーニン主義者の格言を否定していた。彼の信じるところによれば、民主主義は非民主的な方法で築くことはできないのだった。

パヴローはしばしばキーウのマイダンまで出かけた。そのあいだ、ドニプロペトローウシクでは、さして人数は多くないが活動家たちが毎日ヨーロッパ広場で集会を開いていた。そして一月半ばに「独裁者法」が敷かれ、ウクライナが独裁制に向かっていることがあきらかになると、ヨーロッパ広場にはさらに多くの人びとが詰めかけた。さまざまな環境にいる人びと、こういう機会でもなければ絶対に出会うこともなかった人びとであった。一月二六日、パヴローや他の活動家たちはその地域の行政ビルに赴き、独裁者法に反対する人びとの側について欲しい、と地方政府に訴《え》えた。寒い日で、通りは氷と雪で覆われていた。行政ビルに到着したとき、彼らは野球のバットや鋤の柄で武装したティトゥーシキの出迎えを受けた。制服姿の完全武装をした民兵《ミリシア》たちもいた。デモ参加者とほぼ同じ数の民兵がその場に立っていた。

パヴローと二人の活動家が、当局と交渉するための代表に選ばれた。彼らは民兵《ミリシア》たちに近づき、こん棒や盾を下ろしてくれるよう頼んだ。一瞬だが、パヴローには彼らが説得に応じてくれるように感じられた。それから彼は、民兵たちは実はティトゥーシキの防衛にあたっていて、この事態はお膳立てされていたことに気づいた。

「怖くはなかったの？」と私は彼に聞いてみた。

「もちろん、嫌な気持ちはしたよ」。パヴローは答えた。

次に何が来るのか、デモ参加者たちが殴打されたり撃たれたりするのか、はては殺されるのか、誰にもわからなかった。多くの女性たちも、子どもたちも、祖父母の年齢の者たちもいた。パヴローは最低限でもいちばん弱い人間たちは守らねばならない、という責任を感じた。ひとたびティトゥーシキが暴力を振るえば、デモ参加者たちも暴力で応え、大量逮捕や射撃の口実になってしまうだろう。そのことはパヴローにもわかっていた。あとになってしまえば、誰が射撃していたのかも、どこからだったのかも判明しなくなるに違いない。そこでパヴローはどのような暴力にも反対の立場をとった。「なぜなら、それが連中の挑発であることを、僕たちは完璧に理解していたからだよ」。

彼らのデモの目的は、地元当局に対し、選挙民の民主的な利益を守るよう説得することにあった。パヴローは当局と話し、市民たちに危害を加えないよう言質をとる決心をしていた。だが事態はそのようには進まなかった。残り二人の代表のうち一人がいきなり逮捕されてしまったのだ。パヴローはそれまで彼と一緒にいた。二人して、デモ参加者たちがティトゥーシキによってばらばらにされるのを防ごうとしていたのだ。逮捕された代表は、自ら身を挺して女性をかばっていたところだった。それから催涙ガスの使用が始まり、パヴローは突然視力を失った。友人が彼を連れ出してくれた。後になってパヴローは民兵《ミリシア》の本部に足を運んだが、到着したとき、手錠をはめられた多くの人びとが印のない車に乗せられているのを目撃した。市の全域で人びとが拘束されたが、そのなかにはデモにも加わっておらず、ランダムに選ばれたと思われる人びとまでいた。

友人たちは、パヴローにできるだけ迅速にウクライナを去ること、そして、その場合は警察が彼を待ち受けているドニプロペトローウシク空港を避けるよう助言した。そこで彼はドニプロペトローウシクからキーウまで車で移動し、キーウから空路でブリュッセルに着いた。パヴローは、自分がブリュッセル行きの便に乗ることを許可されたのは、ドニプロペトローウシクとキーウの警察の連携があまりにもお粗末だったからだと信じていた。

パヴローは、ヤヌコーヴィチがウクライナから逃亡するまでの期間を、ベルギー、続いてオランダに滞在して過ごした。彼は三月初めにドニプロペトローウシクに戻ったが、実質上ドニプロペトローウシク市では行政がまるで機能していないのに気づかされた。

イーホル・コロモイシキーが市長に選ばれたとき、パヴローは喜んだ。それは、部分的にはコロモイシキーがユダヤ人コミュニティを代表していたせいだった。何と言っても彼はオリガルヒだったから、彼が任命されたことには議論がついてまわった。一方で「われわれは全員が何らかの変革が必要だと完璧に理解していた」。そしてコロモイシキーは、そうした変革を素早く実行するタイプの人間だった。パヴローはコロモイシキーを個人的に知らなかったが、地元の活動家たちを代表して彼を歓迎し、その見返りとして、パヴローは彼のアドバイザーの一人として招かれた。

マイダンのあとでも、法の支配が到来するだろうと言って浮かれている時間はなかった。何せ、数日のうちに革命は戦争に変わってしまったのだ。二〇一四年四月にはもう、負傷したウクライナ兵たちがドニプロペトローウシク空港に到着し始めた。二〇一四年五月、パヴローはウクライナの防衛のために国家防衛基金を創設し、彼と仲間の活動家たちは小企業の経営者や一般の人たちから寄付を募った。

「だから、僕は平和時にはエコロジストで、もっぱら物理やエコロジー、持続可能な開発などに携わっていたのに、今では国家の防衛に忙殺されているのさ」。

大学でのパヴローの最初の学位は電波物理学に関する研究によるものだった。彼は予備役将校として軍事コミュニケーションの訓練を受けていた。今の彼は、ウクライナ軍のために、暗号化された無線通信の立ち上げを始めていた。

「この時点でも」とパヴローは説明した。「私たちの国家や防衛省は、手を拱《こまね》いているのさ」。

立ち上げ段階でパヴローとともに働いた無線通信の専門家たちには、それ以降に殺害された者がたくさんいる。そのなかにはパヴローの友人のヤーシャもいた。パヴローは長いこと、ヤーシャが生きていて人質になっているのだと願っていた……だが時間とともに悲しい証拠が蓄積されていった。ヤーシャがどこで死んだのか、それさえパヴローにははっきりしなかった。

国家防衛基金は、救急医療品や、事態対処医療の訓練コースを供給した。また人質を交換する交渉を行った。パヴローは殺害されれば敵側が喜ぶ人間だったので、分離主義者たちとの交渉を自分では行わなかった。しばらくのあいだ、彼は前線に週に一度ほど出かけていたが、それ以降は盛大に探索されるようになってしまい、一度などは分離主義者たちに殺されそうになったことすらあった。そこでパヴローは交渉にこだわるのをやめた。いずれにせよ、仲間のオルガが分離主義者たちとの人質解放の交渉にあたった。オルガはパヴローより若く、三〇歳を超えたばかりだった。

「これはとても複雑で難しく、危険なうえ、実にデリケートな仕事なんだ。そして彼女は、小柄でかよわい女性なんだよ」。

交渉の過程を予測するのは不可能だった。パヴローの説明によれば、今日にも分離主義者たちが電話してきて、人質を交換する用意ができた、と言い出すこともありうる。それに応えてオルガと少数の同僚たちが彼女の車に乗り込み、政府の支配下にあるウクライナ領と分離主義者が支配する地域の境界まで赴くことになる。その企てが成功すれば、彼女たちはドニプロペトローウシクまで人質を伴って戻ることができた。あるときは交換抜きで人質の釈放の交渉になんとか成功した。またあるときには囚人同士を交換した。ただ、ときにはまるで失敗することもあった。最近では二度にわたって交渉は失敗していた。オルガが交戦地帯に一週間以上も滞在したのに、結局誰一人として連れ帰ることができなかったのだ。

「これは複雑で心理的駆け引きの必要な、いろんな要素の絡んでいる「ゲーム」なんだ……そう言ってもいいな」

「それでときには成功するんですね?」と私は聞いた。

「たいてい成功するね。僕たちは、政府が連れ戻したよりも多くの戦闘下の人質を解放しているよ」

これまでオルガとその仲間たちは、ドニプロペトローウシクに何十人もの人質を連れて帰っていたが、何人かは手や足を失っていた。

「ウクライナ軍は、交換する目的で人質を取るの?」　私は尋ねてみた。

「そうだね。つまり、ときどきはわれわれの手中にある人質を利用して、交換することもある。意図的にとった人質だな」

パヴローは、ウクライナ側の囚人の扱い方には完全に満足してはいなかった。彼が知るかぎり、ウクライナの軍隊によって公式に捕らえられた戦争捕虜は人道的に扱われていた。だが彼は同時に、ときどきウクライナ側は公式には戦争捕虜と宣言されていない人質をとること、ウクライナ側が捕虜たちを痛めつける事態も起きていることを知っていた。

「だが、それが人間の心理なんだ」とパヴローは言った。「それが戦争なんだよ」。

パヴローはおそらく、道徳的により高められた人類というものを期待していただろう。だがそれはありえなかったので、せめて双方の囚人への人間的な待遇を保証するために国際機関が介入してくれるのを望んでいた。公式には戦争は存在せず、ウクライナ政府は「反テロリスト作戦」を宣言しているにとどまっていた。パヴローはこうした事態を喜ばなかった――もし戦争が行われているなら、それは宣戦布告された戦争であるべきだし、国際法が施行されるべきなのだった。彼はきわめて法を好むタイプの人間だった。だがそれまでの、法の支配が存在しないあいだは、人命を救うことが最も重要だった。そう考えて、パヴローとオルガは誰とでも胸襟を開いて話すつもりだった。

パヴローは率直に言った。「われわれにとっては、誰を相手に交渉をしているかは重要じゃないんだ。それがテロリスト組織であるかどうかも重要じゃない。なぜなら僕たちは、ドネツィク人民共和国やルハーンシク人民共和国でも、テロリストグループは一つでなくたくさんあることを知っているからだ。お互いにいがみ合い、戦い、殺し合うギャングの集団がある。だが、僕らがギャングたちと通じ合う言葉を見つけてウクライナ市民を連れ帰ることができたとしたら、それは良いことだと思う」。

「僕たちにとっても、ユダヤ人にとっても……」。パヴローはまた話し始めた。

パヴローが自ら信じる宗教について思うことだったが、ユダヤ教で最高の価値を持つのは人間の命だった。だからそれが誰かを救うことにつながるのであれば、彼は誰とでも話し、交渉した。パヴローのオフィスにはジドバンデラのバナーが下がっていた。ウクライナ国旗と同じ色を使っているが、黄色の地に青で、三叉槍《トルィーズブ》の紋章がダビデの星と融合した図が描かれていた。パヴローはさらにジドバンデラのフード付きのトレーナーを見せてくれたが、コロモイシキーのTシャツと同じように黒字に赤い印が書かれていた。パヴローはユダヤ教の戒律をさほど厳守する方ではなかったが、きわめて敬虔なユダヤ人の友人たちもいて、安息日《サバト》に背いてウクライナの独立のための戦争に身を投じていた。これは許容できるどころではなく、ミツバーであり、人命が危機にさらされたときに適用されるユダヤ教の戒律だった。

「僕たちは完璧に理解している」とパヴローは私に言った。「僕たちにとって重要なことは、人命を救うことだとね」。

イーホルと私が去る前に、パヴローは彼がドニプロペトローウシクのマイダンで弾いていたアップライトピアノを見せてくれた。それは古いイバッハで、友人が彼のために修復してくれたものだった。パヴローは私に、イスラエルに移住した東欧のユダヤ人たちについてのジョークを教えてくれた。ユダヤ人がイスラエルにバイオリンとともに到着したなら、彼はバイオリン奏者だ。バイオリンを持っていなければピアニストだ、というのだ。パヴローはピアニストだった。彼はピアノの椅子に腰かけてポーランドの作曲家イェジ・ペテルブルスキーの作曲した『最後の日曜日』というタンゴの曲を演奏し始め、イーホルがそれに合わせて歌った。[†1] パヴローは、イェジ・ペテルブルスキーは、彼の祖父でトロンボーン奏者だったボリスの友人だった、と教えてくれた。一九三〇年代に、ボリスはドニプロペトローウシクで最初のジャズの楽団を設立したのだ。ジャズは当時、反ソヴィエト的だという理由で禁止されていたので、バンドは「全国の楽器のアンサンブル」と称していたが、その楽器のなかにはマンドリンも含まれていた。「神は人間を演奏する」とイーホルが付け加えた。「そして人間はマンドリンを演奏するのさ」。

---

†1　『最後の日曜日』To ostatnia niedziela（The Last Sunday）1935を聞くには次を。https://www.youtube.com/watch?v=iH1_ksC2hII

34　ヴォランティア活動

「プーチンの帝国主義的な野心、ウクライナの政治家たちの無責任さ、政治の腐敗、西側が巻き込まれるのを怖れたこと……ウクライナの人間たちにとって、自分たちがどこにいるのかもどこへ向かっているかも理解できないのは、暗闇のなかで右往左往するようなものだ」。そうセルヒー・ジャダンは記した。

私が二〇一五年六月にパヴロー・ハザーンに会うまでに、ドンバスは人道の観点から破滅的な危機の場と化していて、およそ一〇〇万人の人口を持つ都市ドネツィクも両側から砲撃されていた。何十万人という避難民が、キーウやリヴィウを始めとするウクライナの市や町に到着した。レナとレオニード・フィンベルクの息子アルセニーは、二人の幼い子どもの父親で、ロジスティックスの面で優れた旅行社を経営していたが、キーウの下町のポジル地区に避難民センターを創設した。ユダヤ系の新聞のインタビューに答えたアルセニーは、[*17]「以前から自分が市民の義務と考えていたことを、ユダヤ的価値観がさらに強固にしてくれた」と語った——つまるところ、自分の隣人が苦しんでいるときに傍観することは不可能なのだ。

ポジル地区の避難民センターは、おんぼろのビルに設置され、スタッフはヴォランティアだったし、普通の市民から集めた寄付金で維持されていた。どの部屋も古着の山で溢れかえっていたし、ある部屋ではペンキの塊が壁からはげ落ちていたが、その部屋にアルセニーはラップトップとプリンターを設置し、備えつけたモニターが列の中の何番が呼ばれたかを表示した。大きなテントが、本やおもちゃを備えた遊びのスペースとしてしつらえられていた。緑と黄色のドラゴン、赤い帽子をかぶった黒いブチのある白い犬、黄色いTシャツを着た長い鼻の茶色のネズミといった使い古されたぬいぐるみの動物が、戦争を避けてやってきた人びとを出迎えていた。この避難民センターは政府の資金援助を受けているわけではなく、「自発的秩序形成」のもう一つの好例だった。

「ウクライナはちゃんと存在していて、消え去ってはいないのは、政府のおかげではなく、政府の存在にも関わらずなんだ」とセルヒー・ジャダンは私に告げたものだ。

「国家が機能していないために自分たちが結集する必要がある」ことを認識しつつも、「その国家を守ろうと結集している」アルセニーやパヴローといったヴォランティアの胸中には葛藤があった。パヴローは、「僕らの国家防衛基金の目的は基金そのものを廃《すた》れさせることにあるのだし、実際的で有用かつ有能になるにはどうしたら良いかの例を政府に示すことにあるんだよ」と真面目に話した。パヴローは私に、同僚の兵士たちが基本的な事態対処医療の訓練を受けていて救急セットさえ持っていれば、亡くなった兵士の多くは死なずに済んだはずだ、とも語った。パヴローの国家防衛基金によって救急処置の訓練のコースが組織され、軍隊の新兵たちに事態対処医療を教えた。ヴォランティア活動は、本来政府がやるべき仕事をしていた——兵士を訓練し、軍隊に物資を補給し、人質の交換を交渉し、避難民の家や食事の面倒を見たのだ。

これは、たんに不条理な時代を生きるための演習ではなかった。マイダンの時期にキーウの誰もがしなければならなかった選択は、「ロシアの春」のあいだにウクライナ東部の人間誰もがせざるをえなかった選択だった。セルヒー・ジャダンは、自分の町であるロシア国境に近いウクライナ北東部のハルキウにとって、二〇一四年の春こそが「真実の瞬間」、正念場だったと主張した。政治学者のタチャーナ・ズハルツヘンコはそれを「曖昧《アンビヴァレンス》さの終わり」と名づけた。タチャーナもハルキウ出身で、家族や友人のあいだでの分断を経験していた。ハルキウ、ルハーンシク、ドネツィク、ドニプロペトローウシクやオデーサでウクライナ寄りの立場を取ることは、ヨーロッパ寄りの姿勢を取ることよ、と彼女は言った。ウクライナ東部での戦争は、ヨーロッパの境目をめぐる問題なのだ。タチヤーナはウクライナを選んだ。彼女はその結果、友だちを失っていた。

ドニプロペトローウシクでも、決断のときはマイダンでの虐殺のあとになってやってきた。イーホル・コロムイシキーのギャングめいた存在感と、プーチンのマチズモに自身のマチズモで挑みたいという欲求が、ウクライナ寄りの選択を実質的に可能にした。なにせ「裸足で裸の」ウクライナ軍が戦う用意ができていなかった時期、オリガルヒから知事になったコロムイシキーは自らの富で人びとを武装させたのだ。「たしかにコロムイシキーは武器を供与したが、前面に出てそれらを使うことを志願したのはドニプロペトローウシクの人びとだ」とオレフ・マルチュークは強調した。オレフは広い肩幅を持った、マイクロエレクトロニクスを扱う地元のビジネスマンだった。

「ドニプロペトローウシクで起きたヴォランティア活動は、前例のないものだったよ」。そう彼は私に語った。

オレフは上等な音楽や車を好み、食べ物やワインにうるさかった。二〇一五年六月、彼はリヴィウのアルファ・ジャズ・フェストを見物してからドニプロペトローウシクに戻った。自分のレクサスででこぼこ道を一四時間も運転したのだ。彼は私をカール・マルクス通りにあるお洒落なカフェ・ミーシ・ブリャヘーラに連れていってくれたが、そこではウェイターとウェイトレスがさながらモダン・アートを思わせるようなメニューを供してくれた。オレフはずいぶん前に機械工学を学んだ。彼はその頃は負けず嫌いなランナーだった――八〇〇メートルを二分、一キロを二分四四秒、一〇キロを三七分で走った記録を持っていた。現在の彼は体重も増え、ランナーよりはボディビルダーのように見えた。両腕はたくましく、分厚い手をしていたが、それは彼の贅沢な腕時計や大きすぎるプラチナの結婚指輪には良く合っていた。

オレフはビジネスマンであることにこだわった。その職業こそ彼が望んだもので、かつて中距離走での競争を楽しんだように、今は市場での競争を楽しんでいた。だが運動競技と同じように、ビジネスにおいても、条件が公平であるときにだけ競争を楽しめるのだ。オレフの説明では、ドニプロペトローウシクは中流階級のビジネスマンの都市だったし、本来ならば自分のような人間たちが方向性を打ち出すべきだが、実際には腐敗が蔓延しているなかでビジネスを正常に行えていない、とのことだった。オレフは公平なルールに基づいてゲームをしたかったし、合法性のために活動家になり、市場に法の支配を求めてロビイングをした。二〇〇八年、彼は賄賂の受け取りを拒否する企業所有者やトップレベルの管理職たちの組織を創設した。

「賄賂のシステムに関わらずにビジネスをすることはそもそも可能なのかしら?」と私はオレフに尋ねた。

「不可能だね」と答えが返ってきた。「つまり、すべてのビジネスマンは、多寡に差はあれ賄賂を払っている。どこかに自分は払っていない、と言う人間がいるかもしれないが、僕はそんな人物は知らないね。これは正直に話しているんだよ。すべてのことがどの程度の賄賂を払うか次第だが、所詮は遅かれ早かれそれを払わざるをえないのさ」。

オレフは明瞭な説明をした。皆が賄賂を払わねばならないのは当たり前のことで、彼の組織のメンバーが他と区別されるのは賄賂を受け取るのを拒否したからだった。だから彼らはきわめてえり抜きの人間たちで、メンバーの全員がマイダンを支持していた。

オレフは真っ当に成功したビジネスマンでありたいと願った——労働者や農民でもなく、オリガルヒやギャングでもなく、法の支配する国家で西欧型の企業幹部になりたいと。自分の階級や出自へのこだわりがとても強い彼は、労働者たちに対しては懐疑的だった。

「ここのプロレタリアは、一九一七年にレーニンとともにプロレタリア革命を勝ち取った。そして今、彼らはうんざりしているんだ」。そうオレグは語った。

だが他の者たちはまだうんざりしていなかったか、もはやうんざりしてはいなかった。ドニプロペトローウシクは過去二年のあいだに変貌して「コサックの魂」が復活していた。この都市はより自信に満ち、自負心を持つようになっていた。市民たちは自分の価値観について、「人は何のために進んで生命を捧げるのか」について、自らに対し厳しい問いかけをするようになっていた。

「それ以外のことは、半分の価値しかないんだな」とオレフは言った。

もしドニプロペトローウシクで戦争が始まれば人びとは戦う、とオレフは確信していた。そうなったときのムードは、きわめて愛国的だろうし、誰もが自分たちの住む通りや家を守るに違いない。

「プーチンがこれを理解しているかどうかはわからないが、ロシア兵たちがここに来たなら、奴らを殺してやることになるだろうね」。

カフェでは声高に会話がなされ、混んでいたためテーブルは互いに近くに寄せられていた。オレフは私たちの周りの人びとを見回して言った。

「ここに座っている人間のうち、二人に一人は武器をとるさ」。

35　共産主義の亡霊

ドニプロペトローウシクの小企業経営者のユーリ・フォメーンコは実際に武器をとった。二〇一四年春、彼は子どもたちを危険な地域から退避させるヴォランティアとなった。さらに八月にはウクライナ軍に志願し、それに続く九ヶ月間にわたってドンバスでの戦闘に参加した。デバリツェヴェとホルリブカとのあいだの農村地域でだった。彼は一九八〇年代にソヴィエト軍に勤務していたから軍務の経験があった。頑健で、綺麗に髭を剃り、尖った耳と薄青い瞳の持ち主だった。

「ソヴィエト軍のときには、軽機関銃に帝国主義の亡霊を見つけようとしたものさ――そしてウクライナ軍では、共産主義の亡霊を見つけようとしたよ」とユーリは私に語ってくれた。

ユーリは、分離主義者をけしかけてウクライナ国家に反乱を起こさせたことでクレムリンは計算違いをした、と信じていた。ロシア国旗を掲げるだろうとプーチンが判断したウクライナ東部のロシア語地域が、よりにもよって分離主義者と戦う志願兵大隊を最も多く生み出したのだ。

「ドニプロペトローウシクは防衛の中心だった」と彼は私に教えてくれた。「ロシアはこれに衝撃を受けた。これらの地域でこそ、パンと塩で歓迎されるとロシア人は思っていたからね……」。

ユーリが志願したのは「自分の土地、祖国、祖父らの領土」を守るためだけでなく、「精神的な価値観」、とりわけモスクワのそれと調和しない精神的な価値観を守るためだった。

「今、ウクライナ人であることは、あなたにとってどんな意味があるの?」そう私は彼に尋ねた。

「ウクライナ人のメンタリティは「コルホーズ」でなく自給自足だ。誰もが固有な人格の持ち主だ。それに対してロシア人はもっと集団的だ――たとえば、イノシシを捕まえれば、それを家に引きずってきて、女がそれを解体するんだ」

こうしたウクライナ的価値観は、いかなる場合であっても民族や言語とは関係なかった。ユーリは、言語上の問題などは想像上のものに過ぎず、ロシアのテレビのでっち上げだ、と語った。ドニプロペトローウシクでは、人口の大多数にとってすでにロシア語が支配的な言語だったのだから……。

「すべてが不条理の上に成り立っている」とユーリは言った。

軍役に復した最初の時期にユーリは一五人ほどの兵卒の指揮に当たり、のちに一〇〇人ほどの兵士とコズレノクという隊付きの猫を指揮するようになった。彼はスマートフォンでコズレノクの写真を見せてくれた。

ユーリの友人にはこの戦争で命を落としていた者がたくさんいた。年配の人たちも同じく命を亡くしていたが、彼らは第二次世界大戦下のドイツ兵の方が今のロシア兵より自分たちに残虐ではなかった、とユーリに話していた。ユーリ自身は、客観的に見てそれが真実か否かははっきりとは言えなかった。

「そこには恐怖がある」と彼は言った。「実に嫌な気分だ」。

「あなたは分離主義者の誰かを殺したことがあるの?」と私は彼に尋ねた。

「それは込み入った問題だな。答えたくないね。込み入った問題なんだよ」

36　文明的な選択

「「ウクライナ」はあなた方にとって何を意味するんですか?」私はドニプロペトローウシクの活動家

で、オレフ・マルチュークやユーリ・フォメーンコと同世代であるヴァレーリーとエレナのコザーチェク夫妻に聞いてみた。

「もちろん、私たちはウクライナをとっても愛しているわ！」　エレナは表情豊かに答えた。

「どのようなウクライナを望んでいるの？」

「自由で、ヨーロッパ的な国よ」と彼女は答えた。「でも、それは問題ではないわね。ヨーロッパ的であれ何であれ革新的なウクライナね。世界中で認められている価値観、だからこそこの国も持つんだという価値観を抱いたウクライナね。二つも犯罪歴のある男で、帽子を盗んだ罪で監獄に入れられた男なんぞを、二度と大統領に選ばなくて済むような価値観よ」。

　エレナもヴァレーリーも、二人ともドニプロペトローウシクのマイダンに立った。もっともキーウと違って人びとは夕方にだけマイダンに集ったので一日じゅうではなかった。ただ、冬のあいだ、彼らはそこに毎日顔を出した。もっとも、安全でないと思われた日には、オレフ・マルチュークと同じくがっちりした体格をしたヴァレーリーだけが通った。彼らの成人した息子はその時期にキーウにいてマイダンに通っていたが、危険なときでもマイダンに立つことを両親には隠そうとしていた。

　エレナとヴァレーリーにとって、マイダンはロシアへの隷属の終わりを意味した。文字どおりの終わり、終止符《フルストップ》！　彼らはホロドモール、つまり一九三〇年代の飢饉を思い出していた。ソヴィエト・ウクライナが凶作に悩んだとき、スターリンの部下たちがやってきて穀物の最後の一粒まで取りあげ、結果的に数百万人を飢餓に追いやった。ヴァレーリーの母の姉はわずか五歳の時に飢えで亡くなったが、それは一九三三年のことで、ヴァレーリーの母が生まれる前のことだった。それから長い年月が過ぎたあとでも、彼の家族は依然として——そこにいたはずの年配の親戚たちによって形作られた——飢饉の記憶の陰で生きていた。

「その原因をつくったのはモスクワだった」とヴァレーリーは言った。「あの人たちを殺した奴ら――僕は連中について知りたくない。僕らの敵だからね。連中はつねに僕たちの敵だった。ソ連時代、ソヴィエトの学校で、連中は僕らに嘘をついた、嘘を教えたんだよ。わかるかい？　ロシアの歴史のすべてが捏造されたものなんだ。そこには一片の真実さえない。まったくないんだよ」。

ロシアはその名前――ロシア（Russia）のルーシ（Rus）――さえウクライナから盗んでいる。一〇〇〇年以上も昔、中世の東スラブ人の公国の連合キーウ＝ルーシに起源がある。……そう語るヴァレーリーにとって歴史はきわめて重要だった。彼は私がきちんと理解しているかどうかを確かめるように、幾度となく繰り返した。「ソ連は、一九三三年の飢饉をつくりだした。ソ連はヒトラーと連携して戦争を引き起こし、一般市民がその代償を払わされた。それがマイダンで戦った僕の個人的な動機ってやつだ。ロシアと旧ソ連から、ウクライナを完全に切り離すことがね」。

彼はこうも言った。「マイダンは、ちょうど終止符《ピリオド》のようなものだったよ」。

ヴァレーリーとエレナは、私に向かってロシア語で話さねばならないことを残念に思っていた――よりにもよって彼らの敵、つまり彼らに嘘をつき、彼らから盗み、彼らを殺した人びとの言語を使うことを。最近の彼らは、ウクライナ語の本をどんどん読むことでウクライナ語の向上を目指していた。彼らにとってはロシア語の方が主言語だったが、自信のあるパヴロー・ハザーンやユーリ・フォメーンコ、オレフ・マルチュークとは違って、彼らは少しばかり気恥ずかしいという感情を抱いていた。ロシア語という言語が、まるで自分たちよりはスターリンやプーチンに属しているかのようだった。

「僕らはヨーロッパの国なんだ。わかるかい？」そうヴァレーリーは尋ねてきた。

彼らが選択したのは、ロシアから自由になり、三、四世紀前にそうだったようにウクライナがヨーロッパの一部になる、という「文明的な選択」だった。「文明」は一八世紀のフランス啓蒙思想の造語で、自然の状態の無秩序と野蛮さが克服されたことを意味する。それこそヴァレーリーとエレナが必要としたもので、彼らは自分たちのこともそのように捉えていた。彼らは、ヨーロッパ人たちがウクライナを交戦状態の国家と捉えていることに取り乱していた。戦闘はウクライナの狭い土地で起きているに過ぎず、その前線は一六〇キロ以上も離れたところにあったのだ。

「この国に子どもを連れてきたとしても、何の問題もないんだ」とヴァレーリーは私に請け合った。「何かが起きるなんてことはないよ。一〇〇パーセントないよ」。

ドニプロペトローウシクで戦闘が起きていないのは事実だった。市中には剣呑な雰囲気すらなかった。

「あなたたちはここまで戦争が広がることを少しも怖れていないの?」と私は尋ねてみた。

「まったくないよ」とヴァレーリーは言った。

「私たちは怖れているわ」とエレナが言った。彼女は初めて、夫と反対のことを口に出した。

「僕は恐れていないよ」。ヴァレーリーが誇らしげに言った。

「私たちは文明人よ」。私たちが別れるとき、エレナは握手しながらそう言った。「私たちはあなた方を理解しているけれど、あなた方は私たちを理解してくれないのね」。

37　赤の広場の「黒トカゲ」

私の歴史家仲間であるアンドリー・ポルトノヴの妹テチャーナ・ポルトノワは、メノラーの形の複合施設に入っているコシャー・カフェで、彼女の友人であるイーホル・ペトローフシキーとヴィクトーリヤ・ナリジュナを私に紹介してくれた。イーホルはがっちりした体格のビジネスマンのオレフ・マルチューク、ユーリ・フォメーンコ、ヴァレーリー・コザーチェクらとは対照的にスタイリッシュな男性だった。四二歳のイーホルはほっそりした体躯で、芸術家を気取り、スケート選手のように髪を金色に染め、口髭とやぎ鬚と薄い無精髭が整った形の鼻を縁取っていた。指は細く、マニキュアされた爪には透明なグロスが塗られ、左耳には小さなダイヤのイヤリングをしていた。彼の妻ヴィクトーリアは、銀のイヤリングを揺らし、赤ワイン色をした袖なしのタートルネックを着て、大きな鼈甲の眼鏡をかけ、波打つ髪は濃いオレンジ色に染めていた。イーホルがヴァレーリーと違っていたように、ヴィクトーリヤはヴァレーリーの妻のエレナととても違っていた。それでも、彼らは四人とも同じ側にいた。

イーホルにとってマイダンは三度目の革命で、ヴィクトーリヤにとっては二度目の革命だった。ソ連が一九九一年に崩壊したとき、ヴィクトーリヤは一〇歳にもなっていなかった。彼女は二〇〇四年六月、オレンジ革命の直前に文献学の学位を得て大学を卒業した。今はコラムニストや英語の翻訳家として働いているが、さらに心理学で二つ目の学位を取るために大学に戻っている。イーホルもフリーランスのジャーナリストとして働いているが、そのかたわら、数学の学位を生かしてアメリカのＩＴ企業で働いていた。彼らは二人とも英語を話したし、もしマイダンが起きなければ、ウクライナに見切りをつけて外国に居を移したかもしれなかった。

彼らのボヘミアン的な美意識にも拘らず、イーホルとヴィクトーリヤはパヴロー・ハザーンとよく似た啓蒙主義者だった。三人は自由な表現や理路整然とした会話、「公共圏」、それに市民社会の役割を信じていた。二〇一一年一一月、夫婦は何人かの友人たちと協力して「黒トカゲ」という名の小さな画廊兼書店を開いた。子どもがいない彼らは自由だった。「黒トカゲ」は布教活動のような性質を備えた、皆が集って意見をぶつけあう場所だった。彼らはこういった形で社会に割り込んでゆくのが大きな結果をもたらすこと、その影響が波紋のように外へと広がることを理解していた。

「その店は「赤の広場」という通りにあるのよ」とヴィクトーリヤが言った。

「すぐに、その通りには違った名前がつけられるわ」。こうテチャーナが付け加えた。

ソヴィエト時代のドニプロペトローウシクには「黒トカゲ書店」のような場所はなかった。ヴィクトーリヤとは違い、イーホルはそれをよく覚えていた。「ソヴィエト時代には、この中心街は完全にがらんとしていて、暗くてカフェさえなかったんだよ」。一九九一年以降に事情は急速に変わったが、イーホルから見るとその変化は表面的なもので、メンタリティでなく外観が変わったに過ぎなかった。

この一〇年間というもの、イーホルとヴィクトーリヤは多くの時間をオレンジ革命について考えることに費やしてきた。オレンジ革命は、イーホルにとって二度目、ヴィクトーリヤにとっては初めての革命だった。

「僕らは、二〇〇四年のことをとても恥ずかしく思っている」とイーホルは私に言った。「それがなぜかを説明しよう。僕らは、うまくやってのけたという気持ちを抱きながらマイダンから立ち去ったんだよ。マイダンでの出来事が終わったのが、目の前の課題の終わりではなく、ほんの始まりだってことに気づいていなかったんだ。そうさ、僕らはこう思い込んでいた——選挙に勝利したんだから、静かに立ち去っていいんだ、そして自分たちの用事や仕事にかまけてカネを稼いでいることができるんだ、そうすればあちら側の誰かが国を変えてくれる、ってね」。

「善良なヴィクトル・ユシチェンコが、私たちのために何もかもやってくれると思っていたんだわ」。そうヴィクトーリヤが付け加えた。

そして今、変革を確実なものにできるのは自分たちだけだ、と彼らは思い知ったのだ。

「だから僕たちは、二〇〇四年のオレンジ革命のことは真底から恥じている。つまり、僕たちもマイダン革命での死者に責任があるんだもの。オレンジ革命のときに立ち去ってしまった以上ね」

だから、二〇一三年、イーホルとヴィクトーリヤは、新たな革命で過去の負債を払う機会が訪れたことを歓迎した。彼らは人びとを真に震撼させるマイダンのような事態を待ち望んでいたのだ。

「一月二六日の出来事が、まさに皆を震撼させたのよ」とヴィクトーリヤは言った。

ティトゥーシキ、殴打、最初の流血、市を恐慌に陥れようと意図する無作為な逮捕――それこそ何かが変わる瞬間だった。一一月三〇日のキーウのようにはゆかず、暴力が振るわれた翌日の一月二七日、ドニプロペトローウシクではほんのわずかな人びとが路上に繰り出したにとどまったが、それでもそうだったのだ。その日はとても寒い日で、人びとは怖れていた。イーホルは落胆していた。

ヴィクトーリヤは人びとが怖れているのを理解できたが、怖れを打ち破る方法もあると信じていた。「ど派手な行動をしてみる価値はあったでしょうね」と彼女は語った。「そう、何らかのど派手な行動をね」。

チュトトヤルコイェ……ヴィクトーリヤはしばしばこの言葉を使った。何か活き活きして、華麗で、快活なものという意味だ。彼女自身もなかなか「ヤルカヤ」（快活）だった。彼女は活き活きと語った。一月二六日以降、彼女はある考えを温めていた。ウクライナは家父長的な社会だから、男たちは女を攻撃することはしたくないだろう。そこで考え出された「姉妹の連隊《ソートニャ》（一〇〇人隊）」［用語解説2を参照］は女性だけのデモだった。ヴィクトーリヤや仲間のまとめ役は、男性には脇にどいてもらって、あらゆる年代にまたがる一〇〇名ほどの女性たちで壺や鍋、バケツ、ドラムを持ちながら行政ビルまで行進した。行政ビルは今や誰もが近づくのを怖れていた場所だったが、大事なのは怖れを打ち破ると同時に、人びとがまとまる方策を考え出すことだったのだ。

ヴィクトーリヤは自分が暮らす社会に対してきわめて批判的だった——政治的腐敗、冷笑主義、受動的な姿勢。それでも彼女はこの社会が変革できると希望を抱いていた。彼女は、マイダンのような極限状況が、人びとが互いに手を差し伸べあうのを促した様を目撃した。マイダンでは人びとの顔つきまで変わって見えた。それまで会ったこともない人びととのあいだに絆が生まれ、他人の顔を見て互いに笑みを交わし合うだけでつながりが生じた。ある日、イーホルと彼女はキーウのマイダンを訪れた。凍るような雨の日で、足元は滑りやすくほとんど歩けない状態だったが、ヴィクトーリヤは自分が転ぶことはないだろう、と思った。誰かが滑ったりすれば、すぐに何人かの腕が差し伸べられて支えてくれるように感じたのだ。この唐突に現われた信頼感は自分を変えた、とヴィクトーリヤは語った。そのおかげで、他者にオープンになれたし、それまで一度も経験したことはないやり方で彼らの空間に加わりたい、と思うことができたのだ。

お互いへの信頼はお互いへの責任に通じる、とイーホルは語った。マイダン以前は、もし警察にスピード違反で路肩に寄せさせられたら、違反者は警官に賄賂を支払った。なぜなら、罰金を公式のやり方で払おうとすれば、途方もなく複雑かつ時間がかかることになるからだ。それがこの国のシステムの働き方だった。誰もが賄賂を支払うものという了解がなされていたので、この国の官僚機構は機能する必要がなかった。それがこの国のカフカ的なシステムを相手に、途方もない時間とエネルギーを費やさないですむ唯一の方法だった。「だが、この腐敗したシステムの全体が実際にこうした少額の賄賂に支えられているのだから、皆がそれを支払うのをやめないかぎりは何一つ変わらないだろう」とイーホルは説明した。

イーホルとヴィクトーリヤは、変化はとても遅いことを認めたが、同時に、周囲の人びとが突如としてマイダンからわずか一年半のあいだに、ソ連崩壊以降の二〇年以上に比べても大きく変貌したのに気づかされた。人びとは、より行動的になり、他者に手を差し伸べ始めた。人びとが細分化されているときには、変革を生み出すのは難しかったのだが。

「以前はお互いがお互いを知らなかったのよ」。そうヴィクトーリヤが言った。

今や、互いの疎外が普通であった脱工業化のだだっぴろい都市で、人びとは互いの存在を見出したのだった。マイダン以降、イーホルとヴィクトーリヤは賄賂を払うのを恥じるようになった。今では彼らは、賄賂の慣行をインスティトゥーツィカ通りで殺された人間たちのことと結びつけて考えてしまうからだ。

だがイーホルが明瞭に説明したのは、ドニプロペトローウシクの大半の住民にとって、彼らの意識を変えるにはマイダンだけでは充分ではなかったということだった。ドニプロペトローウシクでは、キーウとは違い、病院からの拉致は起きなかったし、死者も出なかった。より劇的な意識の変化を市にもたらしたのは、クリミア半島を失ったこと、ドンバスでの戦い、そして彼らの家にまで戦いが迫ってくるかもしれないという脅威だった。ついにそれが起こったとき、人びとは冷笑主義と無関心から解放されたのだ。

「いつも僕らが言ってきたことだが」とイーホルは私に語った。「ウクライナは一滴の血も流さず、何をするでもないまま、独立を贈り物として受け取った。そしてただで受け取ったものには価値がないことを理解したってわけさ」。

「そして、今はもちろん、私たちはあらゆるものの対価を払わされているわ」とヴィクトーリヤが付け加えた。

今回は、どのようなことがあっても、彼らが二〇〇四年には無駄にしてしまった機会を再度無駄にするようなことがあってはならなかった。失敗に終わったオレンジ革命のあとの年月、ヴィクトーリヤは二度目のマイダンが起きることを願っていた——実際にそれが起きたときには感謝したものだ。最初の機会よりはお祭り騒ぎの要素が少なく、最後にはさらに暗い流血の事態も伴ったが、マイダン革命はオレンジ革命より成熟していたのだ。イーホルの説明では、ウクライナは政治的腐敗の沼地のなかで寝落ちしていたのだ。彼は、ウクライナ人たちがヤヌコーヴィチに感謝しなくてはならないと感じた。なぜなら、彼の愚かさのおかげで人びとが目覚めたからである。そしてその後の展開が示したとおり、ウクライナ人たちはマイダン以降は、眠ったままでいるように運命づけられてはいなかった。

38　愛国者を自由にハグしよう

私がイーホルとヴィクトーリヤと別れたときには、夜もかなりふけていた。そのあと、テチャーナ・ポルトノワと私は連れ立って市中を長時間にわたって歩いた。モスクワと同じく、ドニプロペトローウシクも、等寸大でなく実物よりちょっと大きめに作られているといった印象を与えた。テチャーナはほっそりとした、優しい口調で話す女性だった。友人のヴィクトーリヤと同じように、彼女はオレンジ革命の直前の二〇〇四年の夏に大学を卒業した。だがヴィクトーリヤとは違って、テチャーナはアカデミックな世界にとどまった。彼女は一九世紀を専門とする社会史研究家となり、農民やウクライナのインテリゲンチア、そして民族主義運動などについて発表した。大学で教えていたが、彼女の学生たちのほとんどはマイダンを支持していて、教授たちが無抵抗でしかも消極的であると批判していた。テチャーナも自己批判をした。彼女には今は三歳になる子どもがいたので、子どもがいなければ出ていただろうほどには街頭に出て活動できなかった。彼女は革命のあいだ赤ん坊の世話にかまけていたことに忸怩たる思いがあった。

二日後の朝、テチャーナはもう一人の友人アナスタシヤ・テプリャコーワを伴って私に会いに来た。テチャーナは、今度は私を市から離れた場所に連れ出し、ドニプロ川の方に向かわせた。そこには円形をしたサーカス用の建物があり、そこのバナーには「モダニズムの幻想」という宣伝文句があった。私たちはロタンダ（丸屋根のある円形の建物）を通り過ぎて、川辺のカフェに足を運んだ。カフェには他に誰もいなかった。

まだ二〇代のアナスタシヤは、オレンジ革命について恥ずかしく感じるには若すぎた。ただ彼女は、マイダンの時期にほとんど関われなかったのをすまなく感じていた。すべてが始まったとき、彼女には心構えができていなかった。彼女はいつでもウクライナを、パンと塩、ボルシチとヴァレニーキーと呼ばれる（夏になると酸っぱいサクランボを詰めた）ダンプリングで客人をもてなす平和な国家だと思っていたのだ。それまでは、戦争などとうてい想像できなかった。

アナスタシヤは言った。「正直に言えば、私はマイダンの期間、怖かったのよ」。

だが今はそれほど怖がってはいない。アナスタシヤはウクライナの国章が描かれた黒いTシャツを着て、大きな銀の十字架を首から下げていた。とても長いとび色の髪の持ち主で、生気に溢れ、きれいで自信に満ちた人柄だった――もっと謙虚で、知識や理解の限界に対して敏感なテチャーナとは対照的と言えた。テチャーナはこう私に語った。「誰もが歴史家たちに、今日、明日、来年に何が起きるかを聞きたがるの。あたりまえのことだけど、歴史家たちにはその答えがわからないわ。過去に基づいて未来を予想できる、などと思うのは幻想なのよ。何人《なんびと》たりとてそのようなことはできないもの」。人びとは繰り返し彼女に尋ねてきたものだ。「これから何が起きるか、わからないんですか？」

「誰にもわからないわよね」

これに対してアナスタシヤは、より自信に満ち、断定的だった。彼女はドンバスで戦うことが絶対に必要だと思っていた。

「皆が決断しなければならないわ」。アナスタシヤは繰り返し言ったものだ。

ハルキウやオデーサと同じように、二〇一四年三月から四月のドニプロペトローウシクでは、ウクライナ支持のデモと、反マイダンのデモの両方が行われた。アナスタシヤと友人たちは、襲撃されたらいつでも逃げ出せるようできるだけ迅速に移動しながら、黄色と青に塗ったバナーを市のさまざまな箇所に吊した。ある日彼女たちがバナーを吊すと、次には反マイダンの活動家たちがそれを下ろしてしまった。多くの人びとが反マイダンの動きに参加するよう同調圧力を感じていた時機だったのね、そうアナスタシヤは考えていた。彼女の母親はさらに東方にある町の鉱山で働いていたが、そこではボスたちが労働者たちを反マイダンの集会に出席するよう強制し、もし出席しないなら給料は渡さないぞと脅していた。

それからコロモイシキーが登場して、自身の資産を使ってそうしたことのほとんどに終止符を打ったの、とアナスタシヤは付け加えた。敵側のオリガルヒたちの圧力に対抗するには、ウクライナ側のオリガルヒの力が必要だったのだ。

アナスタシヤを活動家に変えたのは、ウクライナ東部での戦争だった。ナチス・ドイツに対するソ連の勝利を記念した「戦勝記念日」は、ソヴィエト時代も、またソ連崩壊以降も大事な祝日だった。二〇一四年の春、「戦勝記念日」が近づくにつれ、ドニプロペトローウシクではロシアの挑発を恐れる人間が増えてきた。アナスタシヤと友人たちは救急セットを薬局で買い、二日を費やして止血帯の装着法を学んだ。だがこれはほんの始まりに過ぎなかった。より重要な関わり合いは、その夏が終わろうとする頃、つまり八月にドネツィク州のイロワイシクで多くの人びとが殺されてから始まった。彼女のその町での知り合いでウクライナ軍の兵士が、暗視ゴーグルを送ってくれないか、と頼んできた。そこで彼女のヴォランティアとしての仕事は、きわめて具体的なかたちを取り始めた。コンサートを企画して寄付を募り、そこで集めた金で暗視ゴーグルを買って東に送る、という活動だ。

そこには軍事的な装備があり、また「愛国者のための自由なハグ」があった。アナスタシヤはドニプロ川の土手で三〇〇人くらいの人間をハグした。多くの人を抱きしめたせいで腕が痛くなったが、ハグすることでのエネルギーの交換には素晴らしいものを感じた。だから良い瞬間もあったと言える。それでも、自分の友人たちが出征して戦うのを見るのは楽ではなかったし、帰って来た彼らが変わっているのを受け入れるのも簡単ではなかった。出征時には優しい男の子だった彼らが、帰国したときには人を殺した人間になっていたからだ。

アナスタシヤは、暗視ゴーグルやハグのほかに、最後には何もかもうまくゆくんだから、という彼女自身の感覚も人びとに分け与えたかった。

「ときどき、最後には何もかもうまくゆくと考えているのは、私だけじゃないかと思うの」とアナスタシヤは私に打ち明けた。「信じるのは必要だし、行動するのも必要なことよ。今は、すべての人間に対して具体的に責任を果たすべき時期だと思えるの。誰もが、私たちの未来に対して責任があるの。一人残らずよ！　誰もが決断しなくてはいけないのよ」。

だけど、誰もがとても疲れてもいたし、アナスタシヤもときどきわけもなく泣き出すことがあった。

39　分断された家族

私の友人ガリーナはドンバスにある小さな鉱山町の出身だが、父親が亡くなった二〇一四年四月にはフランスにいた。出席するには危険すぎたので、彼女は父親の葬儀に行けなかった。ガリーナにとって、プーチンは二一世紀のヒトラーだった。だが彼女の兄と年老いた母親の見方は違った。「僕たちは、あたしたちは、分離主義者なんだよ！」　彼らはガリーナにそう言った。彼らはウクライナよりロシアに親近感を抱いていて、ロシア語、ロシア文学、ロシア料理、そしてロシア流の考え方が、どれも彼らの身についていた。そのうえ、彼らはロシアに安定性を見出していた。国家の頂点に強力な指導者がいて、年金もより高いし、支給もより確実だ。ヤヌコーヴィチがドンバス出身であっても、ウクライナが独立してからの年月、鉱山地帯は厚遇されていたとは言えなかった。そして今では、彼らは、分離主義者たちが自分たちの利益を代表してくれる、と信じていた。彼らはガリーナが彼らに同意しないことを理解していたので、それについては話さなかった。そのかわりガリーナは電話してこう尋ねることになる。「お腹は空いていない？　凍えていない？　水はあるの？　郵便局は開いているかしら……食料品は送れるかしら？」

ドネツィクの分離主義者たちが「イゾリャーツィア」の画廊を監獄に作り換えたとき、キュレーターの一人カテリーナ・ヤコヴレーンコはキーウに向けて発ったが、彼女の両親は現在ルハーンシク人民共和国の一部となっている自分たちの町にとどまった。カテリーナはマイダンに参加していて、独立ウクライナの側にいた。だが彼女の両親の考えは違い、分離主義者たちが支配権を握ったとき、彼らは家にとどまることを選んだ。カテリーナの家庭が特に変わっているというわけではなかった。ウクライナ東部では、若さと教育の有無が、どのような言語的な変数にもまして、親ウクライナ・親ヨーロッパ志向と高い相関があった。カテリーナとガリーナは寛容を選んだ。彼女らは自分の家族に近しいままでいることを選んだ――カテリーナが説明したところによれば、彼女の知っている多くの家族にそれがあてはまるわけではなかった。それらの家族にとってはマイダンや東部での戦争は、世代によって価値観が分裂することを露呈させ、両親と子どもたちを引き裂いた。

戦争は数々の家庭を世代的に横に破壊してしまうこともあり、兄弟、姉妹、いとこ同士や夫と妻を分断してしまった。ウクライナの多くの住人はロシアに近しい親戚を持っていたし、自分自身ロシアに住んだことがある者もたくさんいた。というのも、彼らの人生の大半を通じてロシアとウクライナは一つの国家の一部だった人間が多かったからだ。

「ロシアがたんに外国というのと、そこが生まれた国というケースでは話が違ってくるのよ。そうなると辛いのよね」とテチャーナは指摘した。

「ドンバスのあちら側に親戚が住んでいるの」とアナスタシヤが付け加えた。「その親戚たちに言わせると、こちら側にいる私たちは悪い人間だそうなの。とても厄介よね」。

最初の頃、アナスタシヤとドンバスの家族は連絡を取り合っていたが、今ではもうそれさえしていなかった。

「で、彼らは自分たちのためには何を望んでいるのかしら？」と私は彼女に聞いた。

「彼らは撃ち合いがなければ良い、と言っているわ」

「それでご家族の方たちはウクライナにとどまりたいの？」

「どちらでも構わないのよ。ただもう、撃ち合いがなければ良い、と思っているだけなの。それだけよ。私から見れば、それは最悪の立場だと思うわ。「ただもう、すべてが終わって欲しい——どのような方法であってもかまわない」というのだから」。

アナスタシヤにとって、決断することは道徳的に必須なことだった。最悪の選択は、ロシア寄りとか分離主義者寄りとかを選ぶことではないのだ。最悪の選択とは、そもそも何も選び取らないことなのだ。彼女は、もし分離主義者たちが自宅の玄関先の階段から撃ってきたらどうなるかなど考えたくなかったが、かといって自分が逃げ出すとも思えなかった。

「じゃあ、あなたはどうするの？」そう私は尋ねてみた。

「私は射撃が上手なの」

「戦うつもりなの？」

「そうね。自分の家のためなら、そうね、私は戦うわ」

40　アルチェフスク

アナスタシヤよりはるかに年上だったヴァレーリーとエレナのコザーチェク夫婦も、同じように感じていた。ヴァレーリーはルハーンシク州の町アルチェフスクに住む若いカップルのユーリ・アセエヴとアンナ・アセエヴァについて教えてくれた。ユーリとアンナはどちらもジャーナリストで、まだ小さい三人の子どもの親だった。ユーリがウクライナ側に立って武器をとったのに対し、アンナはルハーンシク人民共和国の司令官であるアレクセイ・モズホヴィーの報道官になった。二〇一五年五月、モズホヴィーの車はルハーンシクからアルチェフスクに向かう道で攻撃され、アンナもモズホヴィーとともに殺害された。ヴァレーリーとエレナは、その事件の身の気もよだつような写真を私に送ってきた。

「それでもやはり、彼女は良い妻であり母だった」。妻の死のあと、ユーリ・アセエヴは自分のフェイスブックにこう載せた。

この話はヴァレーリーにはとても身につまされるエピソードだった。彼はアルチェフスクに親しい一家がいた。ヴァレーリーの叔母が、半世紀以上前にドニプロペトローウシクの学校を卒業し、アルチェフスクに移り住んでいたのだ。

「彼女はヤヌコーヴィチに投票した。彼女の子どもたちもね。僕がヤヌコーヴィチに投票しなかったことを告げたとき、叔母は僕の方に向かって唾を吐き、僕を「バンデラ」と呼んだよ。彼女の息子サーシャは僕と同い年だが、少年時代を僕と一緒にウクライナ人の祖父の菜園で過ごしたんだ。だが彼は自分をロシア人だと思っている」

サーシャは彼の妻と共にアルチェフスクに住んでいた。サーシャはしばしば訪ねてきた――いや、以前には訪ねてきた、と言うべきだろうか。

「親戚たちは私たちを信用していないの」とエレナは私に言った。「たとえばヴァレーリーのいとこのサーシャだけど、ヴァレーリーを訪ねて来てはこう言うの。「なぜボーイング機を撃ち落としたんだ?」「なぜ子どもたちを殺し続けるんだ？」「どうして子どもたちを食べたりするんだ？」だから私は彼にこう言うのよ。「なぜこっちに来たの、サーシャ。帰りなさい。私たちはあなたを食べてしまうわよ。シシケバブにして食べてしまうわよ。怖くないの？」ってね」。

「ドニプロペトローウシクに僕たちを訪ねて来るときも」とヴァレーリーは言った。「まずサーシャがするのは、ラップトップを持って座って「ロシアの春」というウェブサイトを開けることなんだ。それから僕らをコンピューターのところに呼ぶと、その画面を指さして、「自分たちのいるところで何が起きているか見てみろ！　君らはアメリカに寝返ったんだ！」って言うのさ」

「とてもありふれた話よ」とヴィクトーリヤ・ナリジュナも穏やかな口調でこう説明していたものだ。「あなたが家族に電話すると、向こうはあなたにこう言うの。「逃げるのよ！　あんたの住んでいる場所にはファシストがいるんだ。連中はあんたをゾンビに変えてしまったんだよ」ってね」。

ヴァレーリーは、サーシャの妻を描写してこう言う。「「民族ロシア人」（ロシア国外に居住しているロシア系住民）だね。ここウクライナで彼女の姑、つまりウクライナ人である僕の叔母の建てた家に二〇年以上も住んでいるのに、ウクライナ的なものすべてを嫌っているよ」。サーシャの妻はアルチェフスクの分離主義者たちを活発に支援しているんじゃないか、とヴァレーリーは疑っていた。それと対照的に、サーシャと妻のあいだの娘の一人はハルキウに、もう一人はキーウに住み、どちらもウクライナ寄りの姿勢を明確にしていた。彼女らの母親は、成人した娘たちをルハーンシク人民共和国に連れ戻そうとしたが、二人ともそれを拒んだ。

41　ドンバスのゾンビたち

敵対する相手がゾンビと化した、という告発は双方から寄せられていた。テチャーナ・ポルトノワの指摘によれば、ウクライナ側のPRは、「ロシア人たちはゾンビに変えられてしまったので自分たちでものを考えられないのだ」などと伝えていた。他方、ドンバスではこれしか放送されていないロシア・テレビは、「ウクライナそのものが、ロシアに対して用いるために西側が魔法をかけて大急ぎで作り上げた幽霊国家なのだ」というメッセージを伝えていた。

一八四八年の『共産党宣言』のなかで、カール・マルクスとフリードリッヒ・エンゲルスは、共産主義を未来からの亡霊だと述べていた。そして今や、すでに過ぎ去った共産主義から「ゾンビたち」が蘇ってきた。オレフ・マルチュークは、ドンバスにいる「まったく現代的な」人間たちはしばしば何もかも残して逃走してしまった、と私に語った。彼とユーリ・フォメーンコは、あらゆる現代的なものはウクライナ側にあるのだと信じていた。

灰色の髪を持ち、二六歳になる息子の父であるユーリは、若者の側に立つことを選択したと公言した。「若者たちが考えつくのは何でも良いものさ。三五歳を過ぎた者たちが考えつくのは、何でもソヴィエトの過去なのさ」。

パヴロー・ハザーンのような人間たちにとっての問題は、人びとが新しいことを考えていないことではなく、そもそも自分たちで少しも考えようとしないことだった。パヴローはロシアのプロパガンダの特異な有効性を槍玉にあげた。「テクノロジーのレベルが実際にとても高いんだよ」と彼は説明したものだ。ルハーンシク出身の大学院生イェフヘーニー・モナルストゥールシキーは、一九二〇年代のソヴィエトのプロパガンダに関する修士論文を書いていたが、パヴローは「プロパガンダ」という語を使うのに反対した。その理由は、ピーター・ポマランツェフが『プーチンのユートピア』で示していた「プロパガンダは「プレ・ポストモダン」な世界に属しているから」というものだった。「プロパガンダ」という言葉は壮大なナラティヴを前提とするが、もはやそんなものは存在しない。今では何もかもがＰＲに過ぎない。「リアリティ」もテレビの「リアリティ番組」と化してしまっている。

テレビででっち上げられた現実の力は、質ばかりでなくその量の多さにも関連していた。テチャーナとアナスタシヤは、ドンバスでは皆がテレビをたくさん観るのだ、と説明しようとした。多くの家庭で、テレビは恰好のＢＧＭとしてつけっぱなしなので、人びとの潜在意識に働きかけるのだ。

「人びとは自分の眼を信じようとしない」とユーリは言った。そのかわりに彼らはロシア・テレビで観たものを信じるのだ。

結局のところ、マクシム・ゴーリキーが『小説の物語』のなかで書いたように「現実とはなんぞや？」なのだ。

パヴローは、ドンバスの多くの人びとが「バンデロフツィ」の物語を信じていることを知っていた。彼らはロシアが彼らの救世主となり、彼らをファシストから守ってくれると信じていた。パヴロー曰く、「ロシア人が爆撃し、人びとを殺害している事実、ロシアがドネツィク州やルハーンシク州のかなりの部分を中世さながらの状態に変え、危険なばかりか文明社会が存在できない地域に変えてしまったという事実にもかかわらず」、彼らはそう信じているのだった。

パヴローは、人間の精神が歪んでいくのを目の当たりにしていると感じたが、それは彼の祖父母たちがナチズムとスターリニズムの時代に経験したものに似ていなくもなかった。二〇世紀の歴史は、人びとの意識を操ることが一〇〇パーセント可能であることを示していた。パヴローはこう口にした。「最も文化程度の高い国家であったはずのドイツでさえ、ナチズムに堕してしまったのだから……」。

「ドネツィクに住む人びとがロシアによってゾンビ化されてしまったからというので、自分たちの同胞が死ぬのを見たくないわ」とエレナ・コザーチェクは言った。

ドンバスの分離主義者たちに支配されている地域では、人びとはソヴィエト時代のピオネールや祝日を復活させていた。ドンバスに住む多くの人びとは、ロシア兵たちの出現をソ連の再来と捉えた。セルヒー・ジャダンはこれを「ソヴィエトのゾンビを復活させる試みだね」と説明した。

一九五六年に封切られたドン・シーゲル監督作品である映画『ボディ・スナッチャー／恐怖の街』は共産主義についての寓意的な作品であり、一九五九年に発表されたウジェーヌ・イヨネスコの舞台劇『犀』はファシズムについての寓意的な劇だが、どちらも、個人の意識をその身体から切り離すのを可能にする方法を示している。私がドニプロペトローウシクに滞在しているあいだ、一人の学生が私のもとに来て、オーストラリアの哲学者デヴィッド・チャーマーズの「ゾンビ論法」について話したがったのはおそらく偶然に過ぎなかっただろう（それによれば、私たちがゾンビの存在を想定できれば、哲学的な面で二元論を証明できる。つまり、意識は独自なもので、唯物論的世界から切り離せることが証明できる……）。その哲学科の学生は、ゾンビの存在を信じていた。

42 時間の蝶番《ちょうつがい》が外れてしまっている

「時間の蝶番が外れてしまっている」とはハムレットの科白だ。

シェイクスピアの悲劇『ハムレット』は、一九四三年にナチス占領下のリヴィウで上演された。場所は、当時はアドルフ・ヒトラー・リングと名づけられていた通りに面したオペラ座で、ポーランド語が母語のユダヤ人がウクライナ語に翻訳した台本が用いられた。

「彼らは皆、後ろ向きだよ」。ユーリ・フォメーンコは、ドンバスに残っていて彼の側についていない連中を指してこう言った。年配の人びとは、ソヴィエト時代を、たとえ相対的なものにせよ安全だった時代として捉えていた。そしてこの安全さへの郷愁は、より意欲的ではあっても不確かなヨーロッパでの未来を望む気持ちより、しばしば強いものだった。ユーリはそれをロシア的な思考法と捉えていた。「ロシアでは誰もが、ツァーリの支配下ではどれだけ良かったか、などと後ろ向きに考えるんだ。彼らには明日を考える能力がとりわけ欠けているのさ」。

「普通の人間たちなら、明日になればどれくらい良くなるかを考えるはずなんだよ」と彼は付け加えた。

もしウクライナ人たちが未来を見据え、ロシア人たちは過去を振り返っているとしたら、ドンバスは両者の中間に位置する特別な場所であり、時間が止まったままの空間だった。セルヒー・ジャダンは一九七四年生まれで、ルハーンシクから九五キロほど離れた小さな町の出身だった。

セルヒーは私にこう書いてよこした。「僕はいつも感じてきたんだが、一九九一年以降、ドンバスで彼らは意識的に時間にブレーキをかけた。よって彼らは時間が自然に流れるのを認めてこなかったんだよ」。

時間の蝶番が外れてしまった。ドンバスでは分離主義者がレーニンのモニュメントを守っていた……神聖なソヴィエト時代の過去を守っていたのだ。また、彼らは神聖な帝政時代の過去さえも守っていた。それらすべてが一緒くたにされていた。

パヴロー・ハザーンとイーホル・シュパークがドンバスを「周辺の場所」と語った理由は、時間の蝶番が外れてしまっていたせいばかりではなかった。なぜならドンバスが厳密にはウクライナではないと言うなら、厳密にはロシアでもないからだ。ソヴィエト・ウクライナを研究する日本人の歴史家、黒宮広昭はドンバスを「荒涼としたステップ」と描写したが、そこは文明に飼いならされていない領域で、迫害された宗教セクトのメンバーや犯罪者、あらゆる種類の逃亡者たちを引き寄せる避難所であり「自由と恐怖」の場だった。公正で礼儀正しく、洗練されたマナーの持ち主である黒宮は一九八〇年代に初めてドンバスに赴いた。彼はドンバスとの結びつきを強めたが、彼自身にギャングめいたところは少しもなかった。一九九八年に刊行された著書『ドンバスの自由と恐怖——ウクライナ＝ロシアの境界地域』のなかで、彼はレフ・トロツキーの助言を引用している。[†1]「ドンバスに赴くのであれば、政治的なガスマスクを用意するのを忘れてはならない」。赤軍、白軍、無政府主義者、その他すべての勢力と関わりを持っていた老練な政治家のトロツキーでさえ、ドンバスで何が起きているのかを理解できなかった、と黒宮は説明した。そして「啓蒙主義に対応するものとして発生した「階級」と「国民」という二つの主要な政治概念は、ドンバスの政治には当時も今もうまくなじまないのだ」と付け加えている。

パヴロー・ハザーンは、ドンバスの性格はそこで生きる道を見出した人間たちの社会的辺境性によって形作られているところが大きい、と信じていた。ソ連の歴史はたくさんの囚人をドンバスに送りこむかたちで展開したが、彼らの正体は、監獄にいた人間、収容所を生き抜いた人間、社会から除《の》け者にされていた人間といったところだった。ソヴィエトの計画は、こうした人間たちを何としても「新しい人間」に作り換えようとしていた。「新しい人間」なら、時間を暴力的に推し進めることで、時間の蝶番《ちょうつがい》からの外れ方をさらに極端なものにすることができた。

その実験はレーニンの焦燥に端を発した。マルクスとエンゲルスが考えたとおり、歴史は鉄の法則により動くものであり、やがて有機的に共産主義革命が発生する。ちょうど資本主義が弁証法的に封建主義にとってかわったように、共産主義も弁証法的に資本主義にとってかわるだろう。抑圧されたプロレタリアは、自然に「階級意識」に目覚めるようになる。さすれば、労働者たちは次のことを悟るようになる。どんな問題であれ、すべての問題を解決することなしには何一つ解決できない。また、すべての問題を解決するということは、万国の労働者による革命がブルジョワジーを屈服させ、私有財産を廃止し、過渡的な――国境が弱体化し、全員が彼らの能力に応じて働き、彼らの必要に応じて受け取るようになるまでの過渡的な――プロレタリア独裁制を敷くことを意味する。しかる後、私たちは共産主義のユートピア、すべての弁証法的な緊張関係の寛解、歴史の終わりに到達することになろう……。

だがそれには長い時間がかかる。現実には幾世代もの時間がかかるはずだったが、レーニンには忍耐ができなかった。レーニンは、仮に労働者たちの自己裁量に任せれば、彼らが適切な階級意識にすぐに目覚めることなどありえない、と感じていた。必要なのは、労働者を階級意識に目覚めさせ、それによって事態を加速させることができる前衛としてのエリートたる革命的インテリたちであった。「レーニン主義」

---

†1　Hiroyuki Kuromiya, *Freedom and Terror in the Donbas: A Ukrainian-Russian Borderland, 1870-1990s*, 1998. 未邦訳。なお、レフ・トロツキーは、ヘルソン州エリザヴェトグラード（現在のキロヴォフラード州クロピウヌィーツィクィイ）の近郊で一八七九年に生まれている。

とは、歴史を加速させることを意味したのだ。よって一九一七年の革命があった。レーニンの後継者であるスターリンは、時間は捗らせることができる、そして偉大なる社会主義の祖国は西側に「追いつき、追い越す」ことができる、という信念に固執した。それゆえにあの一九三〇年代が存在したのだ。
「時よ、進め！」ロシアの未来派の詩人、ウラジーミル・マヤコフスキーは宣言した。[*18]

スターリンの支配下で、ドンバスではスタハノフ運動[†2]の準備が行われていた。その運動では、超人的な労働者、五ヶ年計画を四年で実行しようという野心、時間の加速が見られた。第二次世界大戦後、ソヴィエト・ウクライナが拡大されてリヴィウも含むようになったとき、ユーゼフ・ナフトという若い詩人が、戦前のポーランドで歌われていたキャバレーの戯れ歌「九時と言って彼女とデートをした」の歌詞を作り換えて見せた。

九時と言って彼女とデートをした
新しい九時に会おうってね。
彼女は九時にやってきた
おやおや、古い九時になってから。

一九九一年にソ連が崩壊すると、またしても時間に不思議なことが起きた。いくつかの場所では時間は跳躍した。マデレイン・レングルの一九六二年のＳＦ小説『時間のちぢれ』では、登場人物たちが「時間にちぢれを生じさせ」て旅をする、つまりアインシュタインの相対性理論を利用して、時空四次元の世界を曲げてしまうのだ。[3] だがソ連には、時間が麻痺状態に陥っている場所もあった。スタハノフ運動の年月が過ぎてから、映像作家のオレクシー・ラドィンスキーはこう記した。「ドンバスでの時間はますます進むのが遅くなり、進歩の時計は一九九〇年代初めに永久に止まってしまった。その頃に、国が地域の工場や鉱山を閉鎖して、新しい個人のオーナーにただ同然で売り渡したのだった」。

セルヒー・ジャダンは、彼の故郷であるスタロビリシクのような場所を「時間的に特異な地域」と描写している。

イェフヘーニー・モナストウールシキーの方は、自分の生まれた場所をこう描写している。「人はドンバスについて理解しなければならない——そこはソヴィエトの遺物の山なのだ」と。彼はセルヒー・ジャダンの小説『ヴォロシロフグラード』を愛読していたが、ソヴィエト時代にその名をつけられていた市は、今ではルハーンシクと呼ばれている。小説は、スタロビリシクをモデルにして作られた名前のつけられていない場所にあるガソリンスタンドをめぐっての話だ。主人公で語り手のヘルマンはこう言う。「実際は、次にガソリンを手に入れられる場所は、北に七〇キロ向かった場所にあった。そして高速道路がいくつかのうさんくさい場所を通っていたが、そこでは口にするほどの行政組織などなく、そこを統治する者もほとんどいなかった」。このような場所では「合法性」などというものはきわめて曖昧な概念だった。タラス・プロハーシコはヤヌコーヴィチ政権の時代に、次のように説明していた。「ウクライナの法律は、誰

---

†2 アレクセイ・スタハノフ（一九〇六年－一九七七年）の名をとった「ノルマ超過運動」。一九三三年から の「第二次五ヶ年計画」中の一九三五年に、ドネツ炭田の鉱夫スタハノフを「労働英雄」に祭り上げた。

†3 Madeleine L'Engle, *A Wrinkle in Time*, 1962. いわゆるヤング・アダルト小説であるが、映画化もされている。未邦訳。

もそれが遵守できないやり方で制定される――なぜならば、他のいかなる理由にもましてその法律自体が自己矛盾だからだ。そうしたわけで、ウクライナでの生活や社会は法律ではなく規則に基づいている。そして主要な規則はと言えば、法とは破ることが可能なものだ、ということなのだ」。ウクライナ全体にあてはまる無法状態はとりわけドンバスにあてはまった……程度がひどかったというだけのことだった。

法に対する無頓着な態度のおかげで、ドンバスは長いこと高い代償を払ってきた。暴力はほとんど習慣的な行動となっていた。「ドンバスにおける日常生活の暴力性は、大都市から来た旅行者を始め、ちゃんとした人びとを仰天させた」と黒宮広昭は述べている。スターリンは、フョードル・ドストエフスキーの『カラマーゾフの兄弟』に登場するイワン・カラマーゾフの言葉――神が死んだなら、「何もかもが許される」……をそのまま実行したと言える。これはソ連全体にあてはまったが、ただしドンバスではその程度がいっそうひどかった。

パヴローは、ドンバスに居住していてウクライナ側についていない人びとを三つに分けた。一番目……金のために分離主義者側につき、報酬のために人を殺す連中、二番目……キーウでファシストのクーデターが起きたと本気で信じていて、自分たちの住んでいる地元を（ファシストから）守ってさえいれば、やがてロシアが救いにきてくれると考えている人びと、三番目……政治的には無関心で、ドンバス以外の場所での生活を考えられない人間たち、である。なかでもこの三番目のグループが大きな意味を持っていた。

「一般に、彼らは土地を去ることがそもそも可能だと理解できていない」とパヴローは私に語った。「大きな問題は、ドネツィク州とルハーンシク州に住んでいる人びとの多くは、これまでの人生で、自分の村の外には出かけたことがないってことだ」。

イーホル・シュパークもこう言った。「彼らは海外に旅したことがない。彼らはキーウにさえ行ったことがないんだ。多くの住民は自分たちの州都にすら行っていないんだよ。もし自分自身の村しか……そう、自分の村や鉱山、店だけしか見ていなかったら、それ以外の人生や社会があるなどとは考えもしないだろう。こうした人びとの多くは、ウクライナという国家が存在することさえ知らないんだ」。

パヴローにとって、ドンバスはまだ啓蒙思想さえ届いていない場所で、前近代の場所であり、首領たちに統治されていた。人びとは彼らから金を集めるギャングたちに支配されることに慣れている、というのが彼の説明だった。

「つまり彼らは、その地域を支配する、そう「人間」と言っておこうか、人間がいることに慣れているんだ……マフィアの集団を代表し、公職には就かず、何者でもない人間なんだが。彼はただの「スモトリャシイ」、つまり見張り役なんだよ」。

パヴローにとって、ドンバスまでの一九〇〇キロあまりを旅するのはまったく違った文明に出逢うことを意味した。そこはウクライナ国家が破綻している地域であり、その地の住民は、「彼らは何らかの種類の「スモトリャシイ」や工場長、鉱山の親方といったものが存在することは理解しているが、それだけで終わりなんだ。それ以外はすべてテレビに登場する何者かだ。そして遺憾なことだが、そういった類の人間は本当にいっぱいいるんだが、彼らにとって、どのような国家であるか、誰がその地域を支配しているのか、ロシア人がやってくるのか、ウクライナ人がやってくるのか、あるいはほかの誰かかなんてのは、どうであれ大差がないんだな」。

セルヒー・ジャダンは二〇一四年四月の故郷のスタロビリシクへの旅のあとでこう記した。「僕の印象では、大半のドンバスの住民は、彼らに提案された選択肢をおおらかな態度で受け入れる。たとえばそれがキーウからでも。あるいはモスクワからでも、あるいはブリュッセルからであってさえもだ。ここでは、街頭に出て、起きている出来事に影響を与えようなんてことは、そうそうあることじゃないな」。

歴史を学ぶイェフヘーニー・モナストゥールシキーは、このことを物語のかたちで説明した。二〇一四年四月の大統領選挙の際、候補者の「チョコレート王」ペトロ・ポロシェンコがルハーンシクにあるイェフヘーニーの大学にやってきた。そこで彼は、もし自分が大統領に選ばれれば、分離主義者の叛乱は三日で収まるだろう、と約束した。そのときにイェフヘーニーは、この大学の学長は忠誠を誓う政党を変えているな、という印象を抱き始めた。最初、この学長はヤヌコーヴィチにとっての「ネメシス」であるヴィクトル・ユシチェンコを支持していたが、のちに彼はヤヌコーヴィチ支持に回り、そして今回はポロシェンコを支持しようというのだ。イェフヘーニーは、これが政治的な取引、それも免責される類の政治的取引であることを完璧に理解していた。そして彼は、その土地の正直な単純さからも、こうした「取引」が避けがたい人生の現実として受け止められている様子からも、ドンバスを愛していた。彼はドンバスでは優勢なこのような気構えについてこう説明した。「たしかに権力は存在するし、権威も存在していて、ある種の機能を果たしているが、そこからはできるだけ距離を置くのが一番良いことだよ。そしてあなたが選挙に参加するのを拒否したなら、ますます良いことだ。あなたは誰にも干渉しないし、誰もあなたに干渉しないので、すべてがうまく行くってことだ」。イェフヘーニーの説明は続いた。「ここでは、こうした類の政治的順応が当然のこととして受け止められているから、政党は変わっても、人生はそのまま続く。あなたはただ、政党のバナーを時を過《あやま》つことなく交換することさえ覚えておけば良いのさ」。

ウクライナ西部の住民は信念を持って政党を支持しているとしても、東部のドンバスではもっと暢気なんだ。誰にとっても政党などどうでも構わないんだ。もちろん論争や話し合いの相手にはなるだろうし、価値観とか、誰にとって何が大切か、どの政党が何をしてくれるかといったことについての議論もできる。しかし心の奥底ではどの政党も八百長だとみんなが理解している。各政党の綱領を知る者などいないし、そもそも彼らにとってはどれもみな同じなのだ。どれも表向きは社会民主主義だが、実際は社会民主主義の政党など一つもない。みんなオリガルヒ閥なのさ。

ドネツィク出身のロシア語での作家オレーナ・スチャージュキナは自分自身についてこう記した。「私はプーシキンによって救われたい。そしてやはりプーシキンによって悲しみや不安から解放されたい。プーチンではなく、プーシキンによって」。オレーナは民族的にはロシア人だが、政治的にはウクライナ人であり、ドンバスでの分裂は前近代《プレモダン》の世界と現在《モダン》の世界の分裂を意味している、と信じていた。彼女はこうも書いている。「自然は与え、私たちは受け取る。そこには盗みは要らない。もし、所有という観念がなければ、誰が制約を設けられよう？　それができるのは強者である。首領なのだ。その首領は民兵《ミリシアマン》だ。もし私たちが指導者と分けあうとしたら、彼に捧げ物をするなら……さすれば狩りは成就となるだろう」。セルヒー・ジャダンもそれに同意した。この戦争は民族間の戦いではなく、世俗的な所有物をめぐる戦いなのだ、と。

ドンバスでは、プレモダンとポストモダンがシュールレアルなかたちで交差し合っていた。地方軍閥の長《おさ》たちはツイッターを使っていたのだ。

43　世界秩序

パヴロー・ハザーンは、ロシアとウクライナの国境は大部分が恣意的なものであることを知っていた。だが彼にとっての問題は、国際法が——いや、法の支配そのものが——危殆に瀕していることだった。プーチンは二〇世紀における権威主義を継承している存在なのだ。この戦争は、ソヴィエト時代の意識の残滓をとり除くための戦いであり、「ウクライナの領土をめぐってだけでなく、民主主義的な価値観をめぐっての戦い」なのだった。

「さらには、世界秩序をめぐっての戦いだ」。そうイーホル・シュパークが付け加えた。

「とりわけヨーロッパの秩序をめぐる戦い、そして広くは全世界の秩序をめぐる戦いである。よって、それはソ連の残滓、権威主義体制の残滓をめぐる戦いなのだ」

パヴローにとっては、EUにどのような問題があるかにかかわらず、ウクライナができるだけ速やかにEUに加わるべきだということは明らかだった。これは領土の問題というより価値観の問題だったからだ。彼は、EUへの統合は不可欠だ、と考えていた。

「僕はEUを、フランス、イギリス、ドイツのどれが重要かと政治家たちが討議するような種類の「ユーロ圏」であるだけでなく、われわれの文明を守り、維持するためのシステムとしても捉えている」。そうパヴローは語った。

44　グッバイ、レーニン

「あんたたちはモニュメントをすべて破壊してしまった、これは公共物破壊行為だ！　保安庁ビルにはアメリカの旗が掲げられているぞ！」　ヴァレーリー・コザーチェクはドンバスでの戦争が始まったあと、いとこのサーシャにこうした非難を浴びせられたのを思い出した。

「僕が、それならドニプロペトローウシクじゅうをドライブして自分でレーニン像以外は損傷を受けていないことや、アメリカ国旗もビルに掲げられていないことを確認したらどうかと提案したときには、彼はもういいよと言わんばかりにただ片手を振ってきたよ」

いい、いい、いい、レーニンの像以外はね。

レーニンが亡くなったのは一九二四年の一月二一日だった。ウラジーミル・マヤコフスキーの哀歌「コモソモーリスカヤ」のエピグラフには「死よ、驕るなかれ！」とあった。

レーニンは生きた
レーニンは生きている
レーニンは生きる、永遠に

九〇年後、レーニンの銅像の頭部が、ドニプロペトローウシクの街なかを引きずり回された。二〇一四年二月のヤヌコーヴィチがウクライナから逃亡した日、ドニプロペトローウシクでおよそ一万人の群衆が集まってレーニンの銅像を引き倒した。オレフ・マルチュークは自分のオフィスにいたが、その場面をインターネットで目撃して、市の中心部まで走った。彼が到着したときには五〇〇名ほどの人間しかいなかったが、その五〇〇名がさらに友人を呼びよせたので、人数はふくらむ一方だった。歴史家のオレフ・レパンもその一人だった。

オレフ・レパンが私に正直に語ってくれたのだが、レーニン像の引き倒し方を思いつくのはとても難しかったそうだ。彼はそれに対する専門知識を持っていたんだというふりはしなかった。像の解体そのものは自然発生的で、最初は何の計画もなく、人びとが友人たちに電話をかけ始め、その友人たちがまたトラックやクレーンなどの道具を持っている友人たちへと電話をかけたのだった。そのうち建設機械を扱った経験を持つユーリ・フォメーンコが現場にやってきて、これほど重い頭を取り外すにはどうしたら良いのかを他の連中に助言し始めた。

頭部を取りはずす際にはお祝いムードが漂った。オレフ・レパンは、彼と彼の妻イルィーナ・レワのその頃四歳だった息子の写真を見せてくれた。背丈は横にあるレーニンの頭部より少し高いくらいだったが、レーニンの禿げ頭を触ろうとおずおずと手を伸ばしている瞬間を写真に撮ったのだ。

ドニプロペトローウシクでレーニン像を壊したのは「レニノパッド」、つまり「レーニン倒壊」と呼ばれるより広汎な社会現象のなかの一つに過ぎなかった。二〇一四年二月だけで、何百体ものレーニン像が各地で倒された。若き歴史家ヴォロディーームィル・スクローキンは、その年の九月にハルキウのレーニン像の破壊を手伝った。ドニプロペトローウシクでは、オレフとイルィーナがかつてレーニン像が立っていた場所に私を案内してくれたが、今やその場所はからだった。レーニンの代わりに「空虚」があるだけで、一見したところ何の脅威も感じられなかった。

アナスタシヤ・テプリャコーワは、レーニンの頭部が地面を引きずられるのを見たとたん、気持ちが和らぐのを感じた。

「その時感じた気持ちをとてもよく覚えているわ」と彼女は言った。「肉体的に息をするのが楽になるだろうなんて、それまで考えたこともなかったのよ」。だが実際に楽になったのだ。

即興だった解体に参加した人びとにとって、レーニン像を倒すのは過去を捨てる行為だった。ただ、どこから始めてどこで終わらせるべきかを知るのが難しい行為でもあった。一九九〇年代の東ヨーロッパで「非共産化」はたいへんな混乱を引き起こした。古いモニュメントが解体され、新しいモニュメントが建てられた。通りや町、地区、橋、学校などの名が改められ、遺体は改葬された。これは当時のドニプロペトロウシクでは行われなかったので、レーニン通りとかカール・マルクス通りがまだ存続していたし、ドニプロ市と改称される二〇一六年五月までは市にはウクライナのボリシェヴィキの指導者フルィホーリー・ペトローフシキーの名が冠されていた。

だがいまや古い銅像は壊され、通りは改名された。二〇一五年五月、ペトロ・ポロシェンコ大統領は、「ウクライナでの一九一七年から一九九一年までの共産党全体主義体制の犯罪性」を否定することは犯罪とする」、という一連の「脱共産主義化法」に署名した。[*19] これら諸法は、共産主義の残滓を一掃するばかりでなく、さらに多くを含んでいた。「二〇世紀におけるウクライナの独立を求める戦い」の正統性を否定することも、罰すべき犯罪とされたのである。これはウクライナ民族主義者組織(OUN)とウクライナ蜂起軍(UPA)の復権を意味した。この二つの組織のメンバーたちはウクライナ独立を目指してソヴィエトと戦ったが、ドイツ占領期にはポーランド人やユダヤ人を殺害したこともしばしばだった。

(パヴローはしぶしぶながら認めた。「ウクライナの領土には、結局、ナチズムやファシズムを支持する人間たちのグループ、それも小さくはないグループが存在した。僕たちの社会は、何とかしてそれを隠そうとしているんだ」。

「ウクライナのインテリ層や政治家には、国家の英雄の名誉を彼らから奪い取る権利はないよ」とムィコーラ・リァブチュックは主張した。

「おやおや」とアナスタシヤは言った。「それが私たちにどんな違いがあるの？　私もウクライナ蜂起軍の退役軍人たちは重要な人びとだと思うし、彼らを認めないのは正しくないと思う。でもそれは私の個人的な意見よ……彼らが評価されようがされまいが、私には同じことだわ。私たちにはもっと重要で差し迫った問題があるじゃない」)。

オレフ・マルチュークとヴァレーリー・コザーチェクにとって、改名とは時間を前に進めることを意味した。そして今こそ時間を前に進めるときなのだった。

「僕は最大限の改名に賛成だね」。オレフ・マルチュークは私にそう語った。「すべてを変えてしまえばいいんだ」。

ヴァレーリーはドニプロペトローウシクの脱共産主義化委員会の委員に任命されていたが、委員会は市の三〇〇を超える通りを改名する責任を負っていた。ヴァレーリーとエレナが書いてよこしたところによれば、彼らは長いあいだ、ウクライナ人を殺害した人びとの名前がつけられた通りに住んでいたのだが、ついにそれにも終わりが来たのだった。彼らは、長い人生においての地理的な道標《みちしるべ》が失われて困っている人びとに同情などしなかった。

ヴァレーリーとエレナは続けて書き送ってきた。「古い世代にとっては、変化を認めるのはとても難しいことなのです。こうした人びとにとっては、彼らの歴史や人生が自分たちから奪われていると感じるのだと思います。マーシ、たぶんそのとおりでしょう。あなたは不思議に思うかもしれないけど、私たちはそうした人びとに対して、申し訳ないとはまったく感じないし、彼らを理解しようとも思わないんです」。

若いドイツ語翻訳者のネーリャ・ワホフシカーは何とか事態を説明しようとした。インテリである彼女はキーウに住んでいたが、故郷はキーウから一〇〇キロほど離れた小さな町だった。そこには彼女の両親がまだ住んでいて、若者たちは製材所で未熟練の重労働を強いられ、わずかな給金を得ていたが、労働者の手がしばしば鋸に巻き込まれる事故も起きていた。ネーリャはこう記す。「これらの人びとこそ、純粋な私の友人たちが「マイダン革命の敵」と呼んだ相手なのです」。その小さな町では、マイダンに賛同した人びとがレーニン像を引き倒した。ネーリャはそれを両親から聞かされた。「「連中はレーニンの首を縛って、町じゅうを引きずり回したんだよ」。両親のこの言葉には予想外の苦しみが含まれています」。彼女はキーウや西ヨーロッパから来た友人たちにそれを説明しようとした。「その銅像は彼らにとっての個人的なレーニンでした。彼らはいつもその銅像のところでキスし、その花壇から薔薇を盗み、意味のわからないパレードや集会をその近くでしばしば開催したものです。これまでは、レーニン像は、それまでの彼らの思い出を保護して一ヶ所に貯える役割を果たしていました」。彼女はさらにこう記した。「彼らは、選挙には投票しないし、もし投票した場合には間違った人間を選んでしまう人びとなのです」と。

45　キケロのローマ

ドニプロペトローウシクでレーニン像を引き倒したあと、ユーリ・フォメーンコとオレフ・レパンはどちらもドンバスでの戦いに赴いた。ユーリは自ら志願した。オレフは召集を受けた。二〇年ほど前の大学生時代、オレフは将校養成コースを受講していた。二年間、週に一度は開講されたが、軍隊における心理的な問題を中心に据えていた。オレフはいまだに銃を撃ったことがなかった。

「二〇年前に習ったことをまだ覚えていますか？」と私は彼に聞いた。

「もちろん忘れているよ。すべて忘れてしまった」

オレフは歴史家だった。彼のオレンジがかったブロンドの髪は、頭頂部がやや長く、側頭部は短かった。メタルフレームの眼鏡をかけ、痩せていて書斎型の人間だった。彼は戦争に何らスリリングなものを見出せず、戦うのを嫌がっていたし、自分が怖がっているのを認めるのも吝《やぶさ》かでなかった。それでも彼はウクライナ人であって、国を守るために召集されたのだった。彼の妻イルィーナ・レワはジャーナリストで、夫よりも外向的な人間だったが、やはり怖がっていた。

「どんな女であっても嫌なものよ……」。そうイルィーナは語り始めた。

だが彼女は夫に選択をまかせた。彼女は、オレフが召集に応じても拒否しても、彼を支持することに決めた。

オレフは召集に応じた。そしてオレフによれば、イルィーナは彼をまことに良く支えてくれた。彼女は彼らの五歳の息子を父親に会わせようと、ドンバスに連れて行ったこともあった。

イルィーナは強さと温かさを発散する女性だった。頬はバラ色でまつげが長く、気取らぬ美しさに溢れ、他の人間たちが「こんな人が自分の姉妹とか、親友であってくれたらいいなあ」と願うタイプだった。二〇一四年一月一六日、彼女はドニプロペトローウシクの広場で他の抗議者たちとともに「独裁者法」に抵抗してダンスをしたうちの一人だったが、それはすべてのウクライナ国民が禁じられたばかりの「集会の自由」を実現する機会となった。

オレフは軍事訓練に一ヶ月を費やした。二〇一四年四月、彼は人生で初めて銃を発射したが、それは軽機関銃だった。眼鏡をかけていてもひどい近視である彼は、一〇〇メートル離れた距離までしか撃てなかった。

「最初に銃を撃つのは難しかったですか?」と私は彼に尋ねてみた。

「ああ。だがそれが一番きついわけじゃなかったよ」

もっともきつかったのは指揮官として兵士たちの上に立つことだった。オレフはソーシャル・ワーカーの任務を持つ士官としての訓練を受けていたが、戦時下の実働部隊の指揮官としての訓練はまるで受けていなかった。ところが、いまや彼には三〇名から四〇名の部下がいて、その全員に責任を持たねばならなかった。オレフは博士号を持つ学者で、学生やほかの学者たちと交流するのには慣れていたが、いきなり、彼より高い教育を受けた者は一人もいないが、射撃の仕方は知っている数十名の兵士の上官になったのだ。最初はコミュニケーションをうまくとるのにも苦労したが、時間が経つにつれお互いに努力し、上下関係も円滑になった。彼と部下たちは、きわめて違った社会階層に属していたが、今の彼らは顔を突き合わせて一つの目標に向かっており、力を合わせなければ首尾よく目標を達成できないと自覚していた。さらに言えば、オレフは民間人として過ごしていたときよりも、彼らとの差異が小さくなっていた。皆が同じ状況にあり、同じ場所で眠っていた。オレフは部下たちに命令を下すかわりに、彼らに相談して助言を求めた。何と言っても、彼自身には軍事的な経験がなかったからだ。

それに加えて、オレフは、部下全員に生きて家に帰って欲しかった。

軽機関銃を撃つオレフを想像することは文芸批評家のオラ・フナチュークがマイダンで煉瓦を粉砕しているイメージと重なって、それもまた「ハムレット」を思い起こさせた。何かの蝶番《ちょうつがい》が外れてしまったのだ。

一ヶ月の訓練のあと、オレフはドネツィク州のクラスノアルメイスクに送られたが、そこはまだ前線とは言えなかった。クラスノアルメイスクでは戦闘が行われておらず、戦争がどうなるか誰もわかっていなかった。地元の人間の一部は、ウクライナ軍を熱狂的に歓迎し、ほかの者は兵士たちが自分らを殺しにやってきたウクライナのファシストだと思って恐慌をきたしていた。

「住民たちはしばしば僕たちのところにやって来るようになってね」とオレフは話してくれた。「僕たちが来たのを泣いて喜んでいた者もいたし、とりわけ女性たちだったけれど、僕たちをとても怖れていて、やってきてこう聞く者もいた。『何のために私たちを殺しに来たの？』ってね」。

ときどき、バラクラバを被ってくる人間までいた。だがオレフの方はいつも顔をさらしたままで一人ひとりに直接話しかけた。

彼はこんな風に住民に語りかけたそうだ。「僕は何度も何度も、とりわけ女性に向かって話したものだ。『われわれは軍隊だ。武器をとって戦おうとする人間たちと戦っているのだから、平和を好む人間なら、われわれを怖れることなどないんだよ……僕の眼を見て欲しい。僕の言ってることが目を見ればわかるだろうから僕の目を見て欲しい』ってね」。

これで首尾よく行くときもあったが、いつもというわけではなかった。とりわけ、クラスノメイスクの住民たちがそれまでウクライナ軍について聞いていたことからすればだが。何しろロシア・テレビは、ウクライナ軍がスロヴィヤンスクで三歳の男の子を磔《はりつけ》にしたと報じていたのだ。女性たちがオレフのもとにやってきて、「私たち自身が、それが事実だと知っているのよ」とか、「親戚から聞いたわ」などと彼に伝えた。オレフは、それは真っ赤な嘘で、そんなことは起きていない、と説明しようとしたが、女たちはこだわり続けた。「ダメ、ダメ、私たちははっきり知っているんだから」。

だがオレフと部下たちがクラスノアルメイスクに長くとどまるほど、地元の住民は彼らを信用し始めた。

その一帯は平穏で、オレフは彼と部下たちが民間人をどのように扱うかについては、とても気を配っていた。礼儀正しさは彼にとって重要だった。

「僕はかなり神経質な人間なんだ」と彼は私に語った。「兵士たちに車を停めさせるときには、礼儀正しく「こんにちは！　書類を見せていただけないでしょうか」、そして車を調べた後では「ありがとう！　運転に気をつけて。良い旅を」と言うように命じてある。兵士たちにまず自分自身が一人の人間だと気づかせれば、相手のことも一人の人間だとみなせるからね」。

任務が終わるころには、多くの地元住民が兵士たちのためにピロシキやボルシチをこしらえ、ミルクやチーズも持ってきてくれた。彼らの部隊がクラスノアルメイスクから前線に送られることになったとき、何人かの民間人は涙を流し、オレフや兵隊たちに彼らを見捨てないでくれ、と頼んだ。だが、出発しないわけにはゆかなかった。

オレフと部隊は、クラスノアルメイスクから、ドネツィク空港から五キロほど離れたピスキーという町に移動した。今や彼らは戦場に到着したのだ。ほとんどの住民はピスキーから脱出し、地元の店は閉まっていた。そして今度は、地元の住民が兵士たちに食べ物を与える代わりに、兵士たちが「まるで借りを返すように」残っている住民たちに食糧を与えた。

そのときのオレフは戦うのを望んでいなかったし、私と話しているときにも望んでいなかった。彼は国境を越えてきて駐留しているロシア兵たちがそこを去れば、すぐに戦争は終わるだろう、と確信していた。彼には敵対する側の捕虜になった友人たちがいたし、彼自身でも捕虜をとったことがあった。オレフの部隊によって捕虜になった者のなかにはロシア正教徒軍（ＲＯＡ）の兵士たちもいたが、オレフの説明によると、それはテロリストの組織で、そのメンバーたちは、自分たちは正教徒やロシア語話者を守るためにやってきているのだと信じていた。実際には、ウクライナ側で戦っている者たちのなかには、正教徒もロシア語話者もたくさんいた。オレフ自身は信者ではなかったが、正教徒の信者である部下の一人が、ロシア正教徒軍の捕虜たちに話しかけた。「『おまえが知っているお祈りを唱えろ』ってね。連中は、主要な祈り「わが父よ」を知っていたな。そこで僕の部下は言った。『続けろ、もっと多くの祈りを唱えろ。正教の信者であればもっとたくさんの祈りを知っているはずだ』。だが彼らは「わが父よ」しか知らなかった。そこで宗教的な人間である僕の部下は、一〇種類の祈りを唱えてみせ、それから捕虜たちに向かって聞いたんだ。『で、俺たちのうち、どちらが正教徒なんだ?』ってね」。

ピスキーでのオレフは恐怖に慣れ始めた。恐怖より悪いのは眠れないことだった。彼は一晩に四時間以上は眠ったことがなく、しかも眠るのは重い軍隊用の長靴《ちょうか》を履いたままだった。ドンバスに滞在していたあいだ、二度ほどオレフは五日間の休暇を取って帰宅したが、自宅でも眠ることができなかった。イルィーナは、眠りながらも発砲の音を夢に見て身体を震わせていた夫の様子を話してくれた。

恐怖と不眠はあったが、生活の単調さも耐えがたかった。前線には本がなかったので、何も読むものがないことによって「退屈で死にそう」になった。ピスキーの図書館は砲撃のため破壊されていたが、かつてそれが建っていた場所で、オレフはキケロの生きていたローマについて書かれた本を見つけた。彼の部下たちは笑ったが、それは彼らがしっかりと軽機関銃を抱えこんでいるのに、オレフは彼らの隣で古代ローマについての本を読んでいるからだった。「『上級曹長殿、何を読んでおられるんですか?』と彼らは聞いてきたよ。僕は軽機関銃を抱え、ヘルメットと防弾チョッキを身に着けたまま、その本の中の研究論文を読んでいたんだからね」。

ピスキーではイルィーナと電話で話すのは難しかった。彼は静かなときを選んで彼女に電話をかけたが、それでも彼女は電話越しに砲撃や銃撃の音をしばしば聞いた。ある通話の際、敵側が彼らに向かって攻撃を始めたが、オレフにはもし自分がいきなり電話を切れば、イルィーナが心配することがわかっていた。「それで僕は「ダーリン、すまないけど、志願兵がちょうど到着したので、もう行かなければならないよ」と彼女に言ったんだよ」。

イルィーナが付け加えた。「彼はこう言ったわ。「すべてがうまく行っている。大丈夫だ」。それからバンという大きな音が聞こえたの。「いったい今の音はどちらのなの?」「僕たちの側の音だよ」ですって」。

ある日、ピスキーで発砲が始まったところで、最前線の基地に向かってオレフが走っていたときに爆発が起きた。次に何が起きたか、彼は覚えていなかったが、目を覚ますと自分が負傷したことに気づかされた。部下たちが彼に抗ショック注射を打ち、医師らのところまで運んだので素早いオペを受けることができた。オレフは、自分がまだ生きていること、そしてそれこそが何より重要であること、に気づいたのを覚えている。

「彼は私に電話してきて「すべてがうまく行っている。大丈夫だ。ただちょっと負傷しただけだ」と言ったわ」

その後二日間、オレフは前線から五キロほど離れた大隊のキャンプにとどまっていた。それからドネツィク州出身の友人がやってきて、ドニプロペトローウシクに彼を連れて帰った。彼は続く五ヶ月間を病院で過ごし、脳震盪から恢復して自分の身体の平衡感覚と筋肉の協調運動を取り戻すのに務めた。

オレフとイルィーナの五歳になる男の子は、父がまたどこかに消えてしまうのではないかと恐れていた。「負傷したあとも、その前に帰宅した二度の場合も同じだったが、僕に必ずこう聞いてきたよ。「パパ、明日もまだここにいるの?」 そして僕が負傷してから数ヶ月も経っていたけど、自宅で恢復に努めていたときにも、息子は毎日聞いてきた。「パパ、明日もここにいるの?」とね」

46　われわれはウクライナの夜を知っているか?

二〇一四年九月、「バビロン13」と名乗るウクライナとロシアの映像作家の集団が、ウクライナ側で戦闘に従事するドネツィク出身の中年男性の四分間にわたるビデオを公開した。[†1] 彼の緑の瞳は迷彩服によく合っていた。フィルム映像の中で、彼はウラジーミル・マヤコフスキーの詩を、ロシア語でそらで朗読した。彼の声はバラクラバを被っていても朗々と響いた。その詩「ウクライナへの義務」(Долг Украине)は、ニコライ・ゴーゴリの作品からリフレインの部分を借りていたが、ロシア人が隣のウクライナをどれだけわずかしか理解していないかを嘆いている。

人びとを碾《ひ》いてひとつにまとめるのは難しい
調子に乗るなよ
われわれは　ウクライナの夜　を知っているか?
いいや、われわれは　ウクライナの夜　を知ってはいない

ウクライナを愛し、ロシアの詩を愛したバラクラバを被った男は、このフィルムが撮影されてまもなくの「停戦期間」と呼ばれたあいだに殺された。

47 「われわれは買収されない」

二〇一二年五月、サッカーのヨーロッパ選手権の開催国だったウクライナは、ドネツィクのセルゲイ・プロコフィエフ国際空港を披露した。きらめくガラスの壁、明るいオレンジ色のチェックイン・カウンター、広々とした出発ラウンジを備えたこの空港は、ヨーロッパとアジアを結ぶハブ空港として機能するはずだった。だが二〇一四年一〇月の時点で、この場所には砕けたガラスと歪んだ鉄筋しか残されていなかった。この残骸は、何週間ものあいだ、ウクライナ軍対「分離主義者＝ロシア合同軍」の最も殺伐とした戦いの現場となった。骨格だけの空港ビルは地獄と化し、生きて内部に入るのも、生きてそこから出るのもきわめて難しい場所となった。

「われわれがしがみついているどのターミナルも、童話の『三匹の子豚』の家よりも頼りない」。ウクライナ軍の少佐ヴァレーリー・ルジはジャーナリストのセルゲイ・ロイコにそう語った。

二〇一四年一二月初めのこと、二歳になる娘が私に言った。「『三匹の子豚』のビデオが見たいの」。

「ママは嫌だわ」と私は言った。「オオカミが怖いんだもの」。

「でも、ママ」と四歳になる息子が口を開いた。「オオカミはこのおうちにはいないよ。ただ映画の中にいるだけさ」。

その月も終わりに近づく頃、私はキーウでルスランとゼニアに会ったが、彼らにとってオオカミは映画

---

†1　Babylon'13 の *My Land,* というフィルムは次で観ることができる。
https://ukrstream.tv/en/videos/my_land#.VRV-PEuvulJ

の中だけにいる存在ではなかった。私たちは右派セクターの司令部で彼らに会ったのだが、そこはキーウの町外れの、労働者たちが住む地区トロエシナの荒廃した高層ビルにある、閉所恐怖症になりそうな小さなオフィスだった。狭い廊下では、若い男女が荷物をまとめていた。私はクリミア出身の学生オレクサンドラ・アザルヒナとそこに行ったが、彼女はドネツィク出身のカテリーナ・ヤコヴレーンコと同じように、留まった両親を置いてきたのだった。オレクサンドラはキーウに住んでいて、その界隈にも土地勘があった。私たちはほとんど家具の置かれていない小さな部屋に通された。ルスランとゼニアはどちらもクルーカットできめていたが、軍服は着ていなかった。ルスランはポロシャツを着て、太いチェインのネックレスをしていた。ゼニアは私たちに使い捨てのプラスチックのカップでお茶を振る舞ってくれたが、沸き立った湯の熱さでカップは溶け始めた。彼らはちょうどドネツィク空港の近くの戦いからキーウに戻ってきたばかりだったが、どちらも私に苗字を教えてはくれなかった。

ルスランとゼニアにとって、すべては自分たちのまさに住むところから始まったのだ。二〇一四年二月、フェイスブックとフェイスブックのロシア語版である「フコンタクテ」に、男たちはティトゥーシキと対抗するサムボーローナの部隊を自分たちの地区でもつくるようにという呼びかけが投稿され始めた。彼らは誰もがお互いに知り合いだった。ルスランとゼニアは同じ学校に通ったが、ゼニアの方が年下だった。彼らはヤヌコーヴィチがギャングだということも知っていた。

「ティトゥーシキが怖くはなかったの？」と私は尋ねてみた。

「どうして怖がらなければならないんだ？」ルスランが答えた。「俺たちだってタフなんだ」。

どっちにせよ、ティトゥーシキはカネで雇われた連中だ、と彼は答えた。それに比べ、自分とゼニアは主義のために戦っているのだ。

当時の彼らは、まだ右派セクターには属していなかった。マイダンのあと、ようやく四月になって自分たちの将来をかけてウクライナ東部で戦うために右派セクターに加入したのだ。彼らはソ連に引き戻されるのは嫌だった。ゼニアよりずっと饒舌なルスランは、とりわけこの点を強調した。

プーチンは俺たちをかつてのソ連のようにしたいと願った。だが俺たちは、一つの巨大な牢獄のような、有刺鉄線が張り巡らされたソ連なんてまっぴらごめんだ。ソ連に戻るのはごめんだよ。俺は自由な国で育ったんだ。ドナルド・ダックやトムとジェリー、ビデオプレイヤーや車とかね……そういったもので育ったんだし、そいつらは俺の人生の一部だ。俺は奴隷みたいに、工場で朝から晩まで働きたくない。そんな単調な生活はまっぴらだ。そしてプーチンは俺たちをそんな人生に戻そうとしている。奴は独裁者になりたいんだ。だが俺たちは、それとは反対に、民主主義のあるヨーロッパに魅かれている。ソ連で奴隷のように暮らしたくなんかない。プーチンは俺たちがそれを望んでいないのを知って、力で抑え込もうとしている。だからこういう事態になったんだ。もしウクライナが負ければ、俺たちはソ連に戻されてしまう。奴らが俺たちの人生を吸い取り、あるかないかの報酬でむちゃくちゃに働かせ、手荒に扱うに決まっている。もし俺たちが勝てば、民主主義になるし、俺や子どもたちは未来を手に入れるだろう。それが俺の見立てだよ。奴ら、つまり分離主義者たちは、ロシアの方がましだと思い、国境のすぐそばにいる。そしてロシアのプロパガンダは、キーウの悪口ばかり言っている。たとえば、ここキーウには暫定軍事政権があるとかね。軍隊が権力を乗っ取ったり、軍事クーデターを起こさなきゃ暫定軍事政権などありえないのにね。だがここでは、軍隊が権力を掌握などしていない。民衆が蜂起したんだ。

ルスランとゼニアは、ドネツィクでの彼らの評判が毀誉褒貶相半ばしていることを正直に認めた。地元の人間の半分は彼らの側につき、残りの半分は彼らに反対の立場だった。あるいはこう言った方がより正確だった――三分の一の人間が彼らの側につき、三分の一は彼らに反対し、残りの三分の一はそもそもどこ寄りということがなかった。

ルスランは三一歳で、妻と九歳になる男の子がいた。彼が戦いに赴くと決めたときには、妻は出ていくと宣言したが、この段階ではまだそれを実行していなかった。だがゼニアの妻は彼を捨てた。少なくとも私とオレクサンドラのいる前では、ゼニアはその一件を軽くあしらって見せた。彼は今や男の世界にいるのだった。右派セクターには女性もいたが、彼らの部隊には一人もいなかった。

女は良い狙撃手になれるがね、とルスランは言った。

タラス・プロハーシコは、彼の二〇〇二年のマジック・リアリズムの小説『簡単でないもの』[†1]の中で、体操選手のように優雅にカルパチア山脈を進んでゆく美しい狙撃手のヒロインたちを描いている。空を飛べるバレリーナさながら、彼女たちは一つの山の頂上からもう一つへと飛び移るのだ。

「右派セクターはあなた方にとって何を意味するの?」 私はルスランとゼニアに聞いた。

「俺にとってそれが何を意味するか、だって?」 とルスランは答えた。「それはウクライナでただ一つ、カネのためじゃなく真にウクライナのために存在する組織だ。愛国者だよ。俺たちは祖国を売り渡したりしない。必要であれば命だって投げ出す……右派セクターが俺にとって何であるか、あなたにどううまく説明すればよいのかわからないなあ。だが右派セクターには真実があるんだ……ウクライナにとっての真実がね」。

「誰がウクライナ人として数えられるの？」と私は尋ねてみた。私たちはロシア語で話し合っていたが、それは彼らの母語、あるいは母語の一つだった。

「ウクライナに住み、祖国を裏切っていないすべての人間がそうだ」とルスランの答えが返ってきた。言語は重要ではなかった。いずれにせよ、彼が嫌っているのはプーチンであって、ロシア人ではなかった。彼は独裁者のもとで生きたくはなかったのだ。

ルスランはロシア語で話していたが、それは両親がそう自分に教えたからだよ、と彼は語った。ロシア語を話してはいるが、自分にとってウクライナはここにある、と彼は自分の胸を指して見せた。

「俺たちにとって、右派セクターは、カネのために裏切らなかったし、これからも裏切らない唯一の組織なんだ。俺たちもその中にいるんだし、右派セクターを作り上げた人たち、右派セクターのためなら何でもする人たちは買収されたりなんかしないことをこの目で見てきたんだ」とゼニアは断固として言った。

ルスランとゼニアは、肩を並べて戦っているウクライナ軍を信用していなかった。彼らは、ウクライナ軍では将軍たちが兵士をカネのために売り渡し、将校は直属の部下の兵士たちを裏切ってカネさえ貰えればロシア軍や分離主義者たちに兵士を引き渡している、と信じ切っていた。だが、右派セクターでは、そうしたことは起こらなかった。

ルスランは右派セクターについて語った。「この連中と一緒なら、俺は戦争に行くのは怖くない。空港に行くのも怖くなかったし、ロシア国境にいるときも怖くなかった。なぜって誰も俺を裏切らないし、俺を敵の手に渡す人間もいない、とわかっていたからだ。ウクライナ軍では腐敗が蔓延しているし、上官た

---

†1　Taras Prokhasko, "The UnSimple," trans. Uilleam Blacker, *Ukrainian Literature* 2 (2007). 未邦訳。

ちは地位にしがみついて、その地位を利用して金儲けをし、しかも若い兵士たちは死んでゆくんだ――連中にとってはお構いなしなんだな」。

ルスランとゼニアの話は、何度も何度も、この「プロダージノスチ」［用語解説4を参照］、つまり金銭づくとか売り渡し、という話題に戻って行った。他の奴らはみなカネのために裏切る。俺たちは買収されたりしない。

ドネツィク空港での戦闘を報道していた若いポーランド人ジャーナリスト、パヴェル・ペニャージェクは「プロダージノスチ」をエピデミックに例えた。ヴィクトーリヤ・ナリジュナは、自分がどれほど英語をうまく話せようと、腐敗が遍在することは、外国人には説明しづらい事柄なの、と私に語った。たんに言葉の問題ではなかった――この現象そのものが、西側から来た人びとには説明不可能なのだった。

ルスランとゼニアは、二〇一四年九月にドネツィク空港に赴いていた。彼らの八人からなる分隊のうち一人が負傷し、三人が殺された。

「初めて人を撃つのは難しくなかった？」と私は彼らに聞いた。

「いいや」とゼニアが言った。

「少しもね」とルスランが答えた。

彼らは自分たちの経験したことを語るのには、ましてや自分たちの感情について語ることには慣れていなかった。ルスランは二つ折りにする型の携帯電話を持っていた。ゼニアはスマホを持っていたが、右派セクターの赤と黒のロゴが壁紙として使われていた。ゼニアはスマホで撮影した写真を見せてくれた。彼とルスランが、二六歳になる彼らの大隊の指揮官と撮った写真だった。それから、その指揮官の、顔が焼かれて判別不明となってしまった遺体の写真もあった。彼らはその遺体を見つけるまでに一三日間かかった。

48　不条理劇

「この戦争は完全に不必要なものだ」とユーリ・フォメーンコは私に言った。「彼らが何を証明したがっているのか僕にはわからない」。

『ロサンゼルス・タイムズ』紙から派遣された六〇代前半のロシア人ジャーナリスト、セルゲイ・ロイコはドネツィク空港で四日間を過ごした。ベテランの戦争特派員である彼は、ドネツィク空港での日々を人生のなかで最も異常な体験の一つに数えている。「この戦争は変わった戦争だな」と彼は言った。「なぜならこの戦争には何の理由もないからだ。あげられる理由の数々はまったく架空のものだし、すべてがロシアのテレビが流した嘘の上に成り立っている。人びとが殺し合う理由などどこにもない。まるで不条理劇だ」。

二〇一四年七月、ポーランド人ジャーナリスト、パヴェル・ペニャージェクは、マレーシア航空一七便の墜落時にその現場に向かった最初の記者グループに入っていた。酷暑のなかで乗客二九八名の遺体は腐乱し始めていた。二〇一四年七月一七日、ロシアの地対空ミサイルがアムステルダムからクアラルンプールに向かうボーイング機を撃墜したが、撃ち落とした者たちは混乱していたのだった。彼らは自分たちが何を撃っているのかを理解していなかったのだ。

これはドンバスで多くの混乱が起きていた時期に重なっていた。パヴェルは二〇一四年五月の住民投票の際、何について投票しているのかわからないままに投票所に赴いた多くの人びとについて記事を書いた。ある者は、住民投票が独立についてだと、またある者はロシアへの併合についてだと、さらにある者はウクライナのなかでの地域とか地方とかの自治についてだと思っていた。武装した男たちの横を通るとき、ある町の住民たちはパヴェルに「ナシュイ?」……「俺たちのか?」「俺たちの仲間か?」「俺たちの側にいるのか?」と聞いてきた。パヴェルにとって、「俺たち」という言葉が何を意味するのかしばしば不明だった――そして彼は、そう聞く相手にとっても、それが何かははっきりしないのではないかと思った。地元住民はときには実際の戦闘のあいだに、パヴェルにこう聞いてきた。撃っている奴らはナシュイなのか? 奴らは俺たちの側にいるのか? 「ナシュイ(身内)か?」というのは、表面的には馬鹿げて聞こえる問いかけだが、実はなかなか意味の深い問いかけだった。

ドンバスにおけるロシアの介入がより露骨になってきたのに、ドネツィクやルハーンシク、スラヴャンスクで実際にどのようなことが起きているのかは明確ではなかった。……誰がクレムリンのスパイなのか? 誰が傭兵や雇われた扇動者なのか? 誰がいくばくかのカネになびいて、自分のすでに持っている傾向を実行に移すよう促されたのか? 誰が信ずるところに従って行動しているのか? 誰が連邦主義者、分離主義者、ロシアへの併合論者なのか? 誰がソ連を復活させたがっているのか――誰がツァーリの統治する帝国の復活を望んでいるのか? 誰がキリスト教徒、共産主義者、民族主義者なのか? 誰が扇動者として活動を始めたのに、その筋書きを忘れたのか? どこから発生したのかは忘れ去られ、今や独自の勢いを持ってしまった論理に従って行動しているのは誰か? もう誰が誰かも、自分が誰かも、なぜそんな行動を取っているのかもわからなくなっているのは誰か?

「挑発の政治は、ウクライナ東部で主体性の危機をもたらしていると感じるわ」。二〇一四年五月にワスィーリュ・チェレパヌィンとマイダンで会ったとき、私は彼にそう言った。

「そうだね」。彼は皮肉な口調で答えた。「われわれは実にポストモダンなんだよ」。

49　ドストエフスキーの『悪霊』

二〇一四年九月、私がドストエフスキーの『悪霊』について講義をするために、学生たちの待っているイェール大学の教室まで向かっていたとき、ポーランド人の友人スラボミール・シェラコフスキーからテキストメッセージが送られてきた。ワスィーリュ・チェレパヌィンが右派のギャング、おそらくはスヴォボダ党の若者集団にひどく殴られたのだという。スラボミールは病院で撮影した写真も送ってきた。普段は人目を引くほどハンサムなワスィーリュの顔は、血にまみれ、打撲傷だらけだった。

そのシーンは、ドストエフスキーの『悪霊』の場面さながらだった。ドストエフスキー自身が生み出したのじゃないかとさえ感じられた。

事件が起きたのはキーウの中心街で、正午頃だった。ワスィーリュ、ユスティーナ・クラヴチュク、それに彼らの友人二人はコントラクトワ広場にあるカフェを出たところだった。カフェは、ワスィーリュが教鞭を取るキーウ・モヒラ・アカデミー大学の近くにあった。彼とユスティーナが広場を横切って地下鉄の方に行こうとしていたとき——それは一九九六年から、ワスィーリュが大学への往復に使い続けていたルートだった——七人の若者が彼らの方に歩いてくるのに気づいた。七人とも新品の迷彩服を着こんでいた。キーウでは、にわかに迷彩服が流行し始めていたのだ。彼らの一人が「共産主義者！」「分離主義者！」と叫び、ほかの者がワスィーリュを地面に殴り倒すと、マスクをつけてから、軍用ブーツで彼の顔を何度も何度も蹴りつけた。ユスティーナが彼らを何とか引き離そうとしたが、彼女は体が大きい方ではなく、力も強くなかった。ある時点で、ワスィーリュは何とか立ち上がって大学の方へと逃げた。だが襲撃者たちは、ふたたび彼をとらえ、さらにひどく打ちのめした。そのうち、ワスィーリュの母の年代にあたる五〇歳代の女性が、彼と襲撃者たちのあいだに立ちふさがって、「あなたたちはこういうことのためにマイダンで戦ったのではないでしょ」と言い放った。

一番近い警察署は徒歩で数分しか離れていなかったのに、警察が到着するまでに三〇分以上かかった。ようやく警官が到着したとき、襲撃者たちはまだ見えるところにいた。ワスィーリュは彼らを指さしたが、警官たちは何もしようとしなかった。マイダン以前、右派と左派のあいだの敵意と対立はウクライナの街頭における政治闘争の一部だった。ユスティーナは若者の一人がスヴォボダ党の若者集団にいたことに気づいて、彼の名前を警察に告げた。それでも警察は動こうとしなかった――警察はこの若者のことを認識していたし、マイダンの期間、彼が捕虜にした警察官たちに市庁舎で拷問を加えていたのを知っていたのにもかかわらずだ。ウクライナ警察は長いこと、その怠惰と無能、腐敗で知られていたが、彼らが捜査したがらなかったのには別の理由もある、とユスティーナは信じていた。これらの右翼の集団は、ウクライナ東部での戦闘に参加するため志願兵の大隊を結成していた。警察は、彼らはウクライナのために戦う英雄だ――だから左翼の活動家を殴り倒したからといって有罪にはできない、と判断したに違いない。

襲撃者たちが粉砕した骨には眼球を支える役割を果たすものもあったため、外科医たちはただちに手術に取りかからねばならなかった。医師らの話では、鼻を砕くのは簡単で、顎を砕くのはそれより難しいが、最も困難なのは顔の側面の骨を折ることだった。奴らはあなたによほどひどい暴力を加えたのに違いないね、と医師らはワスィーリュに告げた。

50 「この兵士は一日の終わりに後悔するだろう」

「分離主義者のために戦っている連中は、本質的に負け犬さ」とイェフヘーニー・モナストゥールシキーは私に言った。

イェフヘーニーはセルヒー・ジャダンの小説『ヴォロシロフグラード』を指してそう言ったのだが、その小説の中で、三三歳になる主人公のヘルマンが、彼の子ども時代からの友人たちのことをこう説明している。「僕らは皆、パイロットになりたがっていた。僕らのほとんどは負け犬になった」。イェフヘーニーはヘルマンの世代を知っていた。ルハーンシクで生まれたイェフヘーニーと違い、九歳年上の兄は、その都市がまだヴォロシロフグラードと呼ばれていた時代に誕生した。一九九〇年代にティーンエイジャーだったイェフヘーニーの兄は、ストリート・ギャングの仲間になり、六つの学校から追い出された。イェフヘーニーは兄の友人すべてを知っていた。一人は監獄に繋がれ、一人は薬物の濫用で死んだ。「つまり、ほとんどは負け犬になったのさ」。

イェフヘーニーは『ヴォロシロフグラード』という小説を愛していた。彼は人生のすべてをルハーンシクで送り、ちょうどヘルマンが小説の最初の方で乗ったのと同じようなバスに乗って多くの時間を過ごした。彼は、小説のその部分をウクライナ語で私に音読してくれた。

フロントガラスには、上から下まで正教のイコンのステッカーが貼られ、あらゆる種類の聖なるものがぶらさがって光を放っていた。それらは、バスが決定的にバラバラになってしまうのを防いでいる唯一の物のように思えた。テディベアや肋の折れた粘土の骸骨、雄鶏の頭でつくられたネックレス、マンチェスター・ユナイテッドのペナントなどがいたるところに吊り下げられていた。ポルノ写真、スターリンの肖像、ゼロックスで複写された聖フランシスコの画がウィンドウガラスにスコッチテープで貼られていた。ダッシュボードには、さまざまなルートがラフに描かれた地図や、運転手がハエを追い払うのに使った何冊かの『ハスラー』誌、懐中電灯、血のついたナイフ、虫に食われたリンゴ、そして小さな木製の殉教者のイコンが置かれていた。

それは安っぽいイメージを羅列したものであり、あたかもブルーノ・シュルツの小説を思い出させる品々をグロテスクなほど詳細に描写してあった。『ヴォロシロフグラード』では、描かれている光景が、おりおりは「その醜さにおいて美しかった」——イェフヘーニーは登場人物も同じように評した。イェフヘーニーはその登場人物らのような人びとのあいだで成長した。彼らはイェフヘーニーの集合意識の問題への没頭や、ソヴィエト史の領域での彼の修士論文の予定していたテーマにひらめきを与えてくれたのだ。自身の歴史的理解の観点から、イェフヘーニーは故郷の町での戦闘の直中《ただなか》にいることを、ほとんど偶然の暗合であると感じていた。二〇一四年の春、彼は「情報の流入が止まり、電気と水が止まり、文字どおりのサバイバルが始まったその瞬間」に何が起きたかを経験した。「その瞬間に人びとはゾンビと化し、正気を失ったのだ」。イェフヘーニーは、そのようなときに人びとがどのように振る舞うか、どこで情報を手に入れるか、どうやって情報を処理するかを熱心に観察するようになった。ニュースを伝える従来の情報源がなくなってしまったとき、ニュースに対する渇望が生じるのを彼は目の当たりにした。彼の祖母は、食物が一日なくても耐えられるが、新聞がなくては耐えられない、と彼に語ったものだ。

イェフヘーニーと政治工学者である父はさまざまな実験を試みた。たとえば彼らは、ウクライナ軍がすでに市の北部に到着している、というちょっとしたニュースを作りあげた。それから、たとえばパンを買うために二、三時間も行列しているあいだ、イェフヘーニーが誰かに話しかけ、さらに多くの人びとがそれに加わった際、彼と父が作りあげた話題を些細な日常会話に絡めて、小さなディテールまで加えて彼らに語った。それから、彼と父親は、その情報の動きを研究した――二人がその日の朝に作りあげたフレーズが彼らの住むアパートの中庭で隣人たちを通して夕方にはどのように返ってくるのか、をだ。

「それは、社会実験としては完璧な設定だったよ」とイェフヘーニーは私に語ってくれた。

二〇一四年六月、イェフヘーニーはリヴィウにある東中欧・都市史センターの夏期講座に参加する予定でいた。だが彼は、彼の参加を強く望んでいた父と議論した末、最後の瞬間にそれを取りやめた。イェフヘーニーは、なぜルハーンシクにとどまることを主張したのか自分でもよくわからなかった。なぜか生まれ故郷にいることが重要だと感じたのだ。

「僕は怒りを覚えていた」。彼は、その春には分離主義者たちに対してどう感じていたかを語ってくれた。

「彼らの足元で地面が燃えるところを見たかったんだよ」

そもそもの始めからイェフヘーニーはマイダンを支持していた。彼は二〇一三年一一月二一日にたまたまキーウにいたが、ルハーンシクの父親から電話がかかってきて、ヤヌコーヴィチが最後の最後の瞬間にEUとの連合協定に署名するのを拒否したことを知らされた。最初、イェフヘーニーはそれを信じなかった。それから彼は、ムスタファ・ナイエムのメッセージをインターネットで読んだ。その日は霧雨が降っていたが、イェフヘーニーは傘をつかむとマイダンに向かった。そのあとは、冬の間じゅうずっと、彼はルハーンシクのマイダンに通い続けた。翌年の春に戦争が始まると、彼はウクライナ語のインターネットのサイトに、武器貯蔵庫、狙撃兵や戦車などの場所について、情報をアップロードした。

「ここで成長して、すべてになじみがある」、そうイェフヘーニーは語った。「建設現場で遊んだ経験があれば……何もかもわかっているし、町が自分の側についている、町は仲間なんだと思うものさ」。

二〇一四年六月一三日の金曜日、イェフヘーニーと二人の友人は、勉強していたカフェから歩いて帰宅するところだった。彼の鞄は本や書類でいっぱいだったが、それらは大学院生としての研究資料や地元の高校のクラスで教えるための教材だった。カフェから家は近かった。だがイェフヘーニーが自宅にたどり着く前に、カラシニコフ銃を抱えた数名の男たちが彼と友人を取り囲み、むりやり車に押し込んだ。イェフヘーニーは車のトランクに入れられたが、これは彼にとって幸運だった。なぜなら、SNSのアカウント、友人からのテキストメッセージ、キーウのマイダンの写真といった自分に不利なデータのすべてを携帯電話から消去する、決定的な数分間を彼に与えてくれたからだ。

州行政ビルに着くまでにはそれほど時間がかからなかった。ビルに入ると、彼らをとらえた分離主義者たちは、学生たちをウクライナ軍のスパイだ、と呼んで非難し始めた。彼らは学生たちの携帯電話、時計を始めすべての所有物を奪い、没収したもののリストを作り始めた。スターリンの時代と同じだ、とイェフヘーニーは気づいた。それから彼らはイェフヘーニーと友人たちを壁に向かわせ、彼らを殴り始めた。

その後、捕らえた連中は学生たちを別々にした。彼らはイェフヘーニーに命じて、行政ビルのロビーに付着した血痕を洗い流させた。それは彼も良く知っている建物で、州の知事を務めた人間たちの肖像写真がロビーの象牙色の壁にかけられていたが、そのなかにイェフヘーニーの曽祖父がいた。イェフヘーニーにとって、それは最も屈辱的な瞬間だった。彼は壁にかけられた曽祖父の肖像画をつねに誇りに思っていたが、今の自分は分離主義者に占拠されたこの建物の床から血痕を洗い流させられているのだった。

彼を捕らえた者たちは、電灯のついていない地下室の部屋に彼を一人で閉じ込めた。イェフヘーニーにとってこれは殴られるよりも悪かった。なぜなら、殴られたときは少なくとも友人たちと一緒だったからだ。友人とともに射殺されることは、一人で閉じ込められることに比べれば恐ろしくない、と彼は思った。「一人で部屋に閉じ込められ、奴らが電灯を消したとき、すべての感覚を失ってしまうんだよ」とイェフヘーニーは私に語った。「それが最も怖いことだったよ」。

彼は時間の感覚を失った。一時間か、数時間か、一日か、数日か……どれだけ経過したのかがもうわからなかった。

イェフヘーニーは詩を暗唱し始めた。まず取りかかったのは、ロシアの詩人ヨシフ・ブロツキーの「巡礼者たち」だった。この詩のリズミカルな響きには、ぞっとするようなところがあったし、その瞑想的な調子は、寒気と温かさ、身震いを呼び起こすものだった。巡礼者たちは、土地をさまよい、古《いにしえ》の教会や宿屋、墓場や市場をさまよってゆく。古《いにしえ》の嘆き、古《いにしえ》のメッカやローマをさまよう。いつまで経っても変わらない世界、優しくも空虚な過去の世界——まばゆいくらいの雪に覆われ、幻想……そしてとぼとぼと歩む道……だけが残された世界を彼らは彷徨するのだ。

(自分も一九六八年に政治犯になったポーランド人の友人は、イェフヘーニーの話をしたとき「彼の思いが完璧に理解できるわ」と語ってくれた。もちろん、そのような状況では、その特別な詩でなければならなかった。彼女は、最初に『巡礼者たち』を読んだときの感情を思い出していた。それは一九六〇年代のことで、級友がこっそり手で書き写した詩を彼女に手渡してくれたのだ。ブロツキーはまだまだ「反ソヴィエト」の烙印を押されていたのだ)。

それからイェフヘーニーは、セルヒー・ジャダンの詩をウクライナ語で暗唱しはじめた。

どこから来たのだ、黒い車列、鳥の群れ、
私たちは、神父さん、存在しない都市の住人だ。
私たちは疲れ、諦め、沈黙してここに来た。
彼らに伝えて欲しい、撃つべき者は一人として残されていない、と。

「むろん、それは、そんな瞬間だった……」。イェフヘーニーはウクライナ語で暗唱を終えたあと、ロシア語で私にそう言った。

続いてイェフヘーニーは、アンナ・アフマトーヴァとオシップ・マンデリシュタームの詩を暗唱した。記憶に保存された図書館の中から、彼はセルヒー・ジャダンの『南東鉄道』を見つけた。[*20-1] そこではジャダンの語り手が、死を鉄道の女性車掌になぞらえるのだ。「彼女にとって、それはただまっとうな仕事に過ぎなかった」。のちにイェフヘーニーは振り返って、ジャダンの「これらの鉄道駅で君が目にしなかったもの」という詩のおかげで、正気を失わないで済んだ、と語った。

ブロツキーの「巡礼者たち」にも、ジャダンの「これらの鉄道駅で君が目にしなかったもの」にも、気味の悪いほどリズミカルなところがあり、容赦なく前進する機関車が繰り返し出てくる。商人や宝石職人、弁護士や銀行家がバリケードを飛び越えて行き来する。天文学者や詩人、母親や花婿、売春婦や泥棒、勤勉な学童たちや読むことのできない学童たちも、また行き来するのだ。

よくても、そこにはあなたと私がいるだけ、それ以上はない。
平和のチャンス、戦争のチャンスは

群衆とともに、海岸へと逃れる理由にはならない。
敬虔なキリスト教徒、見込みのない無法者たち——
私たちを寝かしつけるのは難しく、目を醒まさせるのも難しい。
私たちの生命は今、お互いの手のなかにある。

……

ここにきて、僕たちの共通の哀しみのゆえに、僕を殺してくれ
かつて僕たちが教えられたすべてのために殺してくれ……

イェフヘーニーは、言葉と韻律、そしてイメージにしがみついた。

優しさが町のうえに浮かんでいるかぎり
機関車の汽笛、鳥のさえずりの上に
市場にいる夜の貧困者の声の上に
誰かが、そこにとどまるかぎり
すべての延びた鉄道線路が通行できるように
眠そうな農婦が牛乳とミルクを配達してくれるように

†1　南東鉄道（Pivdenno-zakhidna zakliznytsia）は実在している鉄道。現況では国営ウクライナ鉄道を構成する六社のうちの一つで、使用中の総延長四六六八キロメートル。

その道がたやすく、間に合うように救いが来て欲しい
すべての幸せな者に理性を与えたまえ。すべての不幸な者に喜びを与えたまえ。[†2]

最後の行の対句、「すべての幸せな者に理性を与えたまえ、すべての不幸な者に喜びを与えたまえ」は「巡礼者たち」の終わりの言葉「彼女の兵隊たちの世話をしたまえ。彼女の詩人たちに賛同したまえ」を思い起こさせた。

「僕は頭の中で、詩を何度も何度も繰り返した」とイェフヘーニーは振り返った。「そのイメージが生き生きと甦るようにね。説明するのは難しいけれど、それは創造力ある考えに何とかしがみつく手段だった。現実に対する感覚を失わないでいることが、決定的に大事だったんだ」。

彼はヨシフ・ブロツキーとセルヒー・ジャダンが、詩というものが、自分を救ってくれたのだと信じていた。

(「そうだね」ポーランド人で、六〇代の詩人である友人はのちに私にこう言った。「二三歳であれば、詩に救われることもあるだろう」)。

イェフヘーニーを尋問したのは、ルハーンシク出身のほかの分離派の兵士たちにはサーシャと呼ばれていたロシア人の兵隊だった。二八歳くらいに思えるサーシャは、故郷にガールフレンドとオートバイの商売を残したまま当地に来ていた。徴募兵としてルハーンシクに来ていたが、北極圏に近いアルハンゲリスクからはるばるやってきたのだった。

「彼は僕たちに肉体性をもって接してきたよ」とイェフヘーニーは語った。

そしてその他の兵士たち、つまりルハーンシク出身の連中は誰もが、僕たちに対して、人的資源、つまりは群衆の一部といったように接した。それは正しい態度だったのだろう。彼らの立場にいれば、僕も同じように振る舞ったと思う。僕はその連中を知っていたし、一緒に育ったし、何ごとも一緒に体験したが、個人と個人として彼らに接する理由はなかった。僕にとって彼らは、個性を持った人間ではなく、たんにドンバスの住民だというだけだった。

だがロシア人のサーシャは違っていた。

「彼は小説の登場人物みたいだった。自分の人生について彼が話すのを聞けば、小説が書けただろう」。

「もちろん、僕は彼を嫌悪していたよ」とイェフヘーニーは付け加えた。

だがその嫌悪はお互いにというわけではなかった。サーシャがイェフヘーニーに見て取ったのは大学院生であり、何よりも教師だった。

「「教師」というのは高尚で、感情面でも秀でていて、とても重要な「教える」という仕事についている尊敬に値する人間だ――きわめてソヴィエト的な意識ではそうみなされるのさ」とイェフヘーニーは説明してくれた。

イェフヘーニーはこうも感じていた、一日の終わりになるとサーシャは、歴史に関する博士論文を書こうと計画していたこの若い高校教師に対し、彼と仲間がしたことを申し訳なく思っているんだな、と。サ

---

†2　この章の詩の訳については、原詩と対照しながら土谷直人氏（東海大学名誉教授）と訳を進めたものがある。謝意を表したい。

ーシャはイェフヘーニーを解放したがったが、イェフヘーニーは友人たちと一緒でなければ嫌だ、と主張した。これは名誉の問題なのだった。

名誉という問題はドンバスの本質にかかわっていた。イェフヘーニーはこう主張した。「あらゆる暴力にもかかわらず、ドンバスは喜びと慈悲、そして共感に満ちていた……なぜならこうした暴力性は、そうした名誉から、つまりモラルはなくとも名誉は存在する、という事実から派生していたからだ。そして名誉と解される暴力性は、ドンバスのほとんどの人間にとっては、自分の行動を律する責任そのものだったからだ」。

最後には、彼らを捕まえた者たちは、学生たちを三人とも解放した。

「僕たちは実際幸運だった」とイェフヘーニーは私に語った。「それは六月で、それまでのところルハーンシク共和国には権力がまだ存在していなかった。そのビルの中に権力らしきものがあっただけだった」。サーシャも彼らを解放したがっていた。イェフヘーニーを含む三人は、解放される前に、彼らを捕らえた側に何の恨みも抱いていないことを記した宣言書に署名しなければならなかった。

解放されたイェフヘーニーが家に戻ったとき、彼は家族が住むアパートに通じるドアを閉めると、床に崩れ落ちた。彼の父親がやってきて息子に目をやり、いったい何が起きたのかを聞いた。

捕虜になっていたんだ、とイェフヘーニーは父に言った。

父は拳を壁に打ちつけると、別の部屋に歩み去り、ソファに腰を下ろすと両手で顔を覆って泣き出した。そこでイェフヘーニーは、いまや行動することが必要だと悟った。

51　アイススケートのレッスン

スラヴァ・ヴァカルチュクと同じように、ロシアのリベラル派指導者ボリス・ネムツォフは物理学者になる教育を受けていた。二〇一四年から一五年の冬にかけて、ネムツォフはドンバスでの戦闘におけるプーチンの役割について調査し、プーチンがそんなものはいないと言ったロシア兵たちの存在を記録にとどめようとしていた。また彼は、プーチンの武力侵攻とウクライナでの戦争に反対する、二〇一五年三月一日に予定されていたロシアでの平和集会を組織したメンバーの一人だった。集会の二日前の真夜中近く、赤の広場のすぐ外側にあるクレムリンを臨むモスクワ川にかかる橋をガールフレンドとともに渡っていたとき、ボリス・ネムツォフは射殺された。†1

数週間後、スラヴァはイェール大学を訪れた。オケアン・エリズィの結成二〇周年コンサート・ツアーのためにキーウに戻る途中で、私の学生たちと話すことを申し出てくれた。スラヴァは気取るところもなかったし、彼の歌の真面目さは大学図書館での対話における彼の振る舞い方にも反映されていた。

スラヴァがあとになって私に教えてくれたところでは、ボリス・ネムツォフは彼にアイススケートを教えてくれたことがあったという。それは冬のことで、モスクワからさして遠くない田舎で、ボリスは凍った池の上を滑っていた。スラヴァが、自分がそれまでアイススケートを習ったことがない、と彼に打ち明

†1　ボリス・ネムツォフ（一九五九年にソチのユダヤ人家庭に生まれた）はたんにリベラル派の指導者という経歴の持ち主ではない。エリツィン時代には第一副首相や下院副議長の要職にもつくが、オリガルヒとの強いつながりを指摘された。ウクライナとの関わりでは、オレンジ革命にも参加。一〇年後のクリミア併合についても強く非難した。

けたところ、その日のうちにアイススケートを教えてくれたのだ。スラヴァが彼に最後に会ったのは前年の二〇一四年の夏で、オケアン・エリズィのコンサートのために五万人もの観客がオデーサのスタジアムに集まったときだった。ボリス・ネムツォフは「ヴィシヴァンカ」と呼ばれる伝統的なウクライナの刺繍を施したシャツを着て観衆に交じっていた。

スラヴァがボリスの殺害を知ったのは、ニューヨークでのコンサートが開演するちょうど一時間前だった。ハマースタイン・ボールルームで何千人もの観客が彼を待っていたが、スラヴァはいつもの跳ねるような動きを見せずにステージに登場した。[*21] そこはニューヨークで、スラヴァは英語を上手に話すことができたが、その晩はウクライナ語でしゃべった。オケアン・エリズィの伝統に則り、荒々しいエネルギーに溢れる歌でコンサートを始めたかったが、その日の彼にそれはできなかった。彼はそのホールに多くのウクライナ人愛国者がいることを知り、彼らが自分を支持してくれるよう願った。次いで彼はロシア語で話し始めた。ロシアからの友人たちも観客の中にいるのかな、と彼は尋ねた。スラヴァはロシア語で、彼とボリスは親しく、一緒に多くの時間を過ごしたので、ボリスの殺害は本当に悲しい、と聴衆に語りかけた。政治について話したくはなかった――要点はそこにはなかったからだ。彼が願っていたのは、ボリスの死がすべての善き人びとを結束させることだった。そしてスラヴァはボリスに捧げる歌でコンサートの幕を開けた。それ以外の始め方はできないのだ、と観客が納得してくれるよう願いながら。

夜と昼
僕の眼には夜と昼の跡が残されている
教えてくれ

この長い道はどこに僕たちを導くのか
この長い道は[†2]

スラヴァには誇れるできのコンサートではなかった。「あまりにも悲しかったので、ちゃんと歌えなかったんだ」とのちになって彼は私に語った。ボリスのことが頭から離れなかったのだ。

52　絶対的なものは存在しない

「問題は、この戦争には絶対的なものが存在しないことだ」とイェフヘーニーは私に言った。「僕はこの戦争を見聞きし、ある意味でそれを経験したとも言える。それでいてこの戦争を説明できないんだ。さらに言えば、僕は説明したくない。なぜならそこには、誰もが手も足も出ないまま経験させられている残忍な瞬間があるからだ」。

---

†2　このНОЧІ і ДНІ（Nights and Days）の歌詞（ウクライナ語および英訳）については次を参照。https://lyricstranslate.com/ja/noci-i-dni-%D0%BD%D0%BE%D1%87%D1%96-%D1%96-%D0%B4%D0%BD%D1%96-noci-i-dni.html
ハマースタイン・ボールルームの動画については原註のほかに次の全録がある。youtube.com/watch?v=NuQizUuCqrU

二〇一四年の秋、ヤロスラーヴ・フルィツァックと、彼の院生のムゥコーラ・バラバン（殺されたボフダン・ソルチャニュックの友人だった）は二人して、イェフヘーニーのためにお膳立てをしてやった。そのおかげで、イェフヘーニーは分離主義者に占拠されたルハーンシクを離れてリヴィウのウクライナ・カトリック大学に移ることができた。リヴィウで、イェフヘーニーは最近キーウからやって来たばかりのミーシャ・マルトィネンコに出会った。彼らが共通に体験した「残忍な瞬間」が二人を結びつけた。

彼らにとって、それは物事を再評価する時期だった。それまでの生涯をキリスト教徒として過ごしたミーシャは、もう自分が信仰を持っているかどうか確信を持てずにいた。二〇一四年二月に彼が体験した暴力は「神への信仰を強める役割を果たすことはなかった」。彼は、そのときに身に着けていた白いロザリオをまだ首にかけていたが、それはマイダンで過ごした日々を思い出すよすがとしてであった。

イェフヘーニーは、自分が経験した暴力は、他の方法では得られなかっただろう歴史への洞察を与えてくれた、と思っていた。振り返ってみれば、自分が捕虜にされていた時間は彼にとって二度目の誕生であり、「まったく純粋な意識」のなかに入る時間だった。彼は「自分が歴史のなかにのみ存在し、それ以外のところではない」ことを悟るに至ったのだ。

イェフヘーニーとミーシャの双方にとって、それは新しい出会いのときだった。ミーシャの級友でスヴォボダ党に属していた反ユダヤ主義者イーホルは、自分の連隊《ソートニャ》の多数の者たちが去っても、マイダンで戦い続けていた。そうした二月のある日、イーホルは足をゴム弾で負傷し、数ヶ月間、歩行がきわめて困難になった。それでも彼は、志願兵の大隊に加わり、ドンバスで追撃砲の砲手として働いた。彼はスヴォボダ党を去り、急進的な民族主義を捨て去って中道派保守になった。そしてイーホルは、かつては敵だったが、今では「自分の命を賭けてまで見知らぬ負傷者をバリケードを越えて医療班のところまで運んだ若者」と見なしているミーシャと親しくなった。過去二年のあいだ、毎月のこととして虐殺が行われた二〇日になると、ミーシャとイーホルは連れ立ってマイダンを訪れて死者に敬意を表した。

ミーシャ自身は、自分とアントンとで運んだ負傷者の顔を、もう思い出せなかった。二〇一四年二月以降、ミーシャは健康に問題を抱えるようになった。手榴弾の爆発による脳震盪から来た頭痛や悪夢、そしてそれに加えて、眠ることや一人でいることへの恐怖も加わった。数ヶ月のあいだ、彼は道の封鎖や彼に銃を突きつける警察官の夢を見て、大量に酒を飲むようになった。彼の母親は、ミーシャが戦う選択をしたことを悔やんでいたが、ミーシャ自身に後悔はなかった。もしそこにいなければ、そうした問題は抱えなかっただろうが、そのかわり罪悪感という問題にとらわれただろう。だが今の彼は潔白とも言えなかった。救急車の通る道を力ずくで作ろうとして、またできるだけたくさんの人間を救おうとして、彼は暴力に手を貸したのだった。そして敵の死を願う経験もした。のちになって彼は理解した――自分が彼らの死を願った瞬間は、ある意味で自分の死を願う瞬間でもあったのだ、と。

それから二年が経っても、そのとても美しい茶色の瞳が金色の小麦のようなつやを帯びているミーシャは、以前として来る日も来る日も大量のタバコを吸い続けていた。彼はタバコを二本の指ではさむかわりに、マイダンで煙と灯《ひ》を隠すためにしていたように拳のなかに抱えて吸っていた。

53　何でもありさ

「冷笑主義と相互不信。それがポスト・ソヴィエトの人間たちを特徴づける二大要素だよ」。イーホル・

ペトローフシキーはドニプロペトローウシクで私にそう語った。また、セルヒー・ジャダンは、「プロダージノスチ」の問題は、政府が機能不全を起こし、利己的で不公平であるからばかりでなく、誰もが買収可能で人びとのあいだに信頼が存在しない世界ゆえのことだ、と理解していた。信頼とはまれで貴重なもので、近しい家族や友人たちのあいだだけでやり取りされ、政治家、作家、司祭、隣人……といった範囲にまで拡張されるものではなかった。だからこそ、そうした社会で起きたマイダンはいっそう奇跡だった。そしてまた、イーホルの妻ヴィクトーリヤにとって、自分の国の人びとがそれまでとまるで違うことをやってのけられたのだと知ることは、いっそう喜ばしいことだった。

ミーシャ・マルティネンコは私に語った。「マイダンでは、びっくりするほど多様な種類の人びとがいたんだ。ウクライナ人、ロシア人、ユダヤ人、ポーランド人、タタール人、アルメニア人にアゼルバイジャン人、ジョージア人、ウクライナ語を話す者もロシア語を話す者もいたし、ネオナチやリベラル、無政府主義者もいたが……危機のときには、みなが団結し、誰にとっても違いなど問題ではなくなる。大事なのは、君がマイダンにいることなんだ。君が誰であるかは問題ではない。君がマイダンにいることが重要なんだ。君が逃げ出していないことがね」。

ワスィーリュ・チェレパヌィンにとっても、マイダンはまさにこんな奇跡がと思えるところだった。「僕は幸せ者だよ」とワスィーリュは私に言った。彼は、多数の人びとがその生涯を通じて経験することのない、真の民主主義を体験したのだった。そしてスヴォボダ党の右翼の民族主義者に殴打されたことがあったにもかかわらず、マイダンでスヴォボダ党のメンバーたちといたときには、彼らの存在があったおかげで安心だったんだよ、と私に念を押したものだ。

ヴィクトーリヤ・ナリジュナは、自分の人生でマイダンの数ヶ月間に経験したような感情を味わったことはなかった、と語った。「驚くばかりの喜びや感動、人びととのつながり、そして……事態が進行するにつれ……人びとが可能にしてゆくものへの洞察。二度と味わうことはないわ」。ヤロスラーヴ・フルィツァックは、連帯の感覚は口では表現できるようなものじゃない、と語った。

二月末になってもマイダンにとどまっていて、眠れないでいたある人物は、ユルコ・プロハーシコに、自分はもう二度と過去の自分と同じ人間には戻れないだろう、と語った。彼の友人でマイダンに来なかった連中は、彼にとってはもはや存在しないも同じであり、彼は残りの人生をマイダンで肩を並べた人びとと過ごしたいと願った。

「ここであったすべての中心にあるのは、連帯の経験だ。絶対的に中心にあるんだ」。そうユルコは信じていた。

理想主義が自分ばかりでなく、彼にもあり、彼女にもあり、また別の彼女にも、そして他の誰彼にもある……という感覚がなければ、革命を成功させるなどとうていできないだろう。ある人物が成しうることについての素晴らしい発見。その発見は、その人物を完全に変えてしまうのだ。そしてもちろん、あとになれば、陳腐な日常（アルテークリッヒカイト）や小さな苛立ちのもとが復活する。誰かが道で僕にぶつかってくる。「何をしているんだ？　ちゃんと前を見ろよ！」「そっちこそ前を見ろよ」と言い合ったりする。それは日常生活が戻って来たことの証だ。だが、人びとがそれほどまでに開放的な魂を持っていたことを露わにした経験はなにものにも代えがたく、どのような対価をもってしても手に入れられないものなのだ。

マイダンは、人間の体験のぎりぎりの限界まで人びとを追いやったまれな瞬間であり、そうした経験を経てしまうと変わらぬままではいられないという類の経験だった。

ユルコにとって、自我とは、たんに考えることだけでできあがるものではなかった。デカルトの言葉「コギト・エルゴ・スム（我思う、ゆえに我あり）」では不十分で、自我の確認となるのは「我欲す」なのだ。[22] その欲求は、主体性の根拠となるものだった。マイダンは皆が分け合った欲求だった。アルベール・カミュにとって、反抗につながる欲求とは、自我の本質を守りたいのと同時に他者からの疎外を克服したいという欲求なのだ。反抗の弁証法とは、反抗はいつも個人から始まるが、個人を超越するものだということだ。カミュはこう記している。「「すべてか無か」という概念が唐突に出現するのは、反抗が――昨今の意見とは逆に、また反抗は人間におけるきわめて厳密に個人主義的なあらゆるものから生じているにもかかわらず――この個人という概念そのものに疑問を投げかけるからだ」。

マイダンは主体性の「止揚《アウフヘーベン》」が実現した場所だった。自我の達成が最も高められた瞬間は、同時に、自我の克服と、超越して連帯へと向かう瞬間でもあった。疎外が克服される瞬間――これは何でもありさの瞬間でもあるが――は、恍惚とさせると同時に身をすくませることにもなりえた。マイダンは、他者の存在との面と向かっての遭遇が可能であるという認識が成立したのであり、自我の限界と核心とが問われ、自我の無化と自我の達成との境目が徐々に消えていった時であった。この（連帯への）超越という状態は、脆くもありほんの一瞬しかもたないかもしれなかったが、ほとんどの人間にとって生涯にわたって経験しえない瞬間でもあった。それは、他者との遭遇を通して己の中の最も深いところにある自我に出逢うことを意味した……そしてその結果については予測などつくものではなかった。

ユルコは認識論的な次元では謙虚になった。彼は、世界が翻訳可能であり、革命全体が深いところまで理解可能だ、という考えなど捨て去っていた。ユルコにわかっていたのは、未来は予見できないものということ、神話化するときはこれから来るのだということ、そして何でもありさ、ということだった。「なぜなら、何事も保証はできないんだからね」。そうユルコは言った。「何一つとしてね。たぶんこのマイダン革命は、オレンジ革命と同じように哀れなものだということになるかもしれない。オレンジ革命は、結局は革命でも何でもなかったことがわかったんだからね。だが今回ばかりは違う、と何かが僕に告げているんだよ」。

スラヴァも私にこう語った。「マイダン革命は、僕の魂を変えたんだよ」。

解説

顔の見えるマイダン革命

岡部芳彦（ウクライナ研究会会長・神戸学院大学教授）

二〇一三年から二〇一四年にかけての冬に世界を揺るがした出来事は、日本にいた筆者にすら大きな影響を与えた。後に「尊厳の革命」とも呼ばれたマイダン革命から東ウクライナでの戦闘に至るまでを描いた『ウクライナの夜』は、その背後にあった人びとの声を集め、そして彼らのメンタリティを詳細に描写している。本書の主な「史料」は、マーシ・ショアがウィーンの研究所に滞在しているあいだやその後に行ったインタビューや書簡などで構成されている。インタビューした人物は、三七名に及び、ウクライナの著名な知識人や東中欧などの国々の論者から一般市民に至るまで、さまざまな立場の幅広い顔ぶれである。一言で言えば、本書はマイダン革命についての最も信頼にたるオーラルヒストリーである。巻末の「翻訳可能語・翻訳不可能語辞典」（用語解説）も非常に有益で、特にマイダン革命以後には、頻繁に使われるようになった用語について理解を深めてくれる。トランスリテレーションについての丁寧な説明も、ウクライナが置かれたマルチリンガリズムについての理解を深める一助となる。

本書は、それらのさまざまな人びととの対話を通して、普通の暮らしを送っていたウクライナ人が突如として起こった社会的混乱をどのように捉え、また解釈していたかを生き生きと描いている。著者の生活でのパートナーでもあるティモシー・スナイダーのウクライナに関係する一連の著作を補うだけではなく、異なった視点を提供してくれる。スナイダーが全体を俯瞰する「鳥の目」だとすれば、ショアは普通の人びとについて描写した「虫の目」であるが、二人が共通して「歴史の目」で見ていることは間違いない。そこから描きだされるのは、ウクライナという国が抱える一言では語りつくせない政治や社会の複雑性と多様性である。ここからは、その「ウクライナ」について自身の実体験を交えて記したい。

*

筆者がウクライナに最初に行った時はソ連崩壊後であったのでクラフチューク政権であった。その後、最初にドネツクに着いた時はユシチェンコ政権であり、ヤヌコーヴィチ政権、マイダン政権、ポロシェンコ政権、そしてゼレンスキー政権と、オレンジ革命（二〇〇四年）以後のすべての政権下のウクライナを訪れた。そこで生きた人たちの声を聞き、その時々の、移り変わるメンタリティを肌で感じてきた。特にマイダン革命以後、それに関わったウクライナのさまざまな人びとや政界の要人たちと面会を続け、彼らのパーソナリティを通じてその実像について考察してきた。

政界の要人で例をあげれば、マイダン移行政権では、マイダン革命の主役とも言えるアルセニー・ヤツエニュク（首相）、ビタリ・クリチコ（キーウ市長）、オレフ・チャフニボーク（スヴォボダ党首）らと面会した。現在のヴォロディーミル・ゼレンスキー政権では、彼やオレーナ夫人をはじめ、ドミトロ・ラズムコフ（最高会議議長）、ドミトロ・クレバ（副首相・外相）、ミハイロ・フェドロフ（副首相・デジタル変革相）、ヴァディム・プリスタイコ（副首相・外相など）、キリロ・ティモシェンコ（大統領府副長官）らとも面会した。ウクライナには代行を含めて七名の大統領がいるが、そのうち、クラフチュークとヤヌコーヴィチを除く五名に、また首相ではユーリャ・ティモシェンコ、ヴォロディーミル・フロイスマンといったように、数えきれない政府要人との面会を重ねてきた。

＊

さて、そんな筆者が初めてウクライナと出会ったのは一九九二年初め、高校三年生の時である。「ソ連崩壊を見に行こう」と若干悪趣味な銘を打ったツアーを見つけ、「これだ！」と思ったが、お金がないので父親に行かせてくれと懇願した。「大学受験はどうするのか」と問われたので、「大学受験は毎年あるが、ソ連崩壊は一度しかない」と即答した。父は妙に納得し、筆者はその年の大学進学は諦めた。モスクワ、サンクトペテルブルク、そして最後の訪問地がウクライナの首都キーウ（キエフ）であった。その美しさに魅了され、その時、ウクライナに恋をしたのかもしれない。

それから一五年が経ち、ふたたびウクライナの地を踏んだのが東ウクライナのドネツィクである。一九九七年にロシアのモスクワ大学に留学した筆者にとって、ロシア語が飛び交うこの地は言葉も通じ、最初は「疑似ロシア」とも感じ、過ごしやすかったこともあり、二〇〇九年から二〇一三年までの五年間で一六回も通った。一方、ロシアで暮らした経験から、ここがロシアではないことに気づくのも早かった。ドネツィクの人びとにとってロシアは近い存在ではあるものの、独立後一五年のあいだにウクライナ・アイデンティティが醸成されてきているのを肌で感じた。二〇一四年のウクライナ危機においても、東ウクライナの住民の民意がロシア寄りではないことにいち早く気づいた。「経験豊かな」日本のロシア専門家ですら欺いた、東ウクライナがロシアへの編入を望んでいるかのように報じ続けた、ロシア政府やマスメディアのプロパガンダに感化されることもなかった。それは、危険を顧みず毎日のようにスカイプやＳＮＳ

で実状を話してくれたドネツィクに住むウクライナの友人たちのおかげであった。

＊

二〇一四年のマイダン革命後にウクライナ入りしたのは五月、まだマイダン付近にはタイヤが積まれたバリケードが残っていた。二〇一四年二月二〇日、独立広場付近で大規模な衝突が起こり、ヤヌコーヴィチ大統領の逃亡が報じられ始めた。国家権力は最高会議に移り、矢継ぎ早に重要決定が行われた。そのなかにはスヴォボーダが提出した、ロシア語を公用語から外す法案もあった。その後の東ウクライナの混乱を決定づけることになるこの法案は、五日で撤回されるものの、その時はすんなり可決されてしまった。

個人的には、キーウにいる知人たちが心配だった。そのなかにはスヴォボーダの幹部であったオレクサンドル・シチもいた。政治の世界に入る前のシチはウクライナのボーイスカウトであるプラスト運動史を研究する大学教員で、同じ学者として付き合いがあった。彼はウクライナ民族主義を熱狂的に信じている一方で、非常にナイーブで、スヴォボーダの暴力的なイメージのデモ参加者とはまったく異なる温和な人物であった。マイダン付近での治安部隊との衝突ではスヴォボーダが最も多くの犠牲者を出していた。政変後、メールをしてみるとすぐに返事があり、無事であること、そしてスヴォボーダも参加して暫定の連立政権が樹立され、自分も政府に入ることになったと書いてあった。ほどなくしてウクライナのニュースで、最高会議の平議員にすぎなかった彼が副首相になったと聞いた。最初は、耳を疑ったが、五月にキーウを訪れた際に、首相執務庁舎に招待を受け、会いにいくことになった。道路の石畳は剥がされ、あちらこちらに黒焦げた建物が目についた。マイダンを抜け、首相執務庁舎に着くと、前政権時と違い、高い鉄製の柵は取り払われていた。副首相執務室で立派になった彼と再会した。以前とは違い、政府広報担当者やカメラマンに囲まれての再会に少し戸惑った。公人となった彼とは以前のように気軽には話せないのだなと感じたが、九月に再訪した際にも、最初のミンスク合意がまとまる前後で非常に多忙であったにもかかわらず、時間を作ってくれた。

＊

『ウクライナの夜』の第Ⅱ部は「キーウの東での戦争」、つまり東ウクライナのドネツィクやルハンシクでの戦闘がテーマである。二〇一四年二月初旬、筆者は、ドネツク往きの航空券をキャンセルできない条件で予約していたので、渡航しようか非常に迷っていた。訪問の目的は、九月にドネツクで四回目となる日本・ウクライナ地域経済・文化フォーラムを計画しており、その打ち合わせのためであった。日本側では、パネリストとして国会議員も参加の意向だったし、他にも何名かの議員から前向きな回答を得ていた。日本のテレビでは繰り返し独立広場付近の緊迫する状況を放映していた。ドネツク側のオーガナイザーである若き日本学者にスカイプで連絡すると、テレビでの緊張感とはまったく異なる返事だった。彼曰く、ドネツクは平静そのもので、平常どおりだという。しかし、時が経つにつれて彼の言葉は大きく変化していく。二月は「危ないキーウに行かず、ドネツィクに来てください（笑）」、「東ウクライナの人の大勢が連邦制を求めている」、三月になると「クリミアのことで、ドネツィクでもウクライナ人であることを再認識する人が増えた」、「連邦制がいいと思ったけど、今はウクライナの統一性のほうが大事」とニュアンスが変わった。このころからドネツィクでも親ロシア派によるデモなどが起こりはじめる。四月半ばには「（筆者が五月末にウクライナ訪問予定だったのを知って）たぶん五月末に会うのは少し難しいかもしれない。何が起こるか誰にも予想できない」。五月初旬になると、「頭の半分は日々の暮らしや仕事を考えないといけないし、半分は国の行く末を考えるので、普通の精神状態ではない」と二月とはまったく異なる言葉であった。

実はこの直前までドネツィクではウクライナ支持の大規模集会が連日開かれていたが、四月三〇日、覆面を被り武装した親ロシア派の男たちが、女性や子どもも多く参加していたデモ隊に襲いかかったのである。時を同じくして、ドンバス・テレビなどのテレビ局が占拠されて、ウクライナの放送からロシアの放送に電波が切り替えられた。若者世代はインターネットや衛星チャンネルでウクライナの放送を見られるが、高齢者は通常放送しか見られないのでロシアのテレビしか見られなくなった。当然、ロシアのマスメディアでは「ウクライナの義勇兵大隊がドネツィクの義勇兵の母に息子の切り落とされた頭部を送付」などといったロシアでしか報じられない偽のプロパガンダ・ニュースが流布しており、それを聞いて不安になるとともにウクライナ政府への不信感も高まっていった。三月にはロシア政府が大半を出資している英語国際放送「Russia Today」のアメリカ・ワシントンＤＣ所属のアビー・マーティン、リズ・ウォールの両キャスターがウソばかりの編集方針に抗議して生放送中に辞任した。

＊

ロシアが東ウクライナに介入するまで、ウクライナ人意識や愛国心は今ほど強いわけではなかった。ただ、経済を中心にロシアとの関係は重要だが、クレムリンにはＮＯという意見が大勢であった。この時点でも、東ウクライナの住民はキーウの政権、クレムリンのどちらにもネガティブだったが、ただクレムリンに対する不信の方が比べ物にならないぐらい大きかった。キーウでの政変後も、東ウクライナでは「親ロシア派」と呼ばれたならず者の悪行を見るまで、あるいは非正規を装ったロシア軍や傭兵部隊が送りこまれるまで、ロシアに対する感情もさほど悪くなかった。ただ、戦車や対空ミサイルで重武装した傭兵、しかも武装した犯罪者までもが大量に流入し、暴れまわった結果、現地住民の支持はほとんどなくなった。ロシアは支配地を得る一方、ウクライナ国民、特に東ウクライナ住民のロシアに対する友好的な感情を完全に失った。仮にだが、クリミアと東ウクライナでウクライナ最高会議選挙を行っていたら、いままでどおり親ロシア系議員を当選させることができ、彼らを使って最高会議の不安定化、あるいは間接的な操作すらできたのである。

ロシア政府やロシアのマスメディアは、西ウクライナの過激な反ロシア抗議活動や政権内のスヴォボーダの存在を危険視し強調したが、それはわが国で例えれば、右翼的な人びとのヘイトスピーチレベルではなかっただろうか。その証拠に二〇一四年五月二五日のウクライナ大統領選挙でスヴォボーダ党首チャフニボークの得票率はわずか一%程度、一〇月の最高会議選挙では党は得票率五%の壁が越えられず比例代表の議席をすべて失い惨敗した。一方、政変後の二〇一四年四月末に何者かに銃撃された親ロ派と目されたゲンナジー・ケルネス・ハルキウ市長は、二〇一五年一〇月二五日の地方選挙では、一度目の投票で五〇%以上の得票を得て再選された。ウクライナ人が一致団結しないことが、ロシアにとっての最大の国益であったのに、ロシア特有の「つねに外敵から侵略されるかもしれない」という異常なまでの被害妄想から過剰反応をし、クリミアを占領、東ウクライナに兵を送った結果、自らその可能性を捨て、自分の首を絞めてしまうことになったのである。

二〇〇九年に筆者がドネツクに行くことになったきっかけを作ってくれたのは、宗教学者のイーホル・コズロフスキーである。自称「ドネツク人民共和国」ができてから、コズロフスキーはドネツィクの街角で宗教関係者や学生たちとともに連日、「平和を祈る運動」を展開し、ひたすらに平和を祈る非暴力の反戦運動を粘り強く行ってきた。そんななか二〇一六年一月に、その活動を理由にドネツィク人民共和国当局に身柄を拘束され、軍事裁判で懲役二年八ヶ月を言い渡された。二〇一七年にはアムネスティー・インターナショナルから「良心の囚人」にも認定された。筆者も、拘束直後は、現地の知人と相談しながら何とか釈放してもらえないか、現地当局への働きかけも行ったが、東ウクライナ情勢の深刻さから叶うことはなかった。二〇一七年一二月二七日、ウクライナ政府と「ドネツィク人民共和国」のあいだで捕虜交換が成立し、軍人ではないコズロフスキーもリストに入り晴れて自由の身となった。二〇一八年六月、見た目は以前と変わらぬ彼とキーウで再会したが、拘束中に受けた拷問が彼の心に与えた傷は感じざるにはいられなかった。

＊

本書の「46　われわれはウクライナを知っているか」には、映像集団「バビロン13」の撮影したウクライナ軍兵士がマヤコフスキーの詩「ウクライナへの義務」をロシア語で朗唱する姿が出てくる。その詩では、ロシア人が隣のウクライナをどれだけわずかしか理解していないかを嘆いている。実は、同じことを感じる非常に興味深い経験をした。マイダン革命以後、日本にいるロシアの外交官の言動は、今回と同じく支離滅裂であった。明らかにパニックを起こしており、本国政府から赴任国向けに説明するように言われている内容を公式な場で述べるものの意味不明で、彼らの頭の中で整理、理解ができていない様子であった。ただ終始一貫していたのは「マイダン革命」が「非合法のクーデター」だと主張していたことである。この説明でいくと、正統で合法的な大統領はヤヌコーヴィチであり、現在の政権は「米国主導で正統な政権を崩壊させようとする違法なクーデター」によりできたことになる。ただクリミア占領後、この荒唐無稽な主張も次第に鳴りを潜めることとなった。

マイダン革命のあと、あるロシアの外交官の講演会が大阪で開かれて筆者もどんな主張をするか興味があり聴講した。彼は日本語がうまく、頭脳明晰で、筆者のゼミで非常にわかりやすい講義をし、学生からも好評であった。しかし、この日は一〇〇%ロシア政府のプロパガンダを話そうとするものの、良識ある彼はどうしてもそれをうまく話せない様子で、外交官という職業の悲哀を感じた。講演終了直後、筆者を見つけた彼が小走りでやってきて、「ちょっと話がある」と声をかけられた。別室に移って二人きりになると彼は言った。

「今回の件で、〈ウクライナ〉という国とウクライナ人について、わかったつもりでいただけで、本当はよくわかっていなかったことを思い知った。ロシアの外交官も同じで、しかもまだ気づいていない者も多い。ついては、ウクライナに詳しい貴方に、ロシア語で、われわれの外交官向けにレクチャーしてもらえないだろうか」。

ロシア人が、ウクライナやウクライナ人について、日本人の筆者に教えを請いたいということに驚いた。さすがにロシア人相手にロシア語で講義をするというのはあまりにハードルが高く、即座にお断りした。ただ彼は誠実な男で、その出自はタタール人である。もしかしたらウクライナを兄弟国家と教え込まれてきたロシア人だとそんな発想は思いつかなかったかもしれない。

＊

二〇一三年から一四年にかけて、ＥＵとの連合協定締結を拒否したヤヌコーヴィチ大統領に反発する抗議デモが警察・機動隊と衝突した末に、同政権を失脚させたマイダン革命が起こった。その隙をついてロシアがクリミアを占領し、東ウクライナでは実はロシア軍が主体であった「親ロ派武装勢力」とウクライナ軍のあいだで戦闘が起こり、八年にも及ぶ戦争が始まった。二〇一四年八月のイロヴァイシクの戦い、二〇一五年一月から二月にかけてのデバルツェボの戦いを経て、ロシア側に有利な戦況の下でミンスク合意が結ばれたものの散発的な戦闘が止むことはなかった。

筆者は二〇〇九年から二〇一三年のあいだに、東部のドネツィクに計一六回訪れたが、「私はロシア人だ」という人に出会ったこともないし、現在ロシアが主張するジェノサイドとは縁遠い長閑な地方都市に過ぎなかった。ロシアに後押しされた一部の住民や社会のアウトサイダー、そして旧共産党幹部などが、その出世欲からドネツィクとルハンシクに偽の共和国を作り、八年にわたり、この地のウクライナ人を抑圧的に支配してきたのが実態である。

スナイダーも指摘するとおり（『自由なき世界』）、近年、イヴァン・イリインなどの「ファシスト思想家」の本を読みふけっていたプーチンは、陰謀史観にのめり込み、二〇一四年のクリミア占領を通じた成功体験が「ウクライナをナチスから解放する」との妄想を膨らませた。このプーチンの「妄想の歴史観」こそ、ロシアによるウクライナ侵略の最大の原因と言っても過言ではない。そして今、そのプロパガンダが拡散した結果、誤った「正義」を信じきった多くのロシア国民を前に、「ウクライナの非ナチ化」という偽りの金看板を外すことすらできず、国内を鎮静化させる術を失いつつある。

＊

これまで述べてきたように、著者はさまざまな人びととの出会いをつうじて、マイダン革命や東ウクライナ情勢だけではなく、歴史、経済、文化、政治などさまざまな面からウクライナという国の実像、すなわち「顔の見えるウクライナ」像を長年追いかけてきた。一方で、オリバー・ストーン監督に代表されるような思いつきの陰謀論に基づく「マイダン革命解釈」や「ウクライナ像」も存在している。二〇一四年の政変直後の日本でもロシア政治を研究する者を中心に「マイダン政権は、アメリカの資金援助を受けた右派セクターやスヴォボーダが引き起こし、彼らが主導する政権。マイダンの騒乱やスナイパーも彼らの自作自演」といったロシア政府のプロパガンダを一〇〇%鵜呑みにした論調が多くみられた。ロシアのニュースか、よくてロシア人研究者や政府関係者からの情報のみをソースとする彼らの頭の中では、まだロシア政府とマスコミが作り上げた陰謀論がぐるぐると回っているのだろうか。

残念ながら、この陰謀論の「マイダン革命論」を信じる者もいまだ多い。わが国でも、日本語で流されるロシアの偽情報やプロパガンダに基づいて、彼らは知らず知らずのうちにロシアが意図したような論調に導かれている。フェイクニュースや偽情報への対策が急務であると日々強く感じているが、それには、研究者に加えて、言論機関によるファクトチェックといった継続的かつ不断の取り組みが不可欠である。その点からも、二〇一四年初めのウクライナで起こったさまざまな出来事に直面した人びとの「言葉」を伝える本書は、一般読者から大学院生、研究者に至るまで学ぶところが多い。さらに言えば、今この時期に出版される意義は非常に大きい。正に現在のウクライナやロシアの状況を予見していた『自由なき世界』をはじめ、ティモシー・スナイダーの著作を多年にわたり紹介してきた池田年穂氏の尽力の賜物である。

多くのウクライナ人にとって、そしてウクライナにとってのマイダン革命について確実に言えることは、本書のスラヴァ・ヴァカルチュクが語った最後の一言に尽きるだろう。「マイダン革命は僕の魂を変えたんだよ」。それは筆者にとっても同じである。

＊本文中の固有名詞表記とは異なるところがあります。

訳者あとがき

本書はMarci Shore, *The Ukrainian Night: An Intimate History of Revolution*, Yale University Press, 2017の全訳です。翻訳をしていて、これほど不気味な感じを味わったのは初めてです。

《「この戦争は完全に不必要なものだ」。ユーリ・フォメーンコは私に言った。「彼らが何を証明したがっているのか僕にはわからない」。

『ロサンゼルス・タイムズ』紙から派遣された六〇代前半のロシア人ジャーナリスト、セルゲイ・ロイコはドネツィク空港で四日間を過ごした。ベテランの戦争特派員である彼は、ドネツィク空港での日々を人生のなかで最も異常な体験の一つに数えている。「この戦争は変わった戦争だな」と彼は言った。「なぜならこの戦争には何の理由もないからだ。あげられる理由の数々はまったく架空のものだし、すべてがロシアのテレビが流した嘘の上に成り立っている。人びとが殺し合う理由などどこにもない。まるで不条理劇だ」》（本書二〇九頁。以下頁のみ記す）。

ここに描かれているのは二〇一四年の話なのです。

《レオニード・フィンベルグは、三月四日にプーチン大統領に送る公開書簡に署名したウクライナ・ユダヤ人コミュニティの指導者たちの一人であった。

「ウラジーミル・ウラジミロヴィチ」と彼らは記した。「われわれは、ウクライナの民族的マイノリティの安全と権利に対するあなたの配慮は高く評価する。だがわれわれはウクライナを二つに分けてその領土を併合することによって「守られる」ことなど望んでいない」。〈中略〉「残念ながら」とプーチンへの公開書簡は続いていた。「最近では、わが祖国の安定は脅かされていると認めざるをえない。そしてこの脅威はロシア政府から、すなわち……あなた個人から来ているのだ」》(一一九、一二〇頁)。

これもまた二〇一四年の話です。

あるいは、《ドイツ国防軍、SS、ゲシュタポが、あらゆる民族のソヴィエト市民を何百万人も虐殺したにもかかわらず、歴史的な記憶は「ロシア」のみを「ソヴィエト」の後継者とした。そのためか、ドイツ人たちは、ドイツ占領下で殺されたはるかに多くのウクライナ人の方はせいぜい忘れないという程度だったが、占領に協力したはるかに少ないウクライナ人のことはよく覚えていた」》(一三一、一三二頁)など示唆的な表現はあまりに多く、引用をし出したらきりがありませんから、ここらで止めておきましょう。

二〇一七年一月にティモシー・スナイダーさんが初来日しました。無理を言って慶應でも講演をしてもらいました。雑談の折り、ちょうど出版されるところだからと言って夫人のやはり高名な東欧史学者のマーシ・ショアさんの本書の翻訳を依頼されました。そのあと訳者は七冊の他の訳書の刊行を優先しました。コロナ禍による緊急事態宣言にあたってしまったスナイダーさんの『自由なき世界』や、ロシア社会を描いて荒唐無稽と思われていたポマランツェフさんの『プーチンのユートピア』が今ではしばしば品切れを起こしているのは、それぞれ現実のウクライナ情勢の、またプーチンと彼の治めるロシア社会の実相の説明となっているからでしょう。加えて前者などしばしば「予見的」だったとさえ評されています。

本書一七一頁の、アナスタシア・テプリャコーワという若い歴史家の言葉にこうしたくだりがあります。《「誰もが歴史家たちに、今日、明日、来年に何が起きるかを聞きたがるの。あたりまえのことだけど、歴史家たちにはその答えがわからないわ。過去に基づいて未来を予想できる、などと思うのは幻想なのよ」》。そのとおりだと思います。歴史家は予言者ではありません。ただ、History doesn't repeat itself, but it often rhymes. という表現もあります。どのカテゴリーの研究者が今回のロシアによるウクライナ侵攻をありえないとしていたか、どのカテゴリーの研究者が逆のことを言っていたかを検証することは、研究者の対象へのアプローチやバイアスについて検証することに繋がるかもしれないとふと考えたりします。

訳者はこの一年半というもの、いくつもの雑事に追われる身となりました。そうしたなか一月の半ばに原著者サイドから慫慂がありました。「侵攻はほぼ一〇〇％ありうる。二〇一四年のマイダン革命やクリミア併合、ドンバスでの今に続く戦いを描いた本書は恰好な道標《みちしるべ》になるだろう」というものでした。二〇一四年に初めてウクライナで「国民国家」が成立したという見解は以前から共有していました。また、有権者は有事の際には status quo を支持するから、各国の選挙では、現政権が有利になるだろうという観測も、今回お互い同意できるものでした。また、《ウクライナ東部では、若さと教育の有無が、どのような言語的な変数にもまして、親ウクライナ・親ヨーロッパ志向と高い相関があった》（一七四頁）。《ユーリは、分離主義者をけしかけてウクライナ国家に反乱を起こさせたことでクレムリンは計算違いをした、と信じていた。ロシア国旗を掲げるだろうとプーチンが判断したウクライナ東部のロシア語地域が、よりにもよって分離主義者と戦う志願兵大隊を最も多く生み出したのだ》（一五九頁）。それにもかかわらず、ロシア語話者イコール「親露派」という認識がメディアで声高に語られていたからこそ翻訳を急がねばと思いました。

訳者は二月半ばから三月半ばの、それも夜のみを使って翻訳を進めることに決めました。ところが翻訳を始めて一〇日後に、ロシアのウクライナ侵攻です。侵攻があるとは思っていましたが、まさか「ジョン・ウエイン・スタイル」で攻め入るとは考えていませんでした。《「……プーチンは何を考えているのだろう？」それは、ヨーロッパの運命がまたしても一人の男の手に握られていることを、みなが暗黙のうちに了承しているかのようだった》（一三〇頁）。

そして第二次世界大戦時のままの戦争と、「ポスト・モダン」、あるいは「ポスト・ポスト・モダン」な戦いが同時に繰りひろげられています。加えて三月四日でしたか、ザポリージャ原発への攻撃にも肝を冷やしました。本書第Ⅱ部の「キーウの東での戦い」では、現在進行形のウクライナの戦況と翻訳の内容が頭の中で重なってしまうことが、あまりにも頻繁に起きました。

明治維新からいくつもの戦争を経て敗戦まで七七年。敗戦から現在までも七七年です。たぶん訳者らの世代は「平和惚け」と呼ばれても仕方ないのでしょう。二〇一五年二月の「ミンスク合意2」を、「ミュンヘン会談」におけるヒトラーへの宥和政策の失敗の再現だと評する声もよく聞かれますが、その二つの会談のあいだも不思議なことに七七年でした。ドニプロペトローウシクの高校の中年の歴史の先生は生徒たちにこう語ります。《私は二〇世紀の歴史について話すのが好きじゃないの。自分が女だからです。そして二〇世紀のウクライナにあったのは死と虐殺ばかりでした。私は女としてそれを語りたくなかったのです。》（一四四頁）（そう言えば、「ホロドモール」はミュンヘン会談のほんの数年前のことでした）。

ここで訳者としての謝辞を述べたいと思います。岡部芳彦さん（ウクライナ研究会会長・神戸学院大学教授）と服部倫卓さん（ロシアＮＩＳ経済研究所長）のお二人には、テレビを始めメディアの需《もと》めがきわめて多いなか、種々お気遣いをいただきました。わが国きってのウクライナ通であり、ウクライナ関係のどのような組織や団体でもその名が聞こえる岡部芳彦さんには、解説を寄せていただいたほか、普段の会話でもいろいろと教えられるところがありました。『ベルニーニ——その人生と彼のローマ』などしっかりした本の翻訳者である吾妻靖子さんは、今回いわば伴走者としていろいろと助けてくださいました。病気をされてご本人は「リハビリ中です」とのことですが、何度も相談に乗っていただきました。まさに才媛のカテリナ・カシャネンコさんには、『自由なき世界』に続いて、発音・表記について大変な面倒をおかけしました。カテリナさんの実家はヘルソンのロシア語話者の家庭です。現在はブリスベンに移ったカテリナさんですが、ご両親は今もヘルソン在住です。ご両親がなかなか脱出してこないと気を揉んでいる中を、こちらの再三の問い合わせにも嫌な顔ひとつ見せずクイック・レスポンスをくれました。ドイツ語やイーディッシュ語については、岩波敦子さん（慶應義塾大学教授）に教えを請いました。適切な説明のおかげで危うく誤訳をするのを免れた箇所もありました。誠にありがたい存在でした。ずいぶんと昔に買い求めた本の数々を書庫から探し出させたり、Notes の順序を改変させるなど、池田詩穂には本書でも雑用をだいぶ手伝わせました。

まさにマイダン革命と平行して翻訳を進めて、スナイダーさんの『赤い大公——ハプスブルク家と東欧の20世紀』を世に問うたのでした。それ以来ウクライナのファンになり、知己もできた訳者です。そのうえ本書の翻訳を通じて、実際には会ったことのないたくさんの登場人物にも感情移入するようになってしまいましたが、はたして彼ら彼女らは八年後の現在どうしているだろうかと思うこと頻りです。「解説」でも言及されている世界的ロックスターで政界にも進出したことのあるスラヴァ・ヴァカルチュクは、

『ローリングストーン』誌やツイッター、ユーチューブを使って発信を続けていますので、Sviatoslav Vakarchuk で検索してくだされば思います。

《ポーランド人は、ウクライナ人と他のものも分かち合っていた。歴史的経験からして、ロシアから救ってくれるよう西側を頼みの綱としないという教訓である。二月一九日にキーウが炎上しているときにキーウに行くことを決めたのがポーランドの外相ラドスワフ・シコールスキーだったのは、偶然ではなかったのだ》(九八頁)。まことに含蓄のある表現ですが、今回は西側も支援をしています。一五五、一五六頁にあるように、多くのウクライナ人にとって、二〇一四年の段階から「ウクライナ東部での戦争は、ヨーロッパの境目をめぐる問題」だったのでしょうし、西側もそう捉えているのでしょうから。

ショアさんは、「優しく親切で、敬虔なキリスト教徒だった。小説を翻訳していて、いつも素寒貧だったが、不満を言うことはなかった」という誠に好ましいロシア人の友人ポリーナのプーチン擁護の言説を本書30章で何頁にもまたがって紹介しています。あるいは、本書50章に出てくる素朴なロシア兵サーシャ。彼らを憎むことは難しいでしょう。ただ、今回の侵略においてはロシア側にコーズなどなく、民間人殺傷や拉致・強制移住などの非人道的なやり方や、略奪やロシアへの持ち帰りなどは、時計が八〇年も戻った気がします。このあとがきを記している四月二三日現在で今後のゆくえはまるで予測できず、露宇両国だけでなく、世界中がその影響を被っているという情報があるのみです。「絶望の虚妄なること、希望と相同じい」というフレーズが思い浮かびます。「健全な継承原理」や国際法を踏みにじる「権威主義体制」には、洋の東西を問わず注意をしてゆかねばと思っています。

四月二三日

池田年穂

用語解説

（翻訳可能語・翻訳不可能語辞典）

＊原著では *Dictionary of Translatable and Untranslatable Words* として掲げられている。それぞれの entry のうしろの（　）中に、ウクライナ語やロシア語の表記も Ukr: と Ru: として収めておいた。

＊本文中に原語の日本語表記として出てきた表現は【　】に入れてある。

1. *Maidan Nezalezhnosti* (Ukr: Майдан Незалежності)

＊マイダンが重層的な意味合いを持つことに注意。

【マイダン・ネザレージュノスチ】は「独立広場」。キーウの中心にある大きな広場で、1991 年の改名までは「10 月革命広場」だった。マイダンだけでキーウの独立広場を指すこともある。また、【マイダン】でマイダンを中心的な場所とした反ヤヌコーヴィチ抗議運動（いわゆる「マイダン革命」）を指すことも出来る。各地方都市の中央広場も、そこを拠点とした反ヤヌコーヴィチ抗議運動も「マイダン」で表せる。なお、マイダンという語はペルシャ語源で、町の広場とか空き地を指す。

【ユーロマイダン】は 2013 年 11 月 21 日に「祖国」党首アルセニー・ヤツェニュクが独立広場での抗議を呼びかけた際に初めて用いた。それ以降の抗議活動の異名となった。本書 7 章では、12 月 1 日に「ユーロマイダン」が接頭辞ぬきの「マイダン」に替わったとしている。

「マイダン革命」は「尊厳の革命」と呼ばれることも多い。

2. *Nebesna Sotnia* (Ukr: Небесна Сотня)

【ネベスナ・ソートニャ】。「神々しい 100 人」。マイダンの戦いで殺されたほぼ 100 人。ソートニャは元々「100 人」の意で、16 世紀から 18 世紀にかけてのコサックの戦闘部隊だったが、マイダンでの自衛部隊を指すのに用いられた。なお、〈37 章　赤の広場の「黒トカゲ」〉には「姉妹の連隊《ソートニャ》（一〇〇人隊）」が出てくる。

3. *Novorossiia* (Ru: Новороссия)

【ノヴォロシア】（新しいロシア）。歴史的には 18 世紀末に溯る語。プーチンはウクライナ南部や東部の、黒海の北の沿岸部の輪郭の判然としない地域がロシアのものと主張するためにこの語を使っている。ハルキウ、オデーサ、ルハーンシク、ドネツィク、ドニプロ、ヘルソン、ムィコラーイウなどの都市が含まれる。

4. *prodazhnist', prodazhnost'* (Ukr: продажність, Ru: продажность)

ロシア語では【プロダージノシチ】、ウクライナ語では【プロダージニシチ】

で、「商品性」、金銭ずく、腐敗などを指す。

5. *proizvol, svavillia* (Ru: произвол, Ukr: свавилля)
【プロイズヴォール】。恣意性、権力の濫用、気ままなどの意だが、暴政や法の支配の欠如などと結びついている。

6. *provokatsiia* (Ukr: провокація, Ru: провокация,)　挑発。暴力行使の口実を求めて画策される「挑発者」を使った複雑な政治ゲーム。

7. *russkii mir* (Ru: русский мир)
【ルースキー・ミール】(ロシア世界)として日本のメディアでも登場するようになった。概念としては、特色あるロシア文明がさらに高度なものとなり、西側から防衛されるべきというものであり、帝国主義的な膨張と結びつく。

8. *samoorhanizatsiia, samoorganizatsiia* (Ukr: самоорганізація, Ru: самоорганизация)
「自発的秩序形成」。自分たちで組織を立ち上げること。

9. *Sem'ia, Sim'ia* (Ru: семья, Ukr: сімья)
【ファミリー】と呼ばれる、大統領(エリツィン、ヤヌコーヴィチ、プーチン)とオリガルヒのインナー・サークル。文字どおりの家族だけでなく、緊密に結びついている実業家や政治家も含む。

10. *titushki* (Ukr: тітушки, Ru: титушки)
【ティトゥーシキ】。政府の金で雇われたごろつき。

11. *tsinnosti, tsennosti* (Ukr: цінності, Ru: ценности) 価値観

12. *tsivilizatsiia* (Ukr: цивілізація, Ru: цивилизация,) 文明

13. *volonters'kyy rukh, volonterskoe dvizhenie* (Ukr: волонтерський рух, Ru: волонтерское движение)　ヴォランティア活動

14. *zelenye chelovechki* (Ru: зелёные человечки)　「リトルグリーンメン」は、2014年3月にクリミア半島を占領したロシア兵。ただし、印のない迷彩服を身につけて、ロシア兵だと識別されぬようにしていた。

15. *Zhidobandera* (Ukr and Ru: Жидобандера)
【ジドバンデラ】≒【イドバンデリット】は、独立ウクライナ国家の側に立つウクライナ・ユダヤ人の自称。この語は、「カイク」や「イド」と翻訳されるユダヤ人への侮蔑的な表現と過激なウクライナ民族主義者ステパン・バンデラ(1909 − 1959)の信奉者バンデリットとから成る。「ユデオ・バンデリット」とも訳せるが、この言い回しでは意味が軽蔑的なものから肯定的なものへと変わっている。西側の人間たちに「マイダン」はファシストのものであり、ウクライナ人にはユダヤ人のものであると伝えるロシアのプロパガンダの「流用を通しての意味の逆転」(inversion-through-appropriation)である。ユダヤ＝ボルシェヴィキの陰謀を指す歴史的な蔑称 Zhidobol'shevizm, をも仄めかしている。

16. *zombuvannia, zombirovanie* (Ukr: зомбування, Ru: зомбирование)　ゾンビ化。

インタビュー一覧

本書における大半の引用は、以下のインタビューからである。これらのインタビューは、社会学的な調査のようなものではなく、またウクライナ人口を社会科学的に代表するサンプルを用いているわけでもない。どちらかと言えば「会話」（conversation）のジャンルであり、中央ヨーロッパでは長いあいだにわたって特別な役割を果たしてきたナラティヴの形態である。書簡を利用することで始まったインタビューも多数あったし、インタビューのあとでも書簡を利用して継続したものも多数あった。

マクシム・ボルィソフ、マリーヤ・ボルィソヴァ	キーウで	2014年12月17日
ワスィーリュ・チェレパヌィン	キーウで	2014年12月19日
タラス・ドブコ	リヴィウで	2014年4月25日
ダーシャ・ベルカ・エホロヴァ	書簡	2015年1月23日
エレナ、レオニード・フィンベルグ	キーウで	2014年12月18日
ユーリ・フォメーンコ	ドニプロペトローウシクで	2015年6月30日
オラ・フナチューク	書簡	2014年2月4日
カテリーナ・ヤコヴレーンコ	キーウで	2014年12月18日
イルィーナ・イアレムコ	リヴィウで	2014年4月25日
パヴロー・ハザーン	ドニプロペトローウシクで	2015年6月29日
エレナ、ヴァレーリー・コザーチェク	ドニプロペトローウシクで	2015年6月30日
ユスティーナ・クラヴチュク	キーウで	2014年12月17日
オレフ・マルチューク	ドニプロペトローウシクで	2015年6月30日
ムイハーイロ・マルトィネンコ	クラスノグルダ（ポーランド）で	2016年7月29、30日
カテリーナ・ミーシェンコ	キーウで	2014年12月18日
イェフヘーニー・モナストゥールシキー	ニューヘイヴン（US）で	2016年3月24日
ヴィクトーリヤ・ナリジュナ	ドニプロペトローウシクで	2015年6月29日
ナターリア・ネシェヴェツ	キーウで	2014年12月17日

イーホル・ペトローフシキー
　　　　　　　　　　　ドニプロペトローウシクで　2015年6月29日
テチャーナ・ポルトノヴァ ドニプロペトローウシクで　2015年7月1日
ユルコ・プロハーシコ　　　　　　　　　リヴィウで　2014年4月24日
マルキャーン・プロハーシコ　　　　　　リヴィウで　2014年4月24日
タラス・プロハーシコ　イヴァーノ＝フランキーウシクから
　　　　　　　　　　　　　　オーディオ、書簡　2014年11月23日
ロマン、タラス・ラトゥシュヌー　　　　キーウで　2014年12月17日
オレフ・レパン、イルィーナ・レワ
　　　　　　　　　　　ドニプロペトローウシクで　2015年6月30日
ユーリ・リャブチュック　　　　　　　　キーウで　2014年12月18日
ルスランとゼニア　　　　　　　　　　　キーウで　2014年12月19日
アンドリー・シュミンデゥク　　　　　　キーウで　2014年12月17日
ラドスラーヴ・シコールスキー　ワルシャワ/クラスノグルダ(ポーランド)から
　　　　　　　　　　　　　　　　　　　電話　2014年7月1日
アナスタシヤ・テプリャコーワ
　　　　　　　　　　　ドニプロペトローウシクで　2015年7月1日
スラヴァ・ヴァカルチュク　ニューヘイヴン（US）で　2016年12月12日
セルヒー・ジャダン　　ウィーン（オーストリア）で　2016年7月11日

原　註

＊原註にあった4つの動画は、情景描写を本文に置きたかったため「原註」から「訳者註」に移してある（4つとは、ヴォロディームル・パラシュークの演説、『クリミア——母国に帰る』、『歓喜の歌』、Babylon'13 の My Land である）。

序文

Stanisław Brzozowski, *Pamiętnik*, ed. Ostap Ortwin (Kraków: Drukarnia Narodowa w Krakowie, 1913), 142.

Jean Paul Sartre, "Existentialism Is a Humanism," *Existentialism from Dostoevsky to Sartre*, ed. Walter Kaufmann (New York: Meridian, 1975), 345-369, quotation 367-368. [ジャン＝ポール・サルトル『実在主義とは何か』、伊吹武彦ほか訳、人文書院、1996年、所収の「実在主義とはヒューマニズムである」]。

Ilya Gerasimov, "Ukraine 2014: The First Postcolonial Revolution," *Ab Imperio* 3 (2014): 22-44, quotation 36.

第I部

1　空を黒く染める煙

＊1　オレーシャ・ジュコーフシカのテキスト・メッセージ Я вмираю (I am dying) については、原著の URL ではなく、次で観ることができる。https://twitter.com/OlesyaZhukovska/status/436436294483591168

3　その壮大な意図

Albert Camus, *The Rebel*, trans. Anthony Bower (New York: Vintage Books, 1991), 247. [アルベール・カミュ『反抗的人間』、佐藤朔ほか訳、新潮社、1956年]。

Taras Prochasko, *W gazetach tego nie napiszą*, trans. Renata Rusnak (Wołowiec: Wydawnictwo Czarne, 2014), 28.

＊2 「文明化の使命」については、Larry Wolff, *The Idea of Galicia: History and Fantasy in Habsburg Political Culture* (Stanford: Stanford University Press, 2010).

Mikhail Bulgakov, White Guard, trans. Michael Glenny (Brooklyn: Melville House, 2014), 57. [ミハイル・ブルガーコフ『白衛軍』、中田甫訳、群像社、1993年]。

この章の、飢饉、テロル、民族浄化については、Timothy Snyder, *Bloodlands* (New York: Basic Books, 2010). [ティモシー・スナイダー『ブラッドランド

――ヒトラーとスターリン　大虐殺の真実』、布施由紀子訳、筑摩書房、2015年]。

＊3　スタニスラブ・リュドケーヴィチについては、Ola Hnatiuk, *Odwaga i strach* (Wrocław: Kolegium Europy Wschodniej, 2015), 194.

4　ガリツィアのファンタジー

＊4　私と一人ひとりの新しい人間とのあいだに、については、Bruno Schulz to Maria Kasprowiczowa, Drohobych, 25 January 1934; in Schulz, *Opowiadania, eseje, listy*, ed. Włodzimierz Bolecki (Warsaw: Świat Książki, 2000): 407-408, quotation 408. [opowiadania は stories の意。ブルーノ・シュルツ『シュルツ全小説』、工藤幸雄訳、平凡社、2005年]。[opowiadania, eseje, listy は小説、エッセイ、手紙の意]。

＊5　人工の棕櫚の樹については、Bruno Schulz, "Nawiedzenie," *Opowiadania, eseje, listy*, 15-21, quotation 15. [ブルーノ・シュルツ『シュルツ全小説』、工藤幸雄訳、平凡社、2005年、所収の「憑き物」]。

＊6　薬局については、Bruno Schulz, "Sierpień," *Opowiadania, eseje, listy*, 7-14, quotation 9. [ブルーノ・シュルツ『シュルツ全小説』所収の「八月」]。

Jurko Prochasko, "Pod wierzchnimi warstwami: Odkrycie malowideł Schulza w Drohobyczu," trans. Agnieszka Sabór, *Tygodnik Powszechny* 17 (29 April 2001).

Jurij Andruchowycz, "Środkowowschodnie rewizje," trans. Lidia Stefanowska, in Jurij Andruchowycz and Andrzej Stasiuk, *Moja Europa* (Wołowiec: Wydawnictwo Czarne, 2007): 7-81, quotations 9, 8, respectively.

Jurko Prochasko, "Europe's Forgotten Fringes," *Europe's Foreign Cultural Relations*, ed. EUNIC, Institut fur Auslandsbeziehungen, Robert Bosch Foundation (Stuttgart: ifa, 2011).

5　存在しなかった革命

Keith Darden, "Blackmail as a Tool of State Domination: Ukraine under Kuchma," *East European Constitutional Review* 10:2-3 (spring/summer 2001): 67-71.

6　「いいね」を付けるだけじゃ駄目なんだ

＊7　ユリア・ティモシェンコについては、Tatiana Zhurzhenko, "Yulia Tymoshenko's Two Bodies," Eurozine (25 June 2013).

＊8　「いいね」を付けるだけじゃ駄目なんだ、については、"*Ладно, давайте серьезно. Вот кто сегодня до полуночи готов выйти на Майдан? Лайки не считаются.*" https://www.facebook.com/permalink.php?story_fbid=486373798143162&id=243869855726892.

Mustafa Nayem, "Uprising in Ukraine: How It All Began," Open Society Foundations (4 April 2014).
Маркіян Прохасько, "Спонтанний протест," *День* (22 November 2013).
＊9　セルヒー・ジャダンのワルシャワでの詩の朗読会については、rbuciak, "Serhij Żadan w Warszawie — spotkanie autorskie," 29 March 2014; http://reportaze.blox.pl/t/42/Ukraina.html.
＊10　ジャダンの「古くさくて」については、Serhij Zhadan, "Vier Monate Winter" (Warsaw, 25 March 2014), trans. Claudia Dathe, *Euromaidan: Was in der Ukraine auf dem Spiel steht*, ed. Juri Andruchowytsch (Berlin: Suhrkamp, 2014): 63-79, quotation 65.

7　父親たちと息子たち

Juri Andruchowytsch, "Sieben raue Februartage oder die Rolle des Kontrabass in der Revolution," *Euromaidan*, 7-20.
Jurij Andruchowycz, conversation with Krzysztof Czyżewski, Krasnogruda, 2 August 2014; https://www.youtube.com/watch?v=UOyARyax_Xs.
Taras Prochasko, *W gazetach tego nie napiszą*, 20.

8　自発的秩序形成

Vasyl Lozynskyi, "The Maidan after Hours," trans. Ostap Kin and Ali Kinsella, *Prostory*, special issue: Documenting Maidan (December 2013/February 2014): 47.
Andrij Bondar, 12 December 2013, "Diaries and Memoirs of the Maidan," ed. and trans. Timothy Snyder and Tatiana Zhurzhenko, Eurozine (27 June 2014).
Sławomir Sierakowski, 7 April 2014, trans. Marysia Blackwood, "Diaries and Memoirs of the Maidan," ed. Timothy Snyder and Tatiana Zhurzhenko, *Eurozine* (27 June 2014).

9　鐘楼

Yuri Andrukhovych, "Open Letter," trans. Vitaly Chernetsky, *New Eastern Europe* (24 January 2014).

10　ノアの方舟

Natan Khazin interview in Ukrainian/Russian on Espreso.tv, https://www.youtube.com/watch?v=IrACuTpR_ew.
Abbreviated transcription of Natan Khazin's interview in English translation: David E. Fishman, "The Ukrainian Revolution's Unlikely Street-fighting Rabbi," *The Jewish Daily Forward* (18 April 2014).

この章のユダヤ人とマイダンについては、Amelia Glaser, "After Yanukovych, Maidan's Next Fight Will Be to Preserve a Ukraine Safe for Minorities," *Tablet* (25 February 2014).
＊11 「どの種も二つずつい る」については、Yaroslav Hrytsak, "Ignorance Is Power," trans. Anton Svinarenko, Ab imperio 3 (2014): 218-228, quotation 222.
Oleksiy Radynski, "Maidan and Beyond, Part I," *e-flux* 55 (May 2014).
Sławomir Sierakowski, "Rosja jest jakaś inna," *Krytyka Polityczna* (11 June 2014).
Gary Shteyngart, "Out of My Mouth Comes Unimpeachable Manly Truth," *New York Times Magazine* (18 February 2015).
Oleksij Radynski, "Czas zająć się kukiełkami," *Krytyka Polityczna* (20 October 2014).

11 「自分の選択だったのだ」
＊12 スラヴァ・ヴァカルチュクのロンドン・スクール・オブ・エコノミクスで2014年11月17日に行われた講演「ウクライナ危機とウクライナの未来」は次で観られる。https://www.youtube.com/watch?v=pm2YCVNMgyQ#t=5427.
Volodymyr Sklokin, 4 April 2014, "Diaries and Memoirs of the Maidan," ed. and trans. Timothy Snyder and Tatiana Zhurzhenko, *Eurozine* (27 June 2014).

12 時間が砕けたとき
＊13 クレズマー音楽家（匿名）への2014年2月9日キーウでのインタビューは、ヴィクトーリア・セレダーのインタビュー記録から引用。
Михайло Мартиненко, "Бои и массовый расстрел 18-20.02.2014 в Киеве глазами студента-историка. Часть 1," *Ukraina Moderna* (26 November 2015).
Taras Prochasko, *W gazetach tego nie napiszą*, quotations 29, 7, 28, 16, respectively.
Yaroslav Hrystak, 5 April 2014, "Diaries and Memoirs of the Maidan," ed. and trans. Timothy Snyder and Tatiana Zhurzhenko, *Eurozine* (27 June 2014).
Kateryna Mishchenko, "Der schwarze Kreis," trans. Lydia Nagel, *Euromaidan*, 21-37, quotations 29, 24.
Aleksandra Azarkhina, "Взаимопомощь в революционном Киеве". [未刊行の原稿]

13 オートマイダン
Kateryna Mishchenko, "Der schwarze Kreis," *Euromaidan*, 33.
Виолетта Киртока, "Киевские суды затягивают процессы над арестованными 'активистами майдана', потому что ... не могут их найти," ФАКТЫ (11 February 2014); http://fakty.ua/176508-kievskie-sudy-zatyagivayut-processy-nad-arestovannymi-aktivistami-majdana-potomu-chto-ne-mogut-ih-najti.

14　価値観

Taras Dobko, "Nauka wolności. Wolności i jej falsyfikaty na poradzieckiej Ukrainie," Ethos 21:1 (81) (2008): 38-49, quotations 44, 27.

David Fishman, "The Ukrainian Revolution's Unlikely Street-fighting Rabbi," *The Jewish Daily Forward* (18 April 2014).

Kateryna Mishchenko, "Der schwarze Kreis," *Euromaidan*, 30.

Oksana Forostyna, "How to Oust a Dictator in 93 Days," *Eurozine* (15 May 2014).

15　その雰囲気にはなにか特別なところがあった

Nelia Vakhovska et al., "Maidan: Collected Pluralities," trans. Ostap Kin and Ali Kinsella, *Prostory*, special issue: Documenting Maidan (December 2013/February 2014): 6-10, quotation 6-7.

Taras Prochaśko, "Wczoraj będzie wojna," trans. Renata Rusnak, *jestnaturalnie*. pl, 19 February 2014; http://renatarusnak.com/taras-prochasko-wczoraj-bedzie-wojna-krawa-ukraina/; original: "Вчора буде війна ..." in *Галицький Кореспондент*.

18　遺体

Serhiy Zhadan, *Woroszyłowgrad*, trans. Michał Petryk (Wołowiec: Wydawnictwo Czarne, 2013), 7. In English: Serhiy Zhadan, *Voroshilovgrad*, trans. Reilly Costigan-Humes and Isaac Wheeler (Dallas: Deep Vellum Books, 2016).［未邦訳］

Alison Smale, "Lviv, in Western Ukraine, Mourns One of Its Own Killed in Kiev," New York Times (22 February 2014).

19　震撼させられた者たちの連帯

Adam Michnik, "Bracia, podziwiamy Was," *Gazeta Wyborcza* (22 February 2014).

Aleksandra Kovaleva, "Come here and see what real human values are!," 21 February 2014; https://maidantranslations.com/2014/02/21/aleksandra-kovaleva-come-here-and-see-what-real-human-values-are/comment-page-1/.

Florian Klenk, "Warum die Kids von Kiew wichtiger sind als die brafrackten Burschenschafter," *Der Falter* 5:14 (28 January 2014).

Jan Patočka, "Wars of the Twentieth Century and the Twentieth Century as War," in *Heretical Essays in the Philosophy of History*, trans. Erazim Kohak, ed. James Dodd (Chicago: Open Court, 1996): 119-137.

Hannah Arendt, "Preface: The Gap between Past and Future," *Between Past and Future* (New York: Penguin Books, 2006): 3-15, quotations 4, 6.［ハンナ・アーレント

『過去と未来の間——政治思想への 8 試論』、引田隆也、齋藤純一訳、みすず書房、1994 年の序文]。
Józef Tischner, "Revolution," *The Spirit of Solidarity* (New York: HarperCollins, 1984), 53.
Grzegorz Sroczyński with Marcin Król, "Byliśmy głupi," *Gazeta Wyborcza* (7 February 2014).

21　「君たちは全員が死ぬことになる」
Oleksiy Radynski, "Maidan and Beyond, Part I," *e-flux* 55 (May 2014).
Renata Grochal, "Janukowych zbladł: Sikorski dla 'Gazety Wyborczej' o negocjacach w Kijowie," *Gazeta Wyborcza* (21 February 2014).

22　ポルノ風の肖像画
Juri Andruchowytsch, "Sieben raue Februartage oder die Rolle des Kontrabass in der Revolution," *Euromaidan*, 7-20.
Oleksiy Radynski, "Maidan and Beyond, Part I," *e-flux* 55 (May 2014).
Oleksiy Radynski, "Maidan and Beyond, Part II: The Cacophony of Donbas," *e-flux* 56 (June 2014)

24　透明性の弁証法
Gajo Petrović, "The Philosophical Concept of Revolution," *Praxis: Yugoslav Essays in the Philosophy and Methodology of the Social Sciences*, ed. Mihailo Marković and Gajo Petrović, trans. Joan Coddington, David Rougé, et al. (Dordrecht: D. Reidel Publishing Company, 1979): 151-164, quotation 52.
Jennifer Dickinson, "*Prosymo Maksymal'nyi Perepost!* Tactical and Discursive Uses of Social Media in Ukraine's Euromaidan," *Ab Imperio* 3 (2014): 75-93.

第 II 部
26　ロシアの旅行者たち
"Ukraine: Vier Autoren im Gespräch," *Frankfurter Allgemeine Zeitung* (7 February 2014).
"Сергей Жадан обратился к харьковчанам," https://www.youtube.com/watch?v=uQMPJFic-48.
Serhij Zhadan, "Vier Monate Winter," *Euromaidan*, 78.

27　門に立つカリギュラ
Tomas Venclova, "Caligula at the Gates," trans. Ellen Hinsey, *The Irish Times* (20

December 2014).
"Open Letter of Ukrainian Jews to Russian Federation President Vladimir Putin," Euro-Asian Jewish Congress, 5 March 2014; http://eajc.org/page32/news43672.html. [本文中にあるように3月4日に署名された、ウクライナ・ユダヤ人コミュニティがプーチン大統領に送った公開書簡である。]
Gary Shteyngart, "Out of My Mouth Comes Unimpeachable Manly Truth," *New York Times Magazine* (18 February 2015).
Mirosław Czech, "Rosjanie i Ukraińcy to już nie bracia. 'Umarła we mnie zdolność przebaczania,'" *Gazeta Wyborcza* (6 March 2014).
*14　2016年2月13日のスラヴァ・ヴァカルチュクのツイートにその部分が含まれている。具体的には次の部分である。Думав тільки про одне ... як воно живеться тим, хто розстрілював беззбройних людей? ... Що їм сниться по ночам? "Подивився вдруге фільм 'Майдан.' Думав тільки про одне ... як воно живеться тим, хто розстрілював беззбройних людей? ... Що їм сниться по ночам?"

29　何一つ真実ではない（ダチョウのシュールレアリズム）
*15　2015年6月22日にヤヌコーヴィチに対して行ったBBCのインタビューは次で観ることができる。http://www.bbc.com/news/world-europe-33233716.
*16　ダチョウについての引用は、"Что плохого в том, что я поддерживал этих страусов? Они просто жили там, а мне закрыть глаза и просто ходить и ничего не видеть?"
"Full Text of Putin's Speech on Crimea," *The Prague Post* (19 March 2014).
Hannah Arendt, "Truth and Politics," *Between Past and Future* (New York: Penguin Books, 2006): 223-259, quotation 249. [ハンナ・アーレント『過去と未来の間――政治思想への8試論』の第7章として所収]。
Peter Pomerantsev, *Nothing Is True and Everything Is Possible* (New York: PublicAffairs, 2014). [ピーター・ポマランツェフ『プーチンのユートピア――21世紀ロシアとプロパガンダ』、池田年穂訳、慶應義塾大学出版会、2018年]。
[訳者註]「ロシア・トゥデイ」は現在では19ヶ国に支局がある（ただし、2014年には限られていた）。本書111頁にあるように、「プロパガンダ戦争において、プーチンやヤヌコーヴィチは公的メディアにおいては勝利したが、ソーシャルメディアでは敗北を喫した」。そのオールドメディアの代表であるが、フェイクニュースの拡散においてアメリカなどでも大きな役割を果たしている様子は、ポマランツェフの作品だけでなく、スナイダー『自由なき世界』に詳しい（主に第5章）。
Oleksiy Radynski, "Maidan and Beyond, Part II: The Cacophony of Donbas," *e-flux* 56

(June 2014).

30　プーチンのサイレーンたち

Karl Schlögel, *Entscheidung in Kiew: Ukrainische Lektionen* (Munich: Hanser Verlag, 2015), 10.

Fyodor Dostoevsky, *The Brothers Karamazov*, trans. Richard Pevear and Larissa Volokhonsky (New York: Farrar, Straus and Giroux, 1990), 253.［フョードル・ドストエフスキー『カラマーゾフの兄弟』、原卓也訳、新潮社、1978 年］。

Vasyl Cherepanyn, "'It was a real revolution': An Interview with Vasyl Cherepanyn," *Links International Journal of Socialist Renewal* (9 March 2014).

Jurko Prochasko, "Putins Sirenen," *Süddeutsche Zeitung* (30 September 2015).

Edmund Husserl, "The Vienna Lecture," *The Continental Philosophy Reader*, ed. Richard Kearney and Mara Rainwater (London and New York: Routledge, 1996): 7-14, quotation 14.

Edmund Husserl, *The Crisis of European Sciences and Transcendental Phenomenology* (Evanston: Northwestern University Press, 1970), 10 (translation modified slightly); Edmund Husserl, *Die Krisis der europäischen Wissenschaften und die transzendentale Phänomenologie* (Hamburg: Felix Meiner Verlag, 1996), 8.［エドムント・フッサール『ヨーロッパ諸学の危機と超越論的現象学』、細谷恒夫、木田之訳、中央公論社、1995 年］。

34　ヴォランティア活動

Serhij Zhadan, "Besser keine Illusionen," *Neue Zürcher Zeitung* (6 January 2016).

＊17　ユダヤ系新聞のインタビューは次で読める。Михаил Гольд, "Евреи просто поддержали страну, в которой живут," *Jewish.ru* (27 March 2015).

39　分断された家族

Mykola Riabchuk, "On the 'Wrong' and 'Right' Ukrainians," Aspen Review 3 (2014).

40　アルチェフスク

Алиса Кириленко, Никита Съорщиков, "Боец 'Айдара' о своей супруге: 'Она погибла вместе с Мозгорвым. Бот как режет семьи ета война!'" (24 May 2015); http://kp.ua/incidents/501269-boets-aidara-o-svoei-supruhe-ona-pohybla-vmeste-s-mozghovym-vot-kak-rezhet-semy-eta-voina; https://www.facebook.com/freedonbas.ua/photos/a.536519319787551.1073741826.536398193132997/678658172240331/?type=1&theater (24 May 2015).

42　時間の蝶番が外れてしまっている

Ola Hnatiuk, *Odwaga i strach* (Wrocław: Kolegium Europy Wschodniej, 2015), 385-497 (chapter "Ukraiński Hamlet").

Hiroaki Kuromiya, 2-4, 335-336.

＊18　ウラジーミル・マヤコフスキーの「時よ、進め！」("Вперед, время!") については、В. В. Маяковский, "Баня," *Полное собрание сочинений*: В 13 т. (Москва: Государственное издательство художественной литературы, 1958). Written 1928-1930.

Oleksiy Radynski, "Maidan and Beyond, Part II: The Cacophony of Donbas," *e-flux* 56 (June 2014).

Józef Nacht, "Umówiłem z nią na dziewiątą," quoted in Ola Hnatiuk, *Odwaga i strach*, 356.

Serhiy Zhadan, *Voroshilovgrad*, trans. Reilly Costigan-Humes and Isaac Wheeler (Dallas: Deep Vellum Books, 2016), 36.

Serhij Zhadan, "Ist das wirklich der Burgerkrieg?" *Frankfurter Allgemeine Zeitung* (4 May 2015).

Елена Стяжкина, "Прости, Россия, и я прощаю," *ОстроВа* (2 March 2014).

Елена Стяжкина, "Донбасса не существует—здесь будет либо Украина, либо ничего," *Сегодня* (segodnya.ua) (4 November 2014).

44　グッバイ、レーニン

＊19　「脱共産主義化法」については、Volodymyr Kulyk, "On Shoddy Laws and Insensitive Critics," Krytyka (May 2015); Oxana Shevel, "Decommunization Laws Need to Be Amended to Conform to European Standards," *Vox Ukraine* (14 May 2015); Volodymyr Yavorsky, "Analysis of the Law on Prohibiting Communist Symbols," *Kharkiv Human Rights Protection Group* (3 May 2015).

Mykoła Riabczuk, "Dekomunizacja czy dekolonizacja?," trans. Paweł Laufer, Kultura Enter; http://kulturaenter.pl/article/artykul-nr-2/.

Nelia Vakhovska, "They've brought down Lenin," trans. Anna Gunin, *Prostory*, special issue: Documenting Maidan (December 2013/February 2014): 12-13, quotation 12.

47　「われわれは買収されない」

Sergei Loiko, "Ukraine Fighters, Surrounded at Wrecked Airport, Refuse to Give Up," Los Angeles Times (28 October 2014).

Taras Prokhasko, "The UnSimple," trans. Uilleam Blacker, *Ukrainian Literature* 2 (2007): 8-57, and 3 (2011): 58-115.

48　不条理劇

Christina Berdinskykh, "L.A. Times Correspondent Sergei Loiko: 'What I've seen at Donetsk Airport I haven't seen in any war,'" *Voices of Ukraine* (1 November 2014).

Paweł Pieniążek, *Pozdrowienia z Noworosji* (Warsaw: Krytyka Polityczna, 2015), 113-116, 139-141.

50　「この兵士は一日の終わりに後悔するだろう」

Serhiy Zhadan, *Voroshilovgrad*, 24.

＊20　セルヒー・ジャダンの『南東鉄道』(Pivdenno-zakhidna zakliznytsia, "Південно-Західно залізниця") からの引用は、"Смерть, вона як оця провідниця—/для неї це просто чесна робота."

51　アイススケートのレッスン

＊21　2015年2月27日ニューヨークのハマースタイン・ボール・ルームでのスラヴァ・ヴァカルチュクは、次で観ることができる。https://www.youtube.com/watch?v=z-H3ZHtROP4.

52　絶対的なものは存在しない

Михайло Мартиненко, "Бои и массовый расстрел 18-20.02.2014 в Киеве глазами студента-историка. Часть 2," *Ukraina Moderna* (30 November 2015).

53　何でもありさ

＊22　「我欲す」についてユルコ・プロハーシコは次で述べている、"Everything Is PR: Totalitarianism in a Postmodern Key," 6 October 2015, Kiev; https://www.youtube.com/watch?v=qwMj_WKfEx8

Camus, *The Rebel*, 15, 22. [アルベール・カミュ『反抗的人間』]。

［著者］

マーシ・ショア（Marci Shore）

1972 年生まれ。イェール大学准教授。夫は歴史学者のティモシー・スナイダー同大学教授。
20 世紀から現在までの中東欧圏の “intellectual history” を研究している。現象学やマルキシズムにとりわけ関心を向けている。フランス語、ドイツ語、ポーランド語、ロシア語、チェコ語、スロバキア語、ウクライナ語、イーディッシュ語の資料を使用する。*The Taste of Ashes*, 2013 や *Caviar and Ashes: A Warsaw Generation's Life and Death in Marxism, 1918-1968*, 2006 などの著作があり、いくつもの賞を受賞している。ウイーンの HIS（人文科学研究所）の客員研究員を定期的に務めている。ユダヤ人アイデンティティを持つ人間としての発信も多い。

［訳者］

池田年穂（いけだ としほ）

1950 年横浜市生まれ。慶應義塾大学名誉教授。専門は移民論、移民文学、アメリカ社会史。ティモシー・スナイダーやタナハシ・コーツ、ピーター・ポマランツェフなどの作品の日本での紹介者として知られる。ウクライナやロシアと関わりのある作品として、スナイダーには『赤い大公』、『自由なき世界』、『ブラックアース』、『暴政』などが、ポマランツェフには『プーチンのユートピア』がある。マーク・マゾワー『国連と帝国』など多数の訳書がある。（いずれも慶應義塾大学出版会）。

［解説］

岡部芳彦（おかべ よしひこ）

1973 年生まれ。神戸学院大学教授。ウクライナ研究会（国際ウクライナ学会日本支部）会長。ウクライナ研究の第一人者として知られる。博士（歴史学、経済学）。研究対象は、ウクライナの政治・経済から歴史や文化まで幅広く、同国の政府要人へのインタビューも長期にわたり行っている。日本人とウクライナ人の交流史に関する著書を続けて刊行しているほか、ウクライナの詩集や民話の日本語への翻訳も行っている。

ウクライナの夜
——革命と侵攻の現代史

2022年6月20日　初版第1刷発行

著　者————マーシ・ショア
訳　者————池田年穂
解　説————岡部芳彦
発行者————依田俊之
発行所————慶應義塾大学出版会株式会社
〒108-8346　東京都港区三田2-19-30
TEL〔編集部〕03-3451-0931
〔営業部〕03-3451-3584〈ご注文〉
〔　〃　〕03-3451-6926
FAX〔営業部〕03-3451-3122
振替　00190-8-155497
https://www.keio-up.co.jp/
装　丁————耳塚有里
組　版————株式会社キャップス
印刷・製本——中央精版印刷株式会社
カバー印刷——株式会社太平印刷社

Printed in Japan　ISBN 978-4-7664-2828-5